高中数学教学中
学生数学思维能力的培养

刘丹　童灏　刘丽丽◎主编

吉林大学出版社

长　春

图书在版编目(CIP)数据

高中数学教学中学生数学思维能力的培养 / 刘丹,
童灏, 刘丽丽主编. -- 长春 : 吉林大学出版社, 2020.1
ISBN 978-7-5692-6104-2

Ⅰ.①高… Ⅱ.①刘… ②童… ③刘… Ⅲ.①中学数
学课–教学研究–高中 Ⅳ.①G633.602

中国版本图书馆 CIP 数据核字(2020)第 016286 号

书　　名　高中数学教学中学生数学思维能力的培养
　　　　　GAOZHONG SHUXUE JIAOXUE ZHONG XUESHENG SHUXUE
　　　　　SIWEI NENGLI DE PEIYANG

作　　者　刘　丹　童　灏　刘丽丽　主编
策划编辑　刘　佳
责任编辑　卢　婵
责任校对　李潇潇
装帧设计　郭少飞
出版发行　吉林大学出版社
社　　址　长春市人民大街 4059 号
邮政编码　130021
发行电话　0431-89580028/29/21
网　　址　http://www.jlup.com.cn
电子邮箱　jdcbs@jlu.edu.cn
印　　刷　长春市昌信电脑图文制作有限公司
开　　本　787mm×1092mm　1/16
印　　张　22.25
字　　数　330 千字
版　　次　2020 年 1 月　第 1 版
印　　次　2020 年 1 月　第 1 次
书　　号　ISBN 978-7-5692-6104-2
定　　价　45.00 元

前　言

▲ 当前我国正处于快速变革和发展的时代,社会的发展对高素质人才的要求越来越高。因此,21 世纪的教育要解决的最重要的问题就是如何为国家培养大批具备创造力的人才。另一方面,随着世界经济全球化的不断深入和我国市场经济体系的不断健全,数学内容、数学思想、数学思维方法和数学语言已经被普遍运用到自然科学和社会科学中,成为现代文化关键的一部分。只有具备解决实际问题的能力,才能在千变万化的市场经济中很好地生存。由于我们生活在信息时代和网络时代中,所以能够有效获取信息和处理信息是非常必要的,这都要求我们具备很强的数学思维能力。因此,数学思维的优劣对社会的发展起着关键作用。

▲ 高中数学是促使学生思维能力和思维品质迅猛发展的重要阶段。但是在我国数学教育传统的影响下,教师视数学为绝对的知识,只注重对学生知识的传授,片面地将数学思维能力等同于解题能力,教学时采用题海战术,认为培养数学思维能力就是研究解题方法。这样就出现了教师讲太多、学生练太多、学校考太多等应试教育现象,使得学生学习负担过重,限制了学生自主学习的积极性,扼杀了学生对数学的学习兴趣,阻碍了学生思维能力的发展,影响了学生创新能力的提高,影响了高中数学教学质量的提高,影响了高中生今后的进一步深造。因此,在高中数学教学过程中,教师应将培养学生的数学思维能力及思维品质作为数学教学的重点,应结合教学实际情况,正确认识学生的思维能力,培养学生认识事物规律、学会

独立分析、总结事物的能力,培养学生的思维能力,从而提高学生的数学思维品质。

▲ 正是在以上的现实背景和契机下,笔者从数学思维能力的基本内容出发,分析当前高中数学教学中数学思维与数学思想现状,针对当前高中生的思维障碍和深层原因进行了深入的思考。基于此,从培养高中生的数学概括思维能力、空间想象能力、逻辑推理思维能力、运算求解思维能力和阅读思维能力五个方面出发,具体分析了高中生思维能力发展的特点和问题,并根据问题提出了针对性的有效解决方法,完成对高中生数学思维能力培养工作的审视与思考,希望能够为高中一线数学教师提供一些有价值的参考和借鉴。

刘 丹

2019 年 4 月

目　录

第一章 思维、数学思维与数学思维能力概述

> 思维、数学思维与数学能力的关系犹如人体的血肉关系。数学思维是一般在表象、概念的基础上进行分析、综合、判断和推理等认识活动的过程。学习数学唯一正确的方法是实行再创造，也就是由学生本人把要学的东西发现或创造出来。

第一节 思维相关概述

思维是人类区别于动物的主要依据，是数学思维和培养学生数学思维能力的基础和关键所在。因此，要展开对数学思维的研究，培养学生的数学思维能力，首先要对思维的相关内容有基本的了解。本节将对思维相关内容展开基本的论述。

一、思维的界定

(一)思维的基本概念

心理学认为，思维是人脑对客观事物的本质属性和内部规律的概括和间接的反映，是一种复杂的探索和发现新事物的心理过程，即思维主体结合自身长时记忆

1

中的信息和认知策略对输入信息进行加工并形成适合其理解的输出信息的过程（其过程包括对信息的收集、输送、储存、摄取、删除、对比、筛选、判断、排序、分类、变形、整合、表达等），其结果是得到对一类事物共同的、本质的、规律性联系的反映。思维能够揭示事物的本质特征和内在联系，主要表现在概念的形成和问题的解决过程中。思维活动常常是由一定的问题情境引起的，是对各种外界输入的信息进行分析、综合、比较和抽象的过程，透过客观事物的表象，通过语言和行为来概括出事物的本质和规律。思维是认识的高级阶段，是一种理性认识，并以实践为基础。

(二)思维的分类

1.以形式为分类标准

（1）具象思维

具象思维分为感性具象思维和理性具象思维。感性具象思维指的是在直接接触外界事物时感官直接感觉到的具体。理性具象思维指的是在感性具体基础上经过思维的分析和综合，达到对事物多方面属性或本质的把握。由抽象上升到具体的方法，就是由抽象的逻辑起点经过一系列中介达到思维具体的过程。

（2）抽象逻辑思维

抽象逻辑思维是指以抽象的概念、判断、推理的形式来反映客观事物的本质特征和内在联系的思维。就抽象水平来说，包括经验型抽象思维和理论型抽象思维。就其形式来说，包括形式逻辑思维和辩证逻辑思维两种。前者是抽象思维的初级形式，它要求人们在思考问题时，遵循同一律、不矛盾律和排中律。后者是抽象思维的高级形式，强调人们的思维应反映事物的内部矛盾，符合事物的对立统一原理、量变和质变原理、辩证否定的原理。

（3）直觉思维

直觉思维又叫非逻辑思维，是指对一个问题未经逐步分析，仅依据内因的感知迅速地对问题答案做出判断、猜想、设想，或者在对疑难百思不得其解之中，突然对问题有灵感和顿悟，甚至对未来事物的结果有预感、预言等都是直觉思维。直觉思维是一种心理现象,它不仅在创造性思维活动的关键阶段起着极为重要的作用,还是人生命活动、延缓衰老的重要保证。直觉思维是完全可以有意识加以训练和培养的。直觉思维具有自由性、灵活性、自发性、偶然性、不可靠性等特点。直觉思维突出表现在以下几个方面:思维过程的跳跃性;思维产生的突发性;思维对象的完整性;思维结果的创造性。

2. 以目的性为分类标准

(1)上升性思维

上升性思维是以实践所提供的个别性经验为起点,把个别经验上升为普遍性的认识。个别性思维大多来自日常的生活体验,过于直接和个性化,因而不具有普遍的指导意义,其真实性有待实践检验,最终上升为普遍性认识。

(2)求解性思维

求解性思维是指围绕问题展开思维,依靠已有的知识去寻找与当前现状之间的中间环节,从而使问题获得解决。就像解答数学题,先要分析已知的条件,然后看看问题,最后再找由条件到问题之间的桥梁。在上升性思维进行中,当普遍性与实践发生矛盾时,就会出现问题,这就导致理解问题、解决问题的求解性思维的产生。

(3)决策性思维

决策性思维,又被称为决断性思维,它是以预测未来效果为中心的思维活动,是人们面对某一事物的发展趋势而做出的果断抉择的思维,是以规范未来的实验过程或预测其效果为中心的思维。决策性思维遵循具体性、发展转化和综合平衡三条基本原则。

3. 以智力品质为分类标准

(1)再现性思维

再现性思维是依靠过去的记忆而进行的思维,具体是指运用所获得的知识和经验,按现成的方法或程序去解决问题的思维。将过去已经学过的知识原封不动地照搬套用,就属于再现性思维的范畴。

（2）创造性思维

创造性思维是在已有的知识和经验的基础上，对问题找出新答案、发现新关系或创造新方法的思维，属于思维的高级形式。例如，把已经学过的几个数学公式综合起来运用到某个具体的数学问题中。创造性思维与发散思维、直觉思维密切相关，也需要与逻辑思维等多种思维有机结合。

4. 以思维技巧为分类标准

（1）归纳思维

归纳思维指的是从一个个具体的事例中，推导出它们的一般规律和共通结论的思维。

（2）演绎思维

演绎思维是指把一般规律应用于一个个具体事例的思维，在逻辑学上又叫演绎推理。它是从一般的原理、原则推及至个别具体事例的思维方法。

（3）批判思维

批判思维是指一面品评和批判自己的想法或假说，一面进行思维。它是一种智能上经过训练的过程，包括积极的和高度技巧化的概念、推论、分析的综合，评估收集而来的或者产生的信息、观察、实验、沉思、推理或者交流，是一种对信念和行动的指引。在解决问题的时候，历来都强调批判思维。批判思维包括独立自主、自信、思考、不迷信权威、头脑开放、尊重他人等六大要素。

（4）集中思维

集中思维是与发散思维相对而言的，指的是从许多资料中找出合乎逻辑的联系，从而导出一定的结论。对几种解决方案加以比较研究，从而导出一种解决办法，就属于这种思维。集中思维是鉴别、选择和加工的思维，是创造性思维的要素。

（5）侧向思维

侧向思维是指以总体模式和问题要素之间的关系为重点，使用非逻辑的方法，设法发现问题要素之间新的结合模式，并以此为基础寻找问题的各种解决办法，特别是新办法。在这种思维形式中，理智控制着逻辑。

（6）求异思维

求异思维，也叫发散性思维，是指大脑在思维时呈现的一种扩散状态的思维模式。它表现为思维视野广阔，思维呈现出多维发散状。如以"一题多解""一事多写""一物多用"等方式来培养发散思维能力。不少心理学家认为，发散思维是创造性思维的最主要的特点，是测定创造力的主要标志之一。

（7）求证思维

求证思维就是用自己掌握的知识和经验去验证某一个结论的思维。求证思维的结构包括论题、论据和论证方式。每个人每天都会用到求证思维。

（8）逆向思维

逆向思维是指对司空见惯的似乎已成定论的事物或观点反过来思考的一种思维方式。敢于让思维向对立面的方向发展，从问题的相反面深入地进行探索，树立新思想，创立新形象。人们习惯沿着事物发展的正方向去思考问题并寻求解决办法。其实，对于某些问题，尤其是一些特殊问题，从结论往回推，倒过来思考，从求解回到已知条件，反过去想或许会使问题简单化。

（9）横向思维

横向思维指的是一种打破逻辑局限，将思维往更宽广领域拓展的前进式思考模式。它的特点是不限制任何范畴，以偶然性概念来逃离逻辑思维，从而可以创造出更多匪夷所思的新想法、新观点、新事物的一种创造性思维。所谓横向，是因为逻辑思维的思考形态是垂直纵向走向，而横向思维则可以创造多点切入，甚至可以从终点返回起点式的思考。简单地说，就是左思右想，思前想后。

（10）递进思维

递进思维指的是从目前的一步为起点，以更深的目标为方向，一步一步地深入达到的思维。如同数学运算中的多步运算。

（11）想象思维

就是在联想中思维，这是在已知材料的基础上经过新的配合创造出新形象的思维，是由此及彼的过程。

（12）分解思维

分解思维是指把一个问题分解成各个部分，从每个部分及其相互关系中去寻找答案。

（13）推理思维

推理思维是指通过判断、推理去解答问题，也是一种逻辑思维，即先要对一个事物进行分析、判断，得出结论再以此类推。

（14）对比思维

对比思维是指通过对两种相同或是不同事物的对比进行思维，寻找事物的异同及其本质与特性。

（15）交叉思维

交叉思维指的是从一头寻找答案，在一定的点暂时停顿，再从另一头找答案，也在这点上停顿，两头交叉汇合沟通思路，找出正确的答案。在解决较为复杂的问题时，经常要用到这种思维。

（16）化归思想

化归思想是转化和归结的简称，是指在解决问题的过程中遇到障碍时，采用某种手段将问题通过变换使之转化，进而达到解决的一种方法。一般总是将复杂问题通过变换转化为简单问题，将难解的问题通过变换转化为容易求解的问题，将未解决的问题通过变换转化为已解决的问题。总之，化归在数学解题中几乎无处不在。化归的基本功能是生疏化成熟悉，复杂化成简单，抽象化成直观，含糊化成明朗。说到底，化归的实质就是以运动变化发展的观点，以及事物之间相互联系、相互制约的观点看待问题，善于对所要解决的问题进行变换转化，使问题得以解决。实现这种转化的方法有待定系数法、配方法、整体代入法以及化动为静、由抽象到具体等转化思想。

（17）跳跃思维

跳跃思维是指一种不依靠逻辑步骤，跳过事物中的某些中间环节，省略某些次要的过程，直接从命题跳到答案，并进一步推而广之到其他相关的可能的一种思考模式。通常的表现是说话或者写文章太乱,组织不严密,立意太分散。

（18）渗透思维

渗透思维是指在分析问题时,看到错综复杂的互相渗透的因素,通过对这些潜在因素关系的分析解决问题。

（19）统摄思维

统摄思维是相对于发散思维来说的。人们在解决问题的时候,思维常常在一段时间内不拘一格地朝着多种方向去探寻各种不同的方法。而在同样的情况下,思维也常常从所给予的信息中产生逻辑的结论,即以已有的事实或命题为起点,遵循传统思维,沿着归一或单一的方向进行推导,并找到一种合意的答案,这种呈集中型或直线型的思维模式就叫作"辐合思维"。由于它是在已知前提下,从一些事实中引出唯一的或者习俗上可接受的最好的结果,所以也被称作求同思维或封闭思维。凭借思维来把握事物的全貌,并统摄推论各个环节。它是用一个概念取代若干个概念,是一种高度抽象的思维。

（20）幻想思维

幻想思维指的是可以在人脑中纵横驰骋,也可在毫无现实干扰的理想状态下,进行任意方向的发散,从而构成了创造性思维的重要组成部分。虽然幻想脱离实际,无法避免错误的产生,但只要幻想最终能回到现实中来并加以现实的检验,错误就会被发现和纠正。

（21）核心思维

核心思维指的是对于事物只索取重点,不关心任何杂乱无章的东西。

（22）虚拟思维

虚拟思维是指以自我核心为实点参照,以大脑为初始虚拟折射平台,以网络信息为外部虚拟折射平台的现实思维过程。

（23）灵感思维

灵感思维是指人们在科学研究、科学创造、产品开发或问题解决过程中突然涌现、瞬息即逝,使问题得到解决的思维过程。灵感思维有偶然性、突发性、创造性等特点。灵感是新东西,即过去从未有过的新思想、新念头、新主意、新方案、新答案。灵感思维是三维的,它产生于大脑对接收到的信息的再加工,储存在大脑中沉睡的潜意识被激发,即凭直觉领悟事物的本质。灵感思维是人们在创造过程中达到高潮阶段以后出现的一种最富有创造性的思维。它常常以"一闪念"的形式出现,是由人们潜意识思维与显意识思维多次叠加而形成的。

(24)平行思维

平行思维是为了解决一个较为大型的问题,需要从不同的方向寻求互不干扰、互不冲突即平行的方法来解决问题的一种思路。同时,它也是发散思维的一种形式。当人们使用平行思维时,便能够跳出原有的认知模式和心理框架,打破思维定式,通过转换思维角度和方向来重新构建新概念和新认知。平行思维涵盖了以下思考方法:水平思考法、侧向思考法、横向思考法、逆向思考法。运用平行思维,能够开阔人们的视野,促使人们进行创造性思考和建设性思考,使人们看到解决问题的更多的可能性。

(25)组合思维

组合思维是指在思维过程中,通过对若干要素的重新组合,产生新的事物或是创意。组合法是根据需要,将不同的事物组合在一起,从而创造出新的事物。其主要形式包括同类组合、异类组合、重组组合、共享与补代组合和概念组合。组合不是简单的加法,而是一种创新。

(26)辩证思维

辩证思维是一种以变化发展的视角认识事物的思维方式,它反映和符合客观事物辩证发展的过程和规律,通常被认为与逻辑思维相对立。运用辩证法的规律进行思维,主要运用质与量互相转化、对立统一、否定之否定三个规律。辩证思维的特点是从对象的内在矛盾的运动变化中,从其各个方面的相互联系中进行考查,以便从整体上、本质上完整地认识对象。辩证思维运用逻辑范畴及其体系来把握具体真理。辩证思维既不同于那种将对象看作静止的、孤立的形而上学思维,也不同于那种把思维形式看作既成的、确定的形式逻辑思维。

(27)综合思维

综合思维是把某一事物的某些要素分离出来，组接到另一事物或事物的某些要素上的创造性、创新性思维过程。综合思维中的"综合"通常指的是掌握系统、整体及其结构层次上的综合，有着更高层次的认识基点。在综合基础上的分析，即从综合到综合分析，才是认识的制高点。因此，综合思维把相关事物的整体作为认识的前提和起点，对事物的整体进行分析，以达到对事物整体的把握。综合思维中的分析是综合的分析，以综合为认识的起点，并以综合作为认识的归属，是"综合—综合分析—新的综合"的思维逻辑。综合思维方式的对象是外在客观事物，更是多角度、多途径的想象组合，是超越时空、大范围和大跨度的想象组合，是思维想象的飞升。综合思维中渗透着非逻辑因素，可以是基本逻辑框架内超常规的甚至非逻辑的要素组合。

5. 以思维指向性为分类标准

(1)聚合式思维

聚合式思维，即求同思维，是从多到一的思维。它或者要求思维者把问题所提供的各种信息聚合起来，得到一个正确的答案，或者要求从形式上不同的现象和问题中，发现共同的因素。聚合式思维有目的性、概括性和深刻性。

(2)发散式思维

发散式思维和聚合式思维相反。发散性思维是由一到多的思维，它往往从一个问题、一个条件、一个已知的事项出发，沿着不同的方向和角度，去寻求不同的答案。发散式思维具有流畅、变通、独特的特点。

(三)思维的基本过程

思维是人类所具有的高级人士活动。按照信息论的观点，思维是对新输入信息与脑内储存知识经验进行一系列复杂的心智操作过程。

1. 分析与综合

分析与综合是最基本的思维活动。分析是指在头脑中把事物的整体分解为各个组成部分的过程,或者把整体中的个别特性、个别方面分解出来的过程;综合是指在头脑中把对象的各个组成部分联系起来,或把事物的个别特性、个别方面结合成整体的过程。分析和综合是相反而又紧密联系的同一思维过程中不可分割的两个方面。没有分析,人们则不能清楚地认识客观事物,各种对象就会变得笼统模糊;离开综合,人们则对客观事物的各个部分、个别特征等有机成分产生片面认识,无法从对象的有机组成因素中完整地认识事物。

人与人之间存有分析与综合的能力的差异,同一个人存有不同年龄的分析与综合的差异。例如,有的人善于分析,有的人善于综合,小学生的分析综合能力偏于对具体事物的分析综合的感性水平,中学生则提高到对事物的本质因素和内在联系的分析综合的理性水平。在教学中,教师应当根据不同学生的这些特点,加以积极引导,以促进他们一般思维能力的提升。

2. 比较与分类

比较是在头脑中确定对象之间差异点和共同点的思维过程。分类是根据对象的共同点和差异点,把它们区分为不同类别的思维方式。

比较既是分类的基础,也是在分析和综合的基础上进行的。为了比较某些事物,首先要对这些事物进行分类,分解出它们的各个部分、个别属性和各个方面。其次,再把它们相应的部分、相应的属性和相应的方面联系起来加以对比,这就是综合。最后,找出确定事物的共同点和差异点。

在教学工作中,经常使用的比较与分类的类型有两种:一种是同类事物之间的比较,称为纵向比较或者顺序比较,通过这种比较可以将事物的本质特征和非本质特征区别开来;另一种是不同类事物间的比较,又被称为横向比较或者交错比较,通过这种比较可以将事物的本质特征更加清楚地呈现出来,还可以使事物间的区别和联系更加明确,从而有效防止知识的混淆与分裂。

所以,比较与分类在认识客观事物中具有重要的意义。只有通过比较才能确认事物的主要和次要特征、共同点和不同点,进而把事物分门别类,揭示出事物之间的从属关系。

3. 抽象与概括

抽象是在分析、综合、比较的基础上,抽取同类事物共同的、本质的特征,而舍弃非本质特征的思维过程。概括是把事物的共同点、本质特征综合起来的思维过程。抽象是形成概念的必要过程和前提。分析、比较是抽象的基础,抽象是概括的基础。没有分析和比较就不能抽象,没有抽象就不能概括。抽象概括使人们的认识从感性认识上升到理性认识,从特殊上升到一般,将思想、思维引向深化,从而更正确、更全面、更本质地反映事物。

二、思维的特征

(一)概括性

思维的概括性是指把一类事物共同的本质特征和规律以及事物间普遍的联系加以概括,以此来反映客观事物。概括是人们形成概念的前提,是思维活动能迅速迁移的基础。人们的认识水平越高,对事物的概括水平也就越高。很多客观事物之间往往存在着内在的联系,抛开个性,往往能够找出其中的共性,也就是这类事物的本质属性,可以用于解决同类事物之间的问题。在数学教学学习过程中,一些概念、定理、公式等往往是对现实生活、经验等的总结而获得的。为了帮助学生理解,教师在课堂设计时,应该选择一定的情境或者有代表性的练习题,通过分析、实践、总结,最终让学生掌握其内涵,并达到深层次的认识,能够解决具体问题。

(二)间接性

借助一定的媒介和一定的知识经验来理解从未感知或根本不可能感知的事物。思维往往是通过其他事物来反映客观事物的。由于每个人所处的环境都是有限的,所以就要求对事物要有间接性的思维。例如,根据天气判断是否有雨,根据动物的异常反应判断是否有地震等。正是由于思维的间接性,人们可以超越感知提供的信息,获得没有直接作用的事物和属性,揭示事物的本质和规律,达到预测未来的目的。

三、思维的基本规律

就心理学角度而言,思维的品质是指不同的主体在进行思维活动时表现出的个体差异。这种思维品质在现代人的分类理解下形成不同的思维水平。思维水平可以通过对客观事物的概括程度分为三个层次:直观思维、具体思维和逻辑思维。直观思维就是直接以客观行动作为行为依据的简单思维,这种思维只能将动作转化为同一动作的复制思维;具体思维是通过将客观事物的表面现象和性质概括后进行的思维,往往表现为简单模仿行为,所以还是存在直观性;抽象思维是按照客观事物内在逻辑的规律而进行的思维。逻辑思维可以通过分析客观事物的性质和属性将其推广到不同的事物中去,所以这样的思维具有同一律、矛盾律等基本规律。思维科学研究表明,人的思维对客观事物运动和发展的反映遵循两条基本规律,即思维相似律和反映同一律。

(一)思维相似律

思维相似律是指客观事物发展过程中的相似现象在思维过程中具有相似的反映。它是人的思维反映客观事物运动和发展所遵循的一条基本规律。在数学思维方面,思维相似律可以促进知识的成功迁移,是学习新知识的重要的指导思想。数学思维中到处渗透着异种求同、同中辨异的比较和分析过程。

数学知识中存在很多相似形式,分别表现在几何相似、关系相似、结构相似、方法相似、命题相似等方面。例如,在直角三角形中的勾股定理(斜边的平方等于两个直角边的平方和,即 $c^2=a^2+b^2$)和长方体中对角线定理(长方体一条对角线的平方等于同一定点的三条棱的平方和,即 $l^2=a^2+b^2+c^2$)公式结构形式相似;等差数列和等比数列的概念相似。在数学教学中,教师经常利用这种相似帮助学生找到新旧知识之间的联系,以便学生理解记忆。

(二)反映同一律

思维中的反映同一律反映在两个方面:一方面是对同一事物而言,要求把握客观事物的本质,使其和脑中映象保持质的同一;另一方面是对探究客观事物的过程而言，在不断探求客观事物的过程中，在脑中不同映象变换之间也应保持质的同一。反映同一律是数学思维的一条基本规律。例如，数学中的式的恒等变换、实际问题和数学模型之间的转换、数学命题的等价变换、数与形之间的等价转化、数学问题之间的等价化归以及数学中的变量代换法、同一法则等。特别是实际问题和数学模型之间的转换，要求数学关系必须如实反映客观事物之间的关系，所得的数学结论要受到实践的检验。在数学教学过程中，最常见的命题证明问题，它的思维过程实质上就是一个数学命题不断变换的过程，通过一系列的方法和手段，使命题从给出的初始状态一步步化归到所要达到的目标状态。这个变换和化归的过程的根本思想就是保持了思维过程中思维对象质的同一。

应该注意，思维的两个基本规律在探求具体事物的过程中是相互渗透、共同作用的。也就是说，相似与同一的关系是相似之中有同一因素，同一之中有相似因素。而对数学问题的探求，实质上就是思维同一性的不断应用和相似性的不断探求。

四、思维品质

思维是人脑客观事物规律与特性的一种反映，这种反映的发生和发展是符合一定普遍的客观规律的。个体在思维活动中表现出的特点与到达的效果不尽相同，思维的这种在不同个体中发生和发展时表现出来的差异性，称为思维品质。在数学教学中，有的学生思维表现很活跃，与教师配合默契，甚至超越教师课堂的讲授速度而率先理解问题，并会运用所学知识，还能有自己独特的解题思路等；而有的学生则表现为反应慢半拍，注意力不专注，对所学知识和方法只能简单机械地模仿，甚至不能跟上课堂教师的讲授速度，更谈不上良好地运用所学知识和方法了，这就是由个人思维活动中表现出的数学思维品质的差异。思维品质包括五个方面，即思维的发散性、思维的深刻性、思维的灵活性、思维的批判性、思维的独创性。它们是确定整体思维水平与个体之间差异的重要指标，是我们培养学生思维能力的教学出发点，是检测教学效果的重要测试指标。

第二节　数学思维相关概述

数学知识和数学思维之间存在相互依赖、互相促进的辩证关系,如在解决问题的过程中,我们显然要用到一定的数学概念和知识。数学家华罗庚曾说:"新的数学方法和概念,常常比解决数学问题本身更重要。"本节对数学思维的相关内容进行详细的介绍。

一、数学思维的界定

数学思维是人脑在和数学对象(空间形式、数量关系、结构关系)交互作用的过程中,运用特殊的数学符号语言,以抽象和概括为特点,按照数学自身的形式和规律,对客观事物做出间接概括的反映。

国内学者对数学思维的理解各有不同,笔者在此列出三个代表性的观点。第一种观点认为,数学思维是一般思维的其中一种,而不是一种特殊思维。它是指数学对象被人脑理性认识的过程,体现了数学学科的本质特性与数学对象间的关系。第二种观点认为,广义的数学思维应该是指数学对象被人脑理性认识的过程,包括在解决实际问题过程中的思维过程。第三种观点是前两种的进一步细化,认为数学思维是以数学问题为基础,经过找到问题、探究问题、处理问题的形式,达到现实世界的空间形式和数量关系本质到一般性认识的思维过程。根据以上三种对数学思维的界定,我们可以得知,数学思维属于一般性思维,是一种"主体"对"客体"的认识过程,具有数学化。

数学思维是思维的一种,因此,它也具有一般思维的根本特征。由于数学知识本身的特征,使得数学思维又具有独有的特征:问题性、严谨性、抽象性等。数学思维包括思维的内容、思维品质和思维形式三个方面。在教学中,教师必须将这三个方面协调发展。通过合理的教学设计,恰当的教学方法,促进学生形成用数学思考的意识,培养学生的数学思维能力。

二、数学思维的内容和层次论

(一)数学思维的内容

数学思维的核心内容是数学思想方法。它是数学思维的基础数学思想,是对数学知识的本质认识,是在学习的过程中提炼出的数学理论观点,是数学思维内容的结晶。它在认识活动中被反复运用,带有普遍的指导意义,是建立在数学知识的基础上,指导问题解决的根本策略和思想。数学方法是数学思想的外在表现形式,在数学思想的指导下,解决数学问题采用的各种方式、手段、途径等。但是,历来就没有严格明显的标准来区分数学思想和数学方法,数学思想和方法是相辅相成、辩证统一的。只是在解决数学问题的过程中,根据它们所起的作用和所处的地位,分为数学思想和数学方法。一般来说,数学思想是知识与方法的高度概括和提炼,是数学知识和方法精髓,带有理论特征,是数学方法得以实施的指导思想;而数学方法是解决问题的手段,带有实践特征,是数学思想的具体化。由此而言,数学思想和方法是紧密联系、不可分割的。在数学问题的解决过程中,要实现数学思想和方法的统一,在数学思想的指导下利用数学方法灵活有效地解决问题。

掌握数学思想方法,可以促进学生更好地从整体上、从内部规律上掌握系统化的知识,从而形成良好的知识结构和思维品质,提高学生的洞察力和解决问题的能力。中学数学解题常用的数学思想方法有化归、一般化与特殊化、分析与综合、归纳与类比、数形结合、分类讨论以及模型方法等。

(二)数学思维的若干层次论

奥苏贝尔和鲁滨孙提出的思维层次系统与布卢姆出版的《教育目标分类学:第一分册,认知领域》中认知领域的层次分类非常类似。该系统也具有按层级顺序排列的六个类别,分别是表征学习、概念学习、命题学习、应用、问题解决和创造。其中,表征学习相当于布卢姆的第一个层次——知识,并且将"领会"分为概念学习和命题学习两个大类,"应用"与布卢姆的"领会"联系紧密。他们拒绝使用"分析"来表述层次目标,而使用"问题解决",同时认为"创造"与"综合"相当,该系统中包含与"评价"相类似的内容。另外一人提出,应用、问题解决与创造更能凸显学生学习知识的思维复杂程度。

虽然斯塔尔与墨菲关注的也是认知领域内的思维层次框架,但由于当时加涅的信息加工理论的影响,他们更为关注的是学生如何加工信息,而不是试图划清楚学生能达到的行为顶端。由简单到复杂的具体框架依次包括:准备与观察、接受、转化与信息获取、保持、迁移、整合、组织、产生。它们的系统使得情感与教学得以沟通,同时也架起了知识领域和情感领域的桥梁。

荷兰数学教育家范希尔认为,几何思维水平层次框架从低到高分别是视觉、分析、非形式化的演绎、形式的演绎、严密性。在他看来,这些思维层次的发展不会自然而然地发生,而是依次发生的,只有进行适当的教学,才能帮助学生从较低层次的思维过渡到较高层次。到了20世纪80年代,在理论研究继续展开的基础上,结合广泛的实证研究,他又把五个思维水平合并为三个,分别是直观水平(整体地认识几何对象);描述水平(通过几何性质认识几何对象);理论水平(利用演绎推理证明几何关系)。

澳大利亚学者柯利斯和比格斯分出了感觉动机、想象、具体符号、形式和后形式共五种数学思维模式,这样的分类主要来源于皮亚杰的学说;对应以上的思维模式,他们又给出了五种知识类型,分别是默许的知识、直觉的知识、书面知识、作为理论的知识和元理论的知识。与新修订的布卢姆的教育目标分类学类似,二者都可以构成一个二维表。同时,该理论对划分出的五种思维模式进行了定性的分析,将不同的抽象程度和相应的题目结构结合进行了实证研究,得到了五个复杂程度依次递增的思维结构,分别是前结构、单结构、多元结构、关联结构和扩展抽象。

威尔逊以中学生数学学习的具体过程为对象,编制了数学学业水平的评价模型。其中,认知领域被划分为具有顺序性和展次性的由低到高的四个水平,具体包括:计算、领会、运用和分析。他认为,运用和分析更能体现学生的高层次数学思维。

英国数学教育家斯根普及其学生提出了八个层次的数学思维水平,即原始认识、产生表象、形成表象、性质认知、形式化、观察评述、构造化和发现创造。他们用了八个嵌套的圆来表示这八种层次之间的关系。随着水平的递增,所代表的圆的半径依次增大,前一个圆包含在后一个圆中,逐步拓展,发现创造所代表的圆最大。他们认为,数学理解的过程是一个进行中的、动态的、分水平的、非线性的发展过程,是反反复复的建构组织过程。

PISA2000 项目定义了数学思维的三个层次,依次是复制、定义和运算,问题解决过程中的联结与整合, 数学化、数学思维和一般化。在以数学学科为主的PISA2000 项目中,该分类层次说法被改变为数学能力的三个聚类,即再现聚类、连接聚类和反思聚类。

美国各州教育行政长协会 (The Council of Chief State School Officers, 简称CCSSO)在 1999 年将数学认知水平分为五个水平,从水平一到五依次是记忆事实定义公式水平、实施程序水平、理解数学概念或思想水平、猜想一般化证明水平与解决问题联结水平。

青浦实验小组在 2007 年进行的"青浦实验新世纪行动"中,又将认知水平进一步划分为五个层次,分别是计算、概念、领会、应用和分析,并针对每个层次的水平给出了细致的语言描述。该描述较为具体,涉及数学学习的各个方面,同时具有一定的操作性。该行动给出的认知水平的划分不仅是对于实验结果的进一步深化,而且由于其具有现实的可操作性,因此在实践中更便于教师对于学生思维的衡量。

三、数学思维的品质

数学思维品质是学生在数学学习过程中所表现出的不同的思维习惯和思维方式。它是用来判断学生的思维能力、学习水平的重要指标,在数学思维活动中起着关键性作用。

数学被人们公认为是思维的体操。然而,要确保完成体操活动,数学思维能力是非常重要的要素。教育界普遍认为,数学思维能力是确保数学活动顺利进行的首要前提,对数学活动效率具有决定性因素,是在主体进行思维活动时表现出来的具有稳定性的心理特征。数学思维能力具有个性特点。对于不同学段的学生而言,他们所具有的思维能力具有一定的差异性,并呈现出一定的层次性,这种层次性主要是通过数学思维品质来确定的,并通过解题活动表现出来。

现代心理学认为,数学思维品质是主体在各种数学思维活动中表现出来的相对稳定的心理特征,是主体对外界信息经过加工处理而产出对外界信息进行某种解释的输出信息的过程表现出的明显的个体性差异,其本质表现为个体的数学思维个性。它是对个体的数学思维水平、智力和能力等方面的差异进行综合衡量的量,是对数学思维水平、判断数学能力的度量的非常重要的指标。例如在数学实践中,广大教师发现有的学生特别喜欢思考问题,并且思维敏捷,解决问题的思路宽广且新颖,对于数学问题能在很短的时间里想到不同的解决问题的方案,并身体力行,能在问题解决过程中随时调控自身的思维方向,促使解题行动与解题目标的吻合,当两者出现偏差时,能够及时调整自己的思维方向。然而,有些学生却表现出思维呆板、解题思路单调,遇到新的问题情景表现出迷茫,找不到合适的解决问题的思路方法;或是在有一定思路的前提下,思维缺乏严谨,往往一条路走到底,没有能力找到自己细小的错误,更没有能力来矫正自己的思维方向。从本质上讲,学生在问题解决过程中所表现出的各种差异就是由不同的数学思维品质主导下的数学思维的外在表现。

(一)数学思维品质的特征

数学思维品质的特征包括六个方面,即思维的发散性、深刻性、灵活性、广阔性、独创性和批判性。它们既是衡量一个人思维水平的重要指标,也是教师培养学生数学思维能力的出发点。

1. 思维的发散性

思维的发散性,即思维的广度,是个体思维活动中所涉及内容的广泛和全面的程度,即遇到具体问题时多角度观察、思考问题,多方面发现问题的规律与联系,多途径解决问题,并将学到的方法和理论推广到类似问题中运用,如数学中的一题多解、一法多用;将已知的优秀的方法和理论放到更广范围中去实践检验,使其更大范围地被利用,如数学中的数形结合法不仅在函数上能很好、很快地解决问题,在概率等知识的学习中也起到良好的解决问题的效果。

思维既有发散性,也有狭隘性。思维狭隘的个体往往不能摆脱已有知识、方法、理论的束缚,造成思维定式、思路不通、以偏概全等现象,导致不能很好地、正确地解决问题。

2. 思维的深刻性

思维的深刻性是一切思维品质的基础,即思维的深度,是个体思维活动中抽象逻辑性的准确程度和深刻水平。它表现为深入思考问题,细致分析问题,不放过任何蛛丝马迹来钻研探索复杂问题背后的本质属性;它能很好地克服思维表面化、绝对化和不求甚解的不良特征。要使学生最终攻克复杂的综合性大题,就要从高一起始阶段就不间断地努力培养学生深刻的思维。

思维既有深刻性,也有肤浅性。例如,对概念一知半解,对定理考虑不周,易受问题背景干扰,不能抓住问题本质等都属于思维的肤浅性。在遇到具体数学问题时,能够深入地思考,挖掘问题的本质特征和条件之间的内在联系,合理地给出解答过程。要想做到思维深刻,首先要对概念理解深刻,区分概念的内涵和外延,弄清一些容易混淆的概念,如实数和复数、锐角和第一象限角、等差数列和等比数列、全等和相似等。在公式、定理的应用中,要注意前提条件的限制,避免出现一些不必要的错误。

【例1-1】　解不等式 $x>\dfrac{1}{x}$,由于思维的不深刻性,推理容易出现错误:

因为 $x>\dfrac{1}{x}$,所以 $x^2>1$;

因为 $|x|>1$,所以 $x>1$ 或 $x<-1$。

只有对不等式性质理解深刻,才会发现要想分式化整式,需要两边同时乘以 x。由于不等式的性质可知,只有考虑 x 的正负号问题,才能发现问题的解决方案。

3. 思维的灵活性

思维的灵活性,即思维活动的灵活程度,是个体智力和能力的灵活迁移程度。它具体表现为当问题发生变化时, 个体能随着具体问题的改变随时调整思维分析过程的方式方法,从更新的角度看待思考问题,采用更新、更适合的办法和方案来解决这个问题。在分析与综合的过程中,善于对知识灵活地组合分析,从一种思路灵活转变到另一种思路上去。同时,也能随着新知识的掌握和经验的积累而进行知识重组,灵活地迁移知识。

思维的灵活性是创造性的典型特点。在数学思维活动中,主要表现在以下四个方面:思维起点灵活,每个学生思考的出发点不一样,只要能解决问题就行;思维过程灵活,会灵活运用不同的数学思维方法,如综合法、分析法、反证法、数学归纳法等;概括迁移能力强,能够做到举一反三;思维的结论可以多样化,只要合乎情理。

思维既有灵活性,也有呆板性。在数学中,有些学生只是简单机械地模仿教师的解题步骤,导致在遇到同型不同题时不能举一反三,不能使问题很好地被解决。

【例 1-2】 求函数 $y=\sqrt{x-4}+\sqrt{15-3x}$ 的最大值和最小值。

分析 根据求函数最值的一般规律,都要先考虑自变量 x 的范围。乍一看,本题连条件也"没有",似乎无路可循。其实深入分析,条件都是隐蔽着的。灵活的思维把目标转向根号里面,要想使函数有意义,必须要求 $4 \leq x \leq 5$,这样就有了一丝"生机"。但这一新因素还不能直接解决问题,思维的灵活性开始寻求新方法……

解 令 $x-4=\sin^2\alpha\left(0 \leq \alpha \leq \dfrac{\pi}{2}\right)$,转换原函数为 $y=\sin\alpha+\sqrt{3}\cos\alpha=2\sin\left(\alpha+\dfrac{\pi}{2}\right)$,

所以,当 $\alpha=\dfrac{\pi}{6}$ 时,$y_{max}=2$;$\alpha=\dfrac{\pi}{2}$ 时,$y_{min}=1$。

4. 思维的广阔性

在数学问题解决的过程中,表现为思路开阔,看问题不单一,善于全方位地探求和综合思考,抓住问题的全貌以及与问题相关的其他因素,同时不放过其中有意义的细节与特殊的因素,进行多角度、多层次的思考与研究。

5. 思维的批判性

思维的批判性,即思维的独立性,是个体思维活动中独立分析问题与批判问题的能力高低,是个体自我意识高度体现的集中性反应。它具体表现为面对数学题目,不轻易下结论,而是镇定地思考问题,并且时刻抱有质疑的精神;依据所学的数学知识、数学技能、数学方法等,对题目的结论和产生结论的原因都要加以重视,确保数学的严谨性;敢于猜想,不怕出错,从不同的角度思考问题,探究新方法,得出新结论,并且验证结论;对于错误,不仅要质疑,还要更正,这样才能使数学知识健全。

在数学教学中,师生都应客观严格地在各自的教与学中大胆地、不断地进行问题的反思和经验的总结,并将其及时纠正,否则只能停滞不前,最终影响教学效果。思维既有批判性,也有盲从性。在数学教学中,有些学生只会盲从教科书和教师的传授与讲解,完全没有自己独立的思维判断,人云亦云,不利于培养独立思考问题的良好习惯,不善于分析问题,因此在遇到其他问题时,也就不从下手。

6. 思维的独创性

思维的独创性,即思维的创新程度,是思考问题的角度不同,分析问题的方式新颖,解决问题的方法独特,具有大胆的创新意识,是智力的高级体现形式。思维的独创性具体表现为具有独特性;具有发散性;从已知信息中会得到各种各样的信息;具有新颖性,会促进新事物的产生。

在数学教学中,学生能先教师一步,通过快速地观察与分析,独立发现问题所在,能打破常规,勇敢地提出解决问题的方式方法,并敢于接受真理的挑战。无论结果正确程度如何,都在这个不断独创的思维过程中历练了思维的品质,使其不断提高,最终形成良好的数学思维能力。

(二)数学思维品质各特征之间的关系

思维品质的特征是相互联系、难以分割的,且彼此之间互相制约和促进,有着一定的递进层次关系。

数学思维品质的发散性、深刻性、灵活性、批判性、广阔性和独创性不是孤立的,是统一的,是相辅相成、紧密联系的一个整体。思维品质的深刻性是一切思维品质的基础。灵活性是在深刻性的基础上发展而来的。如果学生对数学知识的理解很深刻,还具有比较好的迁移能力,那么他在解决数学问题的整个过程中所用的方法会比别人更加灵活。也就是说,能表现出较强的灵活性。反之,灵活性又能让个体对知识的理解更加深刻。由此可以看出,灵活性和深刻性是彼此促进的。批判性是在深刻性的基础上发展而来的思维品质。如果个体对数学知识有了深刻的认识,还能够进行不断的评价,在思考数学问题时,不被一些表面现象迷惑,能抓住问题的规律和本质,并可以深入细致地加以分析和解决,自我反思,能够大胆质疑、调节思维过程,那么在这个思维过程中就会表现出批判性。同时,批判性也能深化个体对数学知识的理解,让个体对知识的理解更加深入。所以,批判性和深刻性是相互促进的。灵活性和批判性相互结合、相互作用时,就会表现出独创性。如果说个体思维灵活,还具有批判精神,那么就会促使他想到用新的方法来解决问题,而且这种方法是他以往没有尝试过的。思维的敏捷性既是思维品质的必要前提,也是几种品质的具体表现。在思维的敏捷性和灵活性的共同作用下,思维的方向就会多,对知识的理解就会比较深刻。如果所拥有的知识资源非常丰富时,那么就是具有良好反思能力,即批判性的个体。学生的联想类推迁移能力很好,就会表现出较强的灵活性。学生思维的批判性和灵活性都比较好时,就会在大脑中产生多种思维方向,会有独创性的表现。在这些品质的共同作用下,思维流程变得更快、更好就有了敏捷性的体现。有了发散性、深刻性、广阔性、灵活性与批判性,才能触及独创性。

四、数学思维的基本形式

数学思维是从人类的一般思维中分化出来的一种科学思维，因此它的活动形式与一般科学思维的活动形式相同。通常从思维活动总体规律的角度考查，可以分为逻辑思维、形象思维和直觉思维三种类型。

(一)数学逻辑思维

数学逻辑思维是借助已知的数学概念、公理、定理、公式进行的一系列的判断、推理、证明等思维过程，其中类比、归纳、综合、分析、抽象、演绎等为思维过程中的主要方法，并要求用数学语言和数学符号来反映数学本质规律的一种思维。数学逻辑思维具有逻辑性、抽象性。数学问题的解决最终要根据逻辑思维进行解决。数学本身就具有逻辑性和严谨性，必须通过推理和证明过程中所需要的公理、公式、概念、定理来解决问题。

(二)数学直觉思维

直觉思维是没有对问题逐步地分析，且没有清晰的解题步骤，而是在已有的知识经验的基础上，仅依靠大脑对事物的不断感知，对问题迅速地做出判断和猜想，或者经过长久的思考，在百思不得其解的时候，突然灵光闪现，对问题突然的领悟。

所以说，数学直觉思维是在大量原有知识的前提下，在遇到数学问题的初期时，进行整体观察后，很快在大脑里对该问题做出非逻辑判断的某种本质特征的认识，是直觉的，不是经过逻辑思维判断得到的，但是它对解决问题有一定的指向性。好多问题的解决都是先通过直觉思维，再经过逻辑思维。闻名的数学巨匠波利亚说："要成为一个好的数学家，你必须首先是一个好的猜想家。"解决数学问题前，先通过数学直觉思维进行猜想，然后再用数学逻辑思维进行证明，这样问题就得到解决了。

(三)数学形象思维

数学形象思维的基本形式是表象和想象，就是主体通过观察、试验等方式获得关于客观事物的表象信息,然后通过抽象、概括的方法去粗取精、去伪存真,加工成为描述事物内部规律的一系列意象,继而用联想、想象的方式,反映数学对象的本质,洞察数学结构和关系的思维活动。例如,平行线的概念,学生通过观察铁轨、门框及黑板的上下两边沿这些客观形象,经过简单的心智加工,获得的表象是两直线处于水平位置且可以无限延伸,没有交点。这是共同属性,没有达到理性认识,而平行线的意象是同一平面内不相交的两条直线。

数学表象是对客观实物的形体特征或形式结构抽象的、概括的观念性形象。例如,数学中各种函数图像、统计图表、几何图形、数学概念、语言、符号等都是数学表象,它们是理想化的带有一般性的数学形象。

数学想象是个体在搜集大量的客观实物的表象后,运用已有的数学知识、思想和方法,对其搜集的丰富表象进行加工整理,创造出新的数学表象的一种重要的数学想象思维形式。其具体可分为再造性想象和创造性想象两种。数学中的再造想象是指个体依据已有的数量关系与几何形式的语言文字描述或图形的展示,创造出新表象的思维。创造性想象不依赖已有的数量关系和几何形式的语言文字描述或图形的展示,而是根据一定目的、任务与理论,独立地创造出新表象的思维。著名数学家欧拉双目失明,通过再造想象仍能对世界数学事业提供种种贡献;著名数学家笛卡儿借助对曲线上"点的运动"这一数学想象创立解析几何。可见,数学形象思维在创造性数学中起到了巨大作用。

由于数学知识的抽象性和思维对象的数形特征,在数学思维过程中,对上述三种思维的运用就有侧重性,数学问题的解决过程往往是这三种思维交错运用的过程。也就是说,在数学问题解决的过程中,经常通过数和形的联系,借助图像,利用形象思维和直觉思维找到思维的突破口,然后再通过逻辑思维进行合理的论证,进而完成整个思维过程。此外,运算能力是逻辑思维能力的一部分,是它与运算技能相结合的产物;空间想象能力是形象思维能力的一部分,是它与几何形式相结合的产物。逻辑思维和形象思维是主体,主体水平的提高为直觉思维的发展提供了坚实基础。

第三节　数学思维能力相关概述

注重学生数学思维能力的培养,是数学新课程的导向;培养具有良好思维能力的高中生,是数学教学的追求。那么,什么是数学思维能力,数学活动中哪些能力表现才是数学思维能力?高中生数学思维能力的现实表现如何?怎样培养学生的数学思维能力? 这一系列的问题都值得我们去思考。为了探讨上述问题,本节首先对数学思维能力的含义、结构、表现及教学理论基础进行相关的论述。

一、数学思维能力的界定

本书所研究的数学思维能力指的是以数学问题为载体,通过发现问题、分析问题、解决问题等数学思维的锻炼所具有的数学能力。

要想了解数学思维能力,首先需要了解一下什么是能力。《中国大百科全书心理学》指出,"能力是作为掌握和运用知识技能的条件并决定活动效率的一种个性心理特征。一个人具有某种能力,就意味着具有掌握和运用某方面知识技能的可能。"尽管这个定义得到了大部分学者的认可,但依然有学者对能力的个性心理特征说产生了质疑。例如,一个篮球运动员控制球的能力,就不能完全解释为心理特征。因此,有人视能力为包括个性心理特征在内的一种本领。从能力的定义中,我们可以对数学能力做如下解读。

数学能力直接调节数学活动内容和活动方式,这与个性心理特征中的气质、性格不同;顺利完成某种活动需要的因素有很多,既有外部的物质条件等客观因素,也有个体知识等主观因素,能力只是其中一个方面。能力总是存在于具体活动中,在活动中体现,并在活动中发展。

结合上节对数学思维的阐释和概括,究竟什么是数学思维能力呢?数学思维能力与数学思维一样,都是个体对现实世界的空间形式和数量关系的本质认识,同时它在某些方面与数学能力有着一致性, 即数学思维能力一定要通过数学活动表现出来,是以数学问题为载体,通过发现问题、解决问题,展示个体特有的数学技能。因此,笔者将数学思维能力这样进行界定,即它是个体在数学活动中表现出来的一种能力,既包含个体在一般情境中运用分析、综合、比较、判断等一般思维能力,也包括个体在数学思想的指导下运用具体的数学学科知识解决特殊情境下空间形式和数量关系的特殊思维能力。它是解决数学问题时必须具备的一种基本能力,是数学思维能力的主要形态。

二、数学思维能力的结构及表现

20世纪80年代,我国数学教育界深受苏联数学教育家克鲁切夫斯基的影响,将传统数学教学大纲中的数学能力概括为三大部分,即数学运算能力、空间想象能力和逻辑思维能力,并且将逻辑思维能力列为数学思维能力的核心成分,甚至认为数学能力的核心是逻辑思维能力。随着时代的进步,人们越来越发现将数学思维能力主要概括为逻辑思维能力是有偏颇的, 所以人们对数学思维能力又进行了重新认识。笔者在此仅列举国内在数学思维能力理论研究上最具代表性的两位学者,并介绍一下他们的观点。

在数学思维能力的研究上,邵光华是比较有代表性的一位。他在《数学通报》上发表的两篇文章,对数学思维能力结构既做了定性的阐述,又做了定量的分析,为后来研究者提供了一个很好的研究范式。他从数学思维和数学活动这两个方面出发,分析了数学思维的特点和学生数学活动等影响活动效率因素,在此基础上概括了数学思维能力的构成要素。从数学思维方面来看,邵光华认为,数学思维具有以下五个方面的特性,即高度的概括性、高度的抽象性、独特的形式化符号体系、数学问题为对象、逻辑推理占主导。从数学活动来看,以下这五个方面因素与思维活动效率直接相关,即数学概括、数学抽象、数学语言、化归意识、数学推理。结合这两方面,邵光华认为,数学思维能力由数学概括、数学抽象、数学推理、数学化归、思维简缩(数学语言)这五个因素构成。在每一种因素之下,又包含着若干方面的能力。具体而言,邵光华认为,有三种形式的概括能力、三种形式的抽象能力、两种形式的推理能力、化归的三种具体能力。

综合起来,邵光华认为,数学思维能力在上述五因素下,具体包括下列十二种能力:发现属性能力、数学变式能力、发现相似能力、数学推理能力、数学转换能力、直觉思维能力、形成数学概念的概括能力、形成数学通则通法的概括能力、迁移概括能力、发现关系的能力、识别模式的能力、运用思维块的能力。

同样是研究数学思维能力的构成,张奠宙先生的研究思路则是另外一种范式。张奠宙先生视数学思维能力为一种特殊的数学能力,他对数学思维能力的思考也是按数学能力的研究范式进行的。在国内,对数学能力结构的研究,比较占主流观点的是一般能力和特殊能力说。该学说认为,观察力、注意力、记忆力是数学能力的必要成分,是数学能力的一般部分;而运算能力、逻辑思维能力、空间想象能力等能力则构成数学能力的特殊部分,而这一般部分和特殊部分分别构成数学能力的一般能力和特殊能力。

按照这种体系框架,张奠宙先生在《"与时俱进"谈数学能力》中对数学思维能力进行了详细的解读。他认为,数学思维能力分为常规数学思维能力和创新能力。常规数学思维能力包括十个方面,即数形感觉与判断能力、数据收集与分析、几何直观与空间想象、数学表示与数学建模、数学运算与数学变换、归纳猜想与合情推理、逻辑思考与演绎证明、数学联结与数学洞察、数学计算与算法设计、理性思维与构建体系。随后他在这篇文章中对数学创新能力也进行了界定,并提出了培养模式。

虽然两位学者对数学思维能力的思考方式并不相同,对数学思维能力的构成成分的理解也不相同,但他们在说明数学思维能力构成成分时有着惊人的一致性。他们都认为,数学思维能力的构成成分并不是单一的某一种心理成分,而是由很多方面构成的一种集合体,是若干数学思维元素按照一定形式相互联系、相互作用组成的具有特定功能的有机整体。同时,这两位学者都肯定数学活动中的抽象、概括、推理、判断选择、探索、阅读等基本能力的存在。

因此,数学思维能力的表现是一个综合的整体结构。在解决一个数学问题时,学生会有多种不同的思路,会尝试不同的思维能力组合,正如同数与形可以转换一样。学生恰当组合这些思维能力,同样能够完成相同的数学任务。《高中数学课程标准》指出,学生经历的"直观感知、观察发现、归纳类比、空间想象、抽象概括、符号表示、运算求解、数据处理、演绎证明、反思与建构"就是数学思维能力的具体体现。

为了避免问题变得过分复杂,本书在综合分析数学思维能力构成时,沿用新课程标准的观点,认为高中阶段学生所要求具备的五大基本能力是空间想象能力、概括思维能力、逻辑推理思维能力、运算求解能力和阅读思维能力。

三、数学思维能力影响因素

影响数学思维能力的因素是错综复杂的,下面主要从认知结构、问题表征、思维定式、元认知等因素对数学思维能力的影响进行简要的分析。

(一)数学思维能力与认知结构

1. 认知结构对数学思维能力的影响

每个学科的知识都有内在的联系,这些相互联系的知识构成的网络就是知识结构。学习者学习新知识之后,在自己的头脑中都会有一个知识结构。每个人头脑中的知识结构都不一样,带有自己的特点。头脑中带有个人特点的知识结构就被称为认知结构。很多学者一致认为,良好的认知结构对思维能力的产生和发展具有非常重要的作用。例如,数学认知结构至少具有下列三个方面的作用:首先,认知结构是学生思维发展的基础。由于个体的思维是原有的知识和经验按照个体的特点形成独特的序列,对新的认知对象的信息进行加工处理并形成新的认知的过程,因此思维发展最根本的基础是原有认知结构。其次,良好的认知结构有助于个体思维发展的顺畅。最后,良好的认知结构对学生思维品质的形成具有极大的影响力。由于合理的数学认知结构是能动的,在新旧知识同化和顺应的过程中,不断进行调整。这种优化的知识结构更加完备,内部各对象的关系具有紧密的联系。面对新的问题情景时,能寻找到更多、更好的联系,从而形成广泛的联系,形成良好的思维品质。

也有学者认为,良好的认知结构对个体进行高效的思维活动是必不可少的,有利于新知识的学习,促进思维的良性发展。当学习者学习一个新知识的时候,只有当该新知识与原有认知结构中的某个特定的知识发生联系,其才能被个体所领悟,才有可能被架构到自己的认知结构网络中去,并与原有知识构成具有层次清楚、有条有理的网络体系,为日后进行思维活动提供知识依据、做出保障。另外,良好的认知结构本身也是一个知识演绎体系,具备良好认知结构的人,能理解知识的起源、发生、发展过程,能充分理解知识的承上启下的作用。因此,当主体在遇到某个知识点一时很难正确记忆而无法直接提取时,可以通过知识的上位或下位知识关系重新演绎并重现知识,这是零散无序的认知结构所做不到的。

2. 认知结构的模型及成分

对于个体内在认知具有怎样的基本结构,现在具有代表性的是喻平教授等人的观点。喻平等人提出数学学习心理结构理论,比较形象精准地描述了数学知识在个体大脑中存在的形式。他认为,数学概念和数学命题是建构整个数学理论体系最核心的基本元素,由此提出了概念域、概念系以及命题域、命题系等描述数学知识表征的概念,并以此定义出"CPFS"结构,指出 CPFS 结构是一种数学学习中特有的认知结构。他通过该理论来深度解释教学实践中出现的各种现象,并进行了一系列实证研究,即个体 CPFS 结构与问题表征、个体 CPFS 结构对解题迁移的影响、个体 CPFS 结构与个体的自我调控、数学成绩优劣的相关性等。对于认知结构的成分上,主体的认知结构由表层的语言结构和深层的经验知识结构构成,两者既相互独立,又相互联系。认知结构的功能是进行思维操作,即主体在对客体信息进行处理时,利用现有的认知结构进行思维运作,并形成关于客体的新的认知。认知结构是思维的操作系统,而其加工客体的信息并形成新的知识的具体方式就是思维的操作机制。

3. 良好认知结构的特点

怎样的认知结构才是良好的呢？一些学者提出了不同的判断方法。良好的认知结构可以从下列三个角度进行评判：第一，可利用性。当个体面对新的问题情景或者新的学习任务时，其认知结构中是否有用来同化新知识较一般的、更具概括性和包容性的观念结构。第二，可辨别性。当现有的认知结构来同化新知识和新问题时，新旧观念的差异是否可能比较清晰地辨别。第三，稳固性。原有的起固化作用的观念本身是否稳定和清晰。

那么，良好的认知结构应该具有哪些特征呢？若从审视问题解决的整个过程，良好的数学认知内在结构应该有如下特征：第一，要有丰富的解决问题与技巧的观念；第二，具备稳定而灵活的图式或模式；第三，要有层次分明、条理清晰且呈网络状的观念结构；第四，具有一定的问题解决策略的观念。也有学者认为，良好的数学认知结构具有四个基本特点：第一，能动性。在良好认知结构形成的过程中，个体要根据自身的认知特点进行主动调整、修复、扩大和深化。第二，具有个性化。由于认知经验和认知主体知识建构方式的不同，在构建自身认知结构时，要根据自身的实际情况合理选择方式方法。第三，具有良好的变通性。在面对新的问题情景时，能进行灵活的变迁。第四，最优化性，即能克服思维定式，寻找解决问题的最优方案。

虽然良好的数学认知结构的判断标准不尽统一，但其必须具备三个条件：首先，良好的认知结构应该是具有双向产生式的。双向产生式是指具有双重功能的指令。其次，良好的认知结构应该具有非常好的层次性和条理性。最后，良好的认知结构应该与个体的思维策略紧密相连。

4. 良好认知结构的培养

对于良好认知结构的建构，瑞士心理学家皮亚杰提出了建构主义理论。他认为，人类对客观事物的认识都是不断建构的产物，通过运用多种思维方法来不断构筑，从最初简陋的格局构筑成复杂结构。

涂豹荣在研究建构主义理论时，对数学建构主义学习实质进行了精辟的阐述。他认为，在个体进行学习客体时，通过外部操作活动和内部心理活动的交互作用，与设置问题情境中的各种因素、与活动相关的各种已有经验、与原有认知结构中的相关知识建立多角度、多方面的联系,从而架构研究客体与各方面因素间的网络关系,最终获得对客体新的认知。因此,建构个体独特的认知结构的过程,是学习者以自身为参照的思维构造活动,是一种积极主动的创建活动,最终所建构的对客体新的认知溯源于自己活生生的生活经验,固着于自身的亲身体验的活动,并扎根到自己已有的认知结构中去。通过建构学习,一方面建立对新知识的理解,使新知识与原有的知识建立联系,使新知识的意义在心理上获得建构;另一方面,新知识进行个体的认知结构,促使认知结构更加合理贯通,并获得更深的意义。因此,数学建构主义学习的实质是通过主体对客体的思维构造,在心理上建构客体的意义。

对该理论的阐述让我们清晰认识到,在进行教学时,要充分考虑学生的现有认知水平,使教学过程充满学生的思维。因为没有学生的参与,教师的作用仅仅是外部强制嵌入的不协调的结构,是一个缺乏联系的孤立体,无法建立与原有认知结构的有机联系,致使个体对其难以寻找、难以辨认,更难以将其与新知识建立自然且具有实质性的联系,最终造成无力去建构新知识体系的恶果。

(二)数学思维能力与数学问题表征

1. 表征及数学问题表征

所谓表征,是指在两个不同的数学研究系统间的某些元素或者特征建立起一种映射关系,即用一种方式(可以是心理的,也可以是物理的)将另一个系统中的事物、特征或者知识用新的方式将之表现出来,这种转化的本质即为原来对象寻找一个替代(如符号或者符号的集合),以便在思维对象的客观题消失后还能用思维表象进行替代。按照心理学的观点,表征是人们通过一系列算法对信息进行输入、储存和加工来改进信息结构或信息呈现方式的过程。数学问题表征则是个体根据数学问题所提供的信息和自身已有的知识经验,发现数学问题内在的结构来构建自己的思考数学问题的空间。它可以是一种过程,也可以理解为一种结果,是问题解决的关键一步。正确的数学问题表征,对于个体发挥思维的作用具有十分重要的积极作用。

2. 数学问题表征对数学思维能力的影响

数学问题解决的第一步就是解题者首先要正确理解或者深入问题的本质,如此就需要进行数学问题的表征。通过问题表征,则可以帮助自己发现问题的结构,搭建合理的问题空间。胥兴春研究了各种问题表征对问题解决的影响,认为高层次的问题表征对数学问题的灵活解决具有积极的影响。数学问题表征对思维到底能产生什么影响呢?杨俊林等人认为,各种问题表征方式对发挥思维或多或少均有积极的作用,如视觉表征有助于学生对数学问题的直观理解,对于发挥思维的直观作用具有积极功效;原理表征有助于学生快速选择合理或最佳的问题解决的思维策略;图式表征能帮助学生准确把握问题中的关键信息,寻求解决问题的数学思维突破口。

3. 数学问题表征方式

根据表征对思维和问题解决的影响,对于数学问题表征方式研究,学者给出了各种分类方式。

根据表征的利用工具不同,人们普遍将表征分为内部表征和外部表征。外部表征就是数学知识的具体表现,内部表征则为个体拥有的心智结构。根据加工信息方式的不同,克鲁泰基伊将数学问题表征分为语言化表征、形象化表征和海合型表征。学生在解决问题的过程中,存在着两种不同的视觉—空间表征类型:图式表征和图片表征。图式表征是指对问题的空间关系按照某个规则进行编码的表征方式;图片表征则是对问题的形象外表进行编码的方式。图式表征利于对问题内在结构的揭示,对思维的发挥和问题解决具有积极作用,是一种有效的问题解决方式;而图片表征则限于对问题的表面特征的关注,容易偏离问题本质。

在对数学问题解决过程里的表征对影响策略选择的研究中,狄克逊等提出两种表征方式:原理表征和综合表征。原理表征是指按照一套特殊原理来表征问题,每个原理蕴含一种可能解决问题的方案,其中又可分为内部问题原理和比较问题原理。内部问题原理是评价问题的范围和上下关系;比较问题原理则是比较两个问题的交叉关系和风格。综合表征则是表征某个领域中各种问题关系的方式,它将评价功能和反应功能合在一起,个体通过心理模型来表征问题中各变量关系。在两种表征方式的功能上,原理表征基于对数学原理的理解,有利于学生对解决策略的选择,能促进数学思维的深刻性;综合表征则能对同一领域内的问题的求解更具策略多样性,促进数学思维的灵活发挥。

在数学问题解决的心理表征研究上,有学者将心理表征分为形象表征和抽象表征。形象表征是包括材料、图画、出声语言或书面符号表征问题的方式;抽象表征是以概念、定理、命题等数学抽象概念对数学问题进行表征。研究表明,两种表征在问题解决中相互影响、相互转化。形象表征有利于削减记忆负荷,提高大脑储存知识的能力,有利于对信息进行有效编码和处理,促进思维发展。抽象表征建立在形象表征的基础上,有利于对问题实质的理解,促进问题的有效解决。

(三)数学思维能力与元认知

1. 数学元认知

关于数学元认知概念,一般直接移植 20 世纪 70 年代美国心理学家弗莱维尔(J.H.Flavell)的一般元认知概念来建构。弗莱维尔认为,元认知是对认知的认知,是反映和调节认知的任一方面的知识或认知活动,是为了完成某个具体任务,个体依据认知对象对认知过程进行积极主动的监控和协调的过程。

2. 数学元认知对数学思维能力的影响

在数学元认知对数学思维能力的影响的研究方面,一些学者以智力三元理论、思维结构理论和一般学习能力理论为依据进行研究论述,认为元认知对数学运算能力、逻辑思维能力、空间想象能力以及观察能力、记忆能力、理解能力等数学基本能力有很重要的影响,并得出如下基本观点:第一,元认知的思维监控系统在数学思维活动中处于支配地位,是思维活动的总监控室,对目标系统、材料系统、操作系统、产品系统起着调控作用。第二,元认知对数学思维品质具有重要影响。个体思维品质的差异形成的根本原因在于元认知的差异,思维品质代表思维的表层结构,元认知则代表思维的深层次结构。另外,元认知与数学思维中的反省思维和直觉思维也有着非常紧密的联系。第三,喻平通过对高中生的数学问题解决过程的实证研究后认为,元认知是影响数学问题解决的重要因素。实验研究表明,根据数学问题难度的不同,需要有与之匹配的不同的元认知水平。问题难度越大,则需要更多的元认知监控。此外,元认知水平在数学解题策略的选择、数学问题的表征、问题解决的技能迁移方面具有重要的影响。

3. 数学元认知的结构与成分

对于一般元认知结构要素的研究,弗莱维尔认为,元认知包含元认知知识和相应的元认知调节两部分。部分学者(董奇等)主张元认知包括三个部分,即元认知知识、元认知体验和元认知监控;也有学者(如汪玲等)则认为,元认知包含元认知知识、元认知体验、元认知技能三部分。

对于数学元认知的构成要素,唐剑蔚等通过对大中学生进行问卷调查研究后提出"三主因素九次因素"理论,即元认知知识(包含个体知识、认知任务、认知策略三个次级因素)、元认知体验(包含情感体验、认知体验两个次级因素)、元认知策略(包含计划、调控、评价、反思四个次级因素)。按照两分法观点,罗新建则认为,数学元认知结构应包括数学元认知和数学元认知监控,前者则包括主体的认知知识、对认知任务和环境的知识、数学认知活动的策略知识;后者则包括确定认知目标并制订相应的计划、监控认知活动、反思总结与发展能力。章建跃对数学学科中自我监控能力的结构提出"五因素"之说,即数学元认知包含计划、管理、检验、调节和评价。

4. 数学元认知的培养

多数学者均认为,通过元认知训练来提高学生的元认知水平,这非常有利于学生自主学习的效率和质量的提高。在如何培养学生的元认知应用水平上,一些学者提出了多种措施,这些措施可以概括如下:一是在数学知识的学习过程中,教师要调动学生积极主动参与教学活动,只有在学生的自主活动中,数学学科的元认知才能发挥作用,才能让学生感受元认知应用体验,元认知能力才能获得发展。二是帮助学生了解影响自身思维活动的各种因素及其联系，并利用这些联系来有效监控自身的思维活动。三是在教学中教师要充分暴露问题解决过程的思维过程，让学生真正体验到数学家的思维与自身的思维差异。四是在教学中要重视数学思想方法和数学观念的渗透，重视策略性知识的教学，注重培养良好的数学思想观念。五是要培养学生自我监控的习惯，尤其是重视培养问题正确与否的直观检验意识。六是元认知能力是独立于一般能力之外，高元认知水平可以弥补一般能力倾向的不足，影响个体对问题的有效解决。

四、数学思维能力教学理论基础

(一)建构主义理论

以皮亚杰为代表的认知建构主义认为,认知是人与环境在相互作用过程中,通过两个基本过程——同化和顺应的过程来实现与环境的平衡，并在"平衡—不平衡—新的平衡"的循环中丰富、提高和发展。建构主义数学教学观强调以学生为中心的教学,强调学生的积极主动性,关注学生已有生活经验和知识背景,重视学生在知识内化过程中数学思维能力的作用,重视教学过程中有关问题情景的创设,重视学生认识活动的个体特殊性,对数学教学的过程进行精心设计、组织协调和评价,以确保建构目标的顺利实现。建构主义数学教学具有如下特征:主体参与、情境教学、个人体验、合作学习。

(二)弗赖登塔尔的再创造理论

荷兰著名数学教育家弗赖登塔尔认真分析了两种数学：一种是现成的或者是已经完成的数学,另一种是活动的或创新的数学。他指出,传统的数学教育传授的是现成的数学,是反教学法的。学习数学唯一正确的方法是学习再创造,也就是由学生去进行这种再创造的工作,而不是把现成的知识灌输给学生。数学教育是一个活动过程,在整个活动中,学生应处于一种积极创造的状态,教师的任务在于引导学生探索获得知识的技能和途径的方法,培养学生的创造力。他认为,学生的再创造是数学教学方法的核心。

(三)波利亚数学教育理论

美国著名数学家波利亚注重教会学生思考,注重培养学生的兴趣、好奇心、毅力、意志、情感体验等非智力品质。他提出了学习过程的三个原则:主动学习、最佳动机以及循环阶段。探索阶段、阐明阶段和吸收阶段是学习的三个阶段。他反复说道:"尽量让学生在现有条件下亲自去发现尽可能多的东西""学习任何东西的最佳途径是学生亲自、独立地去发现它"。同时,注重学生在学习过程中发现问题、提出问题、分析问题和解决问题。

第二章 高中数学教学中的数学思维与数学思想

　　数学包含数学知识和思维方法。在高中数学教学中，把数学思维方法贯穿到数学知识的学习中，就意味着数学思维方法很重要。实践证明，不仅要把知识传授给学生，更要把数学思维方法和数学思想传授给学生。学生只有掌握了数学思维方法和思想，才能知识迁移，提高解决问题的能力。

　　数学思想是指现实世界的空间形式和数量关系反映到人的意识中，经过思维活动而产生的结果。它是对数学事实与数学理论（概念、定理、公理、法则等）的本质认识。数学方法是指人们在进行数学活动时所采用的方法。数学思想和数学方法相辅相成，密不可分，数学思想贯穿到数学方法中，数学方法中体现了数学思想。对数学思想和数学方法的掌握，有利于对数学问题的解决。

　　古人曰："授人以鱼，不如授人以渔。"只有掌握了数学思维和数学思想，才能灵活运用数学知识，并且将数学知识运用到实际生活当中去。

第一节　高中数学教学中的数学思维

数学思维与数学教学的关系实质上是数学思维与"教""学"的关系。数学思维是教师教学的主要内容,是一切教学活动的根本目的,通过一系列的数学思维方法的运用,在教学过程中不断渗透,使学生形成较强的数学思维能力。

一、数学思维在高中数学教学中的作用

随着学生认识能力和智力的提高,通过教师的引导及学生的自主意识,学生的数学思维能力得到培养,解题能力也不断增强。在传统的教学模式下,教师仅仅是传授数学知识,学生也只是学习简单的计算方法,对教学质量没有明显的作用,学生的负担加重了,对学习的兴趣并不大,抑制了其思维能力和创新能力,制约了学生的全面发展。对此,教师应针对不同的教学内容,教会学生利用数学思想方法,在知识的形成过程中、解题过程中,加强数学思维方法的运用,寻求已知条件和未知量之间的联系,提高学生分析问题的能力,进而提升学生的思维品质和思维能力。

学生数学思维发展具有阶段特征,并随着年龄的变化和知识掌握的程度逐渐加深。初中生的抽象思维开始占据主导地位,数学思维的发展表现出了明显的"飞跃"。教师在课程教学活动过程中,根据课程内容的实际情况,采用合理的方法渗透数学思维,如代数思维,培养学生的数学思维方法,促进学生理解和解决问题。数学思维的培养既是一个系统性的工作,也是一个长期持续性的工作,要在教学中不断强调和渗透。通过合理的方法和不断的引导,学生的思维能力得到锻炼,进而提升数学能力。

数学思维在数学教学中占有重要的地位,对教师和学生都起着重要的作用。数

学课程活动需要教师和学生共同配合,并发挥教师的主导作用。在数学教学实施过程中,教师应结合具体的数学知识发展数学思维,培养学生的数学思维能力。这样,学生遇到问题时就能够独立思考了,能用所学的知识解决实际问题,学习的兴趣和主动性也提高了,学习成绩自然也就提高了,教师的教学负担也相应减轻了。

二、高中数学教学中的数学思维

(一)直觉思维

直觉思维是指当遇到一个问题时,不经过逻辑推断,在大脑中瞬间产生的判断以及猜测,或者对某个问题一直不能解决,但在某一时刻突然茅塞顿开,还有的能"预言"未来。直觉思维的形成是在已有知识的基础上形成的,并不是瞎猜乱想。直觉思维是一种心理反应,是创造性思维的前提条件,直觉思维的形成有利于创造性思维的形成。很多时候创造性思维是直觉思维的产物。直觉思维与逻辑思维是思维的两种形式,表面上看二者好像矛盾,其实二者密不可分。在某种程度上,直觉思维就是逻辑思维的缩影,而逻辑思维是直觉思维的进一步发展。

在新课程改革背景的前提下,高中阶段更关注学生直觉思维能力的形成,这样有助于学生的创造性思维能力形成。学生在做数学题目时,这两者往往会同时存在,并且相得益彰。直觉思维和逻辑思维是相辅相成的。很多时候看到一道数学题,首先发生的是直觉思维,然后以直觉思维为引导,进行逻辑思维解题。

1. 帮助学生形成知识网络结构

重视数学基本知识的牢固掌握与应用,以形成并丰富数学知识组块。对此,学生应该有扎实的基础知识,教师应该引导学生构建知识网络。因为直觉思维是在牢固的知识的基础上逐渐形成的。直觉思维并不是胡猜乱想,随意得到一些不靠谱的答案,而是在一定的知识储备的基础上,瞬间产生的灵感。构建知识网络可以更好地积累、储备知识;知识网络使知识点更加明了、清晰,便于记忆。如果建立了知识网络,就会让学生感觉自己好像是站在山顶,一览众山小,运筹帷幄,胸有成竹,信心倍增。例如,人教版高中数学必修四第一章三角函数的知识点比较多,不容易记忆,如果建立知识网络,就比较清晰、易记。如图 2-1 所示。

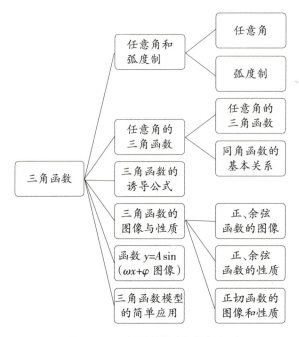

图 2-1　三角函数基本知识框架

上述知识结构框架图使知识点看起来十分清晰,并且能够使学生记忆长久。如此,本来复杂难学、难记的三角函数知识就变得比较容易了。因此,在高中数学教学过程中一定要引导学生建立知识网络。

2. 鼓励学生多角度猜测与联想

在解决问题的过程中,学生往往会遇到一些难点,运用已有的知识并不能攻克它。此时,教师可以鼓励学生大胆地以这个难点为中心,多角度地猜测和联想,如在结构、形式、特征、方法上寻求解决问题的适当途径和方法,即以自己已有的知识为基础,通过对问题的分析、归纳,或将其与有类似关系的其他问题进行比较,通过判断、推理,对问题结果做出估测。在发展学生思维方面,布鲁纳主张重视发展学生的直觉思维能力,认为在发现、发明和解决问题的过程中,经常是直觉思维"猜测"出正确答案,然后由分析思维加以检验和证明。培养学生的猜测联想意识,引导学生大胆地进行猜想,是培养学生直觉思维的重要方式。

【例2-1】 $(1+\tan1°)(1+\tan2°)(1+\tan3°)\cdots(1+\tan45°)$

解 原式

$=(1+\tan1°)(1+\tan2°)(1+\tan3°)\cdots(1+\tan45°)$

$=(\tan1°+\tan44°+1+\tan1°\cdot\tan44°)\cdots(1+\tan45°)$

$=[1+\tan1°\cdot\tan44°+\tan(1°+44°)(1-\tan1°\cdot\tan44°)]\cdots(1+\tan45°)$

$=2\cdot2\cdots2\cdot(1+\tan45°)$

$=2^{22}\cdot(1+\tan45°)$

$=2^{23}$

这是三角恒等变换中的一道习题,表面看与本章节任何三角公式都无关,使众多学生觉得此题毫无突破口,不知从何入手;此时,教师应及时鼓励大家大胆猜想,无论如何也要用到某一个三角恒等变换公式。因此,教师可以引导学生先试着改变一下题目的表面结构,于是有学生想到打开前两个括号的乘积$(1+\tan1°)(1+\tan2°)=$ $(\tan1°+\tan2°+1+\tan1°\cdot\tan2°)$。看到这个形式,相信很多学生会联想到它与正切的两角和公式 $\tan(\alpha+\beta)=\dfrac{\tan\alpha+\tan\beta}{1-\tan\alpha\tan\beta}$ 很像,但公式中是分式形式,题目中是整式形式。为了打开题目的突破口,教师还应鼓励学生把公式变形为题目能用的形式,即分式变整式 $\tan\alpha+\tan\beta=\tan(\alpha+\beta)(1-\tan\alpha\tan\beta)$,于是题目中的 $\tan1°+\tan2°=\tan3°(1-\tan1°\cdot\tan2°)$。最后,引导学生发现在解决此问题时虽有所进展,但构造出的新角度3°不是最好用的,因此需要大家重新考虑应该打开哪两个相乘的括号,最终使学生找到题目的正确解法。

3. 培养学生数学美的鉴赏能力

感性思维是直觉思维的一种,是指通过各种感官直接获得的感觉或知识的思维。在数学教学中,感性思维在知识学习中有重要作用,教师应多引导和培养学生感受数学美、鉴赏数学美,提高数学的审美意识。培养数学的鉴赏能力可以从数学方法和数学内容两个方面入手。

(1)数学内容的美

数学内容的美主要体现在数学的对称美、和谐美、奇异美、简洁美和统一美等。数学基本概念、公式或理论所呈现出的简单性就是一种实实在在的简洁美;令人称赞且最负盛名的黄金分割点体现了数学的和谐美;数学图形的曲线美、圆的对称美,还有数学的奇异美是数学对客观物质世界奇特性的一种反映,它可以激发学生的学习热情和创造欲望。

例如,在学习解三角形内容时,余弦定理显得有些繁杂。此时,对初学者不宜要求死记硬背,可引导学生发现余弦定理三个公式中繁杂却也和谐统一的数学美感,开发学生对数学美的鉴赏能力,这样可以有效帮助学生清晰地记住易混淆的公式,从而在以后的学习中还能进一步的灵活多变。

$$\cos A=\frac{b^2+c^2-a^2}{2bc}, \cos B=\frac{a^2+c^2-b^2}{2ac}, \cos C=\frac{a^2+b^2-c^2}{2ab}$$

这是余弦定理中的三个公式。在它们的分式形式中,分子都是两边平方和减另一边平方,分母是分子中做平方和的那两边的乘积的二倍。那么,如何分清到底是哪条边呢?经过仔细观察,我们发现它们有着和谐统一且对称的规律,只要看等号左侧是哪个角的余弦值即可。若是 $\cos A$,等号右侧分子中就是减该角对边的平方 a^2,那么余下两边自然是做平方和,分母中也是它们的乘积的二倍。如果三个公式都是用这个方法,不费吹灰之力便可清晰地记住,且便于以后灵活地应用。

(2)数学方法的美

数学不仅是理性的、实用的、逻辑的,还是极其美妙的。五彩缤纷的数学方法和技巧是揭开数学实质的钥匙,每种数学方法都具有灵活美和独特美。运用数学美学方法分析、解决问题,在解决问题中获得美感,则体现了数学审美教育更高的要求。在数学教学中,教师对数学的审美教育不仅可以激发学生的学习热情和创造力,还可以促进学生直觉思维的培养,使其直接获取、迅速领悟事物本质的思维能力。

(二)形象思维

1. 数学形象思维的层次

数学形象思维是思维的特殊形式,与思维一样,也具有一定层次性。徐利治先生根据数学形象思维的特点,将数学形象思维分为以下四个层次。

(1)几何思维

这是数学思维活动中最简单、最直接的数学形象思维,常用于研究具体的、直观的几何问题。几何学的主要研究对象为平面与空间的几何图形,这些几何图形是在实际物像的基础上进行的逻辑性加工,具有理性化特征。所以,数学几何思维活动的过程主要体现在以下两个方面:一方面,是将实际的几何图形进行抽象化的加工;另一方面,是将抽象化的几何图形与实际的几何图形进行联系。比如,当人们看到几何图形时,就可以联想到实际的几何图形,然后获取几何关系。法国数学家汤姆指出,"由日常思维过渡到形式思维,中间最自然是通过几何思维了,人类思维的历史就是如此"。海克尔的生物发生律指出,"个体的发展,循序经历该物种的所有进化阶段。"对那些相信这条定律的人来说,理性思维的正常发展理应相同。在数学学习活动过程中,几何思维是几何学习的基础。对于几何思维的培养与训练,小学阶段的几何学习过程发挥着重要的作用。随着初中几何知识学习的进一步深入与强化,学生的几何思维能力逐渐成熟与完善,为高中数学中空间立体几何的学习做好准备。

(2)类几何思维

它是一种可以借助于几何空间关系进行想象的较为间接的形象思维。虽然已不具有几何思维的那种具体和直观的明显效果,但是可以形成和几何思维类似的较朦胧的形象。类几何思维是建立在几何思维基础上的,是几何思维的延伸,需要更强的抽象性思维的介入,已经完全脱离了几何思维的直观性。比如,平面解析几何的方法就是将平面几何的问题转化为代数的问题,这就属于类几何思维,不再强调几何思维的直观形象性,而是强调数学问题本质的抽象性。对于高中数学的教育教学来说,数形结合的思想与方法就是类几何思维的重要运用与体现。

（3）数觉

数觉,即对各种数量关系的形象化感觉,这种感觉更抽象、更朦胧,在很多时候已进入了有神秘色彩的直觉领域。希尔伯特认为,"要获得科学的认识,某些直观的想象与判断力是不可缺少的先决条件,单凭逻辑是不够的"。这个观点充分说明了数觉的重要性。数觉不能等同于数学直觉。在数学学习过程中,尤其在数学前沿领域的科学研究中,数觉发挥着不可替代的作用。

（4）数学观念的直觉

它是对各种数学观念的性质、联系以及重新组合等过程的形象化感觉,它完全是数学的直觉。虽然很难用逻辑语言完全描述清楚,但是在数学的创造性思维活动中发挥着明显的作用。数学观念的直觉是难以用语言来表达与描述的,它已经进入数学直觉思维的范畴。数学观念的直觉具有洞察性、猜测性、启发性,往往为创新提供方法与思维。

需要特别指出的是,第三层次（数觉）与第四层次（数学观念的直觉）更侧重于数学直觉思维。因此,对于数学形象思维的研究,笔者认为应该从几何思维与类几何思维的角度出发,然后进行必要的外延与深化,结合高中数学学科知识结构特点,确定高中数学形象思维的构成形式与组成要素。

2. 数学形象思维的思维过程

数学形象思维的思维过程可概括为主体通过观察、实验等手段获得关于客观事物的表象信息,结合数学对象的本质属性,以联想、想象等方式,洞察数学结果和关系,再以抽象、概括的方法,加工成为描述事物内部规律的一系列意象。

（1）建立数学表象

数学形象思维的基本元素是数学表象。数学形象思维从最原始的数学表象开始进行,人脑对图形和图式等表象进行比较、分析,既不受限制的分解和整合等加工,期间有时还渗透着逻辑思维,从而得到各种不同种类、不同深度的具有概括性特征的表象,形成表象系统。当人们在进行数学形象思维时,在表象系统中找到对应的表象就可以了。在数学形象思维中,表象占有重要的地位。表象不同于感知,它不是当时直接由现实对象作用于感官而引起的,而是过后发生的,是以往感知过的事物的形象在人的意识中的复现。数学表象常常是以反映事物本质联系的特定模式——结构来表现的。关于表象,有人认为,它是一种从感知到思维的过渡形式,是对感知材料进行初步概括的结果,其本质仍然属于理性认识;它是由感性认识过渡到理性认识的纽带。在数学形象思维的活动中,它对是否能够对数学表象正确地表述起着重要的作用。

例如,在数学里的平面三角形、四边形等形象是人们依据日常生活中的具有类似三角形、四边形的物体形状而创造出来的形象,是对具体的物体形象进行加工和创造而形成的形象。

(2)产生数学联想

数学表象仅仅是数学形象思维活动的开始,要想更深入地延伸数学形象思维,还要借助于联想。形象地说,联想就是将头脑中相分离的表象联系在一起;从广义上来讲,就是由一个事物想到另一个事物的思维活动或心理活动的过程。在数学形象思维中,是指由一个数学表象向另一个数学表象的数学思维活动或心理活动的过程,即将记忆中的数学表象联系在一起,从而想象起另一个数学表象,达到揭示数学问题的内容和本质的目的。因此,可以将联想方法分为以下三种形式。

①接近联想

接近联想是依据事物的空间形态或性质的相近性,由一种事物联想到另一种事物。如椭圆和双曲线都属于二次曲线,其概念和一般方程的表达形式都非常接近,因此易于形成知识块。同时,也对二次曲线的本质加深了认识,有利于迅速、准确地解决问题。

②相似联想

相似联想是通过对某一事物在形态或性质上的认识,而对相似的另一事物的联想。相似联想需要借助于对某一类事物的认识。它不局限于本学科,可以由数学的一个分支联想到另一个分支,甚至是物理、化学等其他学科。例如,"任意角的概念"可联想到齿轮的转动、跳水运动员的自由转体动作。

③对比联想

对比联想,又被称为相反联想。它是一种逆向思维的形式,是由当前事物联想到具有相反关系或对比关系的另一事物。在数学思维活动中,对比联想被广泛应用且意义重大,在一定程度上体现了思维的灵活性。例如,"余弦函数的图像和性质"与"正弦函数图像和性质"的对比学习,不仅使前者学习起来更加容易,还让后者在一定程度上得到了巩固和提高。联想不断丰富大脑中的数学表象,正是由于有了联想,数学表象的层次得到了逐步加深,使人们能够在各种各样数学问题的表象中,发现它们的相同点与不同点,从而认识到了问题的本质。

(3)进行数学想象

想象是在联想的基础上,对原有的数学表象进行加工,从而创造出来的新表象的一种思维活动过程。创造性是其最为显著的特点。由于想象具有独立性、新颖性和创造性,所以可以分为以下两种。

①创造性想象

创造性想象是依据一定的目的、理论和任务,创造出崭新形象的一个心理过程。这种过程是创造出来的新方法、新理论想象引导我们发现新的事实,而且激发我们创造更多的结果。创造性想象对我们发现新理论、新事物都有着重要的作用。恩格斯称微积分为"想象的数量"。爱因斯坦在创造狭义相对论的过程中,也幻想过人以光速运行;在建立广义相对论时,又设想过光线穿过升降机的时候发生了弯曲。

②再造性想象

再造性想象是利用已有的符号、图样、图解以及相关形象材料为依据,经过组合和创造形成新形象的方法。这种新形象可以从以下两方面来理解:一方面,曾经存在过或者现在还存在着,但是我们在实践中没有遇到,因此对我们来说是新的;另一方面,也包括了个人知识和理解能力的创造的成分。学生在学习数学的过程中,多数归于再造性想象。同时,这也是理解和掌握数学知识不可或缺的条件。

(4)形成数学意象

意象是指在数学形象思维活动中通过联想和想象对数学表象进行加工,得出结果,在数学表象的基础上形成的新的高级的数学形象。意象在数学形象思维中的地位就如同概念或推理在数学抽象思维中的地位,它们在各自思维中具有同等作用。在数学抽象思维活动中,数学概念、推理和判断是通过思维来加工的,运用了综合、分析等逻辑思维的方法,从而得出了新的概念、推理以及判断。在数学形象思维活动中,思维加工的对象是数学表象,加工方法是联想和想象等形象思维的方法,其加工结果是形成意象,即新的数学表象。在同一数学形象思维过程中,意象是表象的高级形式,但它又可在下一次的数学思维活动开始时作为表象出现。因此,在整个数学形象思维体系中,意象与表象是可以重合的,它们具有相同的性质和特征。在此,笔者就不过多赘述。

(三)逻辑思维

1. 分析与综合

类比、演绎和归纳是解决数学问题中思维的推理过程。而数学关键在于证明构建从已知到求证的命题逻辑,找出构建途径,打通推理通道。从寻找证明途径的思路方法上,又可分为分析法和综合法。

一般是利用已知条件和某些数学定义、定理、公理等,经过一系列的推理论证,最后推导出所要证明的结论成立,这种证明方法称为综合法,用综合法证明题的步骤为 $A \Rightarrow B_1 \Rightarrow B_2 \Rightarrow B_3 \Rightarrow \cdots B_n \Rightarrow B$($A$ 为已知条件和数学定义、定理、公理等,B 为要证明的结论)。简言之,综合法是由原因导出结果,即由因导果。一般是从要证明的结论出发,逐步寻求使它成立的充分条件,直至最后,把要证明的结论归结为判定一个明显成立的条件(已知条件、定理、定义、公理等),这种证明方法称为分析法。简言之,分析法是由结果探求使它成立的原因,即执果索因。证题时,我们往往用分析法来寻求证明的途径,用综合法的形式写出具体证明过程,即所谓"先分析,后综合"或"逆推顺证"。这是解决数学问题的一种重要的思维方法。分析法是倒着推的，从结论出发。平常教师给学生讲解例题时，首先进行分析，在分析的过程中已经无形地在使用分析法。

2. 归纳推理

归纳推理是指通过根据某类事物的一部分对象具备某些特性，推出这一类事物全部具有这些特性。归纳推理不是经过严格证明得到的结论，不能武断地来说结论的正确性。如果想判断结论的正确性，还需要进一步加以验证，但这并不能说明归纳推理在数学中没用。其实，它为我们解决问题提供了一个目标。

3. 类比思维

类比思维是一种有效的逻辑思维。它是一种发现法，以比较为基础，根据两个或两类对象之间某些方面的相似或相同，通过比较找出两类对象在性质关系上相类似的地方，以此为依据，把其中某一对象的其他某种性质或关系类推于另一对象的逻辑思维方法。波利亚指出，"类比是一个伟大的引路人，求解立体几何问题往往有赖于平面几何中的类比问题"。德国著名数学家开普勒也曾说："我珍视类比胜过任何别的东西，它是我最可信赖的老师，它能揭示自然界的秘密。"

在人教版高中新教材中，比以往的教材多了这样一个章节——推理与证明，其中详细介绍的方法之一就是类比。可见，培养高中生类比思维已经正式提入高中数学教育的范畴之内。通过对学生类比思维的培养，可以由已经获得的知识和解决的问题出发提出新问题和新发现，由此促进学生的创造精神和创造能力。

可见，类比思维不仅是一种好的学习方法，在巩固旧知识的同时掌握新知识，还是一种良好的解题方法，使抽象的问题形象化，使陌生的问题熟悉化，使复杂的问题简单化，最终能够促进学生在这种解题过程中发展创新思维、发散思维和探究能力。

4. 演绎推理

事物都有一般性与特殊性，特殊与一般的关系是数学思维的一般原理。演绎推理是指由一般性的原理推出特殊情况下的结论。三段论是演绎推理的一般形式，包括大前提——已有的公理、定理等;小前提——所要研究的具体问题;结论——依据已知的公理、定理对所要研究的问题得出结论。演绎推理是由一般到特殊的推理。演绎推理不像类比推理和归纳推理那样正确性得不到保证,而且演绎推理的过程是经过三段论严格证明出来的,结论一定是正确的。

【例 2-2】 如图 2-2 所示,点 D,E,F 分别是 BC,CA,AB 边上的点,$\angle BFD=\angle A$,$DE/\!/BA$,求证 $DE=AF$。写出三段论形式的演绎推理。

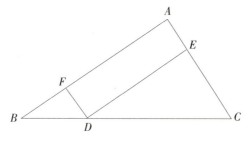

图 2-2

证明:①同位角相等,两直线平行(大前提),

$\angle BFD$ 和 $\angle A$ 是同位角,且 $\angle BFD=\angle A$(小前提),

∴$DF/\!/AE$。(结论)

②两组对边分别平行的四边形是平行四边形(大前提),

$DE/\!/BA$,$DF/\!/EA$(小前提),

∴四边形 $AFDE$ 是平行四边形。(结论)

③平行四边形的对边相等(大前提),

DE 和 AF 为平行四边形的对边(小前提),

∴$DE=AF$。(结论)

【例2-3】 探求凸多面体的面数 F、顶点数 V 和棱数 E 之间的关系。

表2-1 凸多面体的面数、顶点数、棱数的关系

凸多面体	面数(F)	顶点数(V)	棱数(E)
三棱柱	5	6	9
长方体	6	8	12
五棱柱	7	10	15
三棱柱	4	4	6
四棱锥	5	5	8
五棱锥	6	6	10

通过对以上五种特殊凸多面体的面数、顶点数和棱数的仔细观察和推敲(见表2-1),我们发现,5+6-9=2,6+8-12=2,7+10-15=2,4+4-6=2,5+5-8=2,6+6-10=2。由此我们可以归纳出,一般凸多面体中 $F+V-E=2$。

合情推理与演绎推理是密不可分的。合情推理为演绎推理指引方向,而演绎推理对合情推理得到的结论进一步证明。所以,这两种推理在数学思维方法中起着同样关键的作用。

部分高中生的思维特点是想到一般,往往忽略特殊;考虑到一般,往往又难于归纳。对此,教师在日常的思维训练中要特别关注,引导学生经常全面思考问题,自觉认识和运用规律,这样才能使思维能力逐渐发展成抽象理论思维,这是一种深层次的学习。正确全面地处理特殊与一般的关系是学生思维趋向成熟的一个重要标志。

5. 数学归纳法

一般地,证明一个与正整数 n 有关的命题,可按下列步骤进行:

第一,(归纳奠基)当证明 n 取第一个值时,$n_0(n_0 \in \mathbf{N}_+)$时命题成立。

第二,(归纳递推)假设 $n=k(k \geq n_0, k \in \mathbf{N}_+)$命题成立,证明当 $n=k+1$ 时命题也成立。

只要完成这两个步骤,就可以断定命题对从 n_0 到开始的所有正整数 n 都成立。

6. 反证法

综合与分析是解决数学问题中直接证明的两种基本方法,而反证法则是一种

间接证明的数学思维方法。一般假设原命题不成立（即在原命题的条件下，结论不成立），经过正确的推理，最后得出矛盾，因此说明假设错误，从而证明了原命题成立，这样的证明方法被称为反证法。反证法依据的是逻辑思维规律中的"矛盾律"和"排中律"，其所指为互相否定的判断不能同时为真，也不能同时为假，必有一真一假。如果定义、公理、已证定理或已知条件都是正确的，那么假设就是错误的，于是我们得到原结论是正确的。

反证法一般分为三个步骤：第一，假设命题的结论不成立，或假设命题结论的反面成立；第二，从这个假设出发，经过推理论证得出矛盾；第三，由矛盾判定，假设不正确，从而肯定命题的结论正确。在某些情况下，反证法作为一种证明方法起着一种直接证明法不可替代的作用。

【例 2-4】　已知 $f(x)=a^x+\dfrac{x-2}{x+1}(a>1)$，求证：方程 $f(x)=0$ 没有负数根。

证明：假设 $f(x)=0$ 在负数根 $x_0<0$ 时，则有 $f(x_0)=0$，即 $a^{x_0}+\dfrac{x_0-2}{x_0+1}=0(a>1)$，整理得，$a^{x_0}=\dfrac{x_0-2}{x_0+1}(a>1)$。因为 $x_0<0,a>1$，所以 $0<a^{x_0}<1$，即 $0<\dfrac{x_0-2}{x_0+1}<1$。由 $\dfrac{x_0-2}{x_0+1}>0$ 可得 $-1<x_0<0$；由 $\dfrac{x_0-2}{x_0+1}<1$ 可得 $x_0<-1$ 或 $x_0>\dfrac{1}{2}$（舍）；取二者交集，可得 x_0 无解，此处与原假设矛盾。所以原结论成立，即方程 $f(x)=0$ 没有负数根。

此题若是从正面直接证明"方程 $f(x)=0$ 没有负数根"，难度会很大，因为方程"没有负数根"的情况太多、太复杂了，从这个角度入手将是非常困难的事情；而反证法的解题思维正好克服了这一点，假设"存在负数根 $x_0<0$"，只由这一种情况"$x_0<0$"出发去重新验证此题，那难度就大大降低了，同时能得到一个与假设相矛盾的结论。最终根据反证法的思维，我们同样间接地证明出原题结论是正确的，这是多么令人欣喜而雀跃的事情！由此题我们也可以总结出，在证明题中出现"否定性""唯一性""必然性""至少""至多"等命题时，采用反证法从反面间接的证明往往会收到意想不到的效果。

第二节　高中数学教学中的数学思想

　　培养学生的数学思想,是数学课程改革的基本要求。《高中数学新课程标准》明确要求,必要的数学基础知识和数学基本技能应该被掌握,对基本的数学概念、公理、定理、数学结论的实质进行理解,对概念、结论等产生的背景、应用了解,领会所包含的数学思想和方法,以及对以后学习所起的铺垫作用。数学思想主要包括数形结合思想、整体思想、分类讨论思想、函数与方程思想、转化与化归思想等。

一、高中数学思想方法对学生认知结构的作用

　　构成数学认知结构的因素很复杂,组成成分众多,其中主要因素和成分有数学知识、数学思想和方法、心理成分三个。其中,数学思想方法既是数学认知结构中重要的组成部分,也是最积极的构成元素。数学思想方法的渗透和学习对学生数学认知结构的形成具有很重要的意义。数学思想方法的获得是学生良好数学认知结构中的重要保证,它不仅能提供促进认知结构形成的思维策略,还能提供实现学习目标的具体手段。学习者在数学学习中,其数学认知结构中新旧知识的同化的过程就是数学思想方法的形成和转化的过程;同样,学习者在对学习数学过程中的顺应也是离不开数学思想方法,否则数学学习中的顺应不可能实现。数学思想方法的渗透和学习在学生数学认知结构的更新和重组中是必不可少的重要环节。

　　学生在数学学习活动中的效果取决于学生是否形成良好的数学认知结构,而良好的数学认知结构的建构和形成需要多方面的知识组块和材料元素。在众多的知识组块和材料元素中, 唯有数学思想方法才能对所有相关的数学知识进行包容和概括,才能全面地体现知识的本质和内涵,才能从始至终贯穿整个学习过程,才

能全程凸显整个知识的思维过程。学生一旦掌握了数学思想方法,在数学学习活动中就会游刃有余和得心应手,就能更好地促进新的数学知识的迁移和发展。在这方面的研究,不仅是数学教育工作者有很多的研究成果,而且中外许多心理学家也做了大量的研究。他们通过对数学教学活动的大量案例研究中发现,在数学教学或学习活动中是离不开数学思想方法的学习的。在数学学习活动中,其主要内容就是数学思想方法的学习。数学思想方法掌握和领悟既是形成和发展自身数学能力的基础,也是提高自身数学素养的保证。美国心理学家布鲁纳在《教育过程》中强调,学习学科知识的本质就是学习学科的基本结构体系,厘清和掌握学科的基本理论和思想观念。在数学思想方法对建构良好的数学认知结构的意义中,他认为有以下四个方面。

(一)认识数学思想方法有利于记忆

在数学活动中,如果学生一味地、机械地通过题海战术来习得某种数学知识,那么他很快会遗忘的一干二净,结果是数学能力没有得到提升,脑海里一片空白。而数学思想方法的掌握就能把所学的知识的本质和内涵保留在脑海中,不至于很快遗忘,而遗留下来的知识组块会把我们所需要的东西串联起来,使得我们重新思考和构造起来。美国心理学家布鲁纳认为,"除非把一件件事情放进构造好的模型里面,否则很容易忘记"。在通常的数学学习活动中,数学问题中已经构造好的模型是什么? 答案不言而喻,它就是数学知识中蕴含的数学思想方法。领悟数学知识中的思想方法不仅可以解决当下的数学问题,也可以是在将来的某个时候用来解决某个问题的工具。难怪有人认为,对于学生,"不管他们将来从事什么样的工作,也许所学的数学公式或者某个规则可能会忘记,但唯有数学思想方法深深地铭刻在脑海,可以指导其后续的学习和工作,让他们终身受用无穷"。

(二)掌握数学思想方法更容易理解数学

在数学学习活动中,仅有离散的数学知识是远远不够的,数学思想方法才是数学学习活动的精髓。心理学认为,"当认知结构中原有的有关观念在概括水平上高于新观念时,新旧观念或新旧知识之间构成类属关系,称为下位关系。这时,新旧观念的相互作用过程称为下位学习"。通常的数学知识的学习活动,在传统的数学学习活动中属于下位学习,学生学习的知识容易遗忘,结果脑海里什么知识都没有遗留。如果学生不是一味地、机械地记忆和解题,而是在数学活动中通过对数学知识的融会贯通,掌握和领悟数学知识中所包含的数学思想方法,再去学习新知识的学习活动,就属于上位学习。显然,上位学习摒弃了传统的以练带教、以讲带学的教学模式,它对新知识的学习和掌握具有稳定性、牢固性和持久性等特点。这样的话,原有旧知识就能够快速地被新的知识所取代或覆盖,这些新的知识就会很顺利地融入和更新到学生已有的数学认知结构中去,充实和巩固已有的数学认知结构。所以说在数学学习活动中,数学思想方法的习得和掌握可以使学生更好地理解和掌握数学活动的知识内容,是学生形成新的良好的数学认知结构的一个重要途径。

(三)数学思想方法更强调数学知识结构和原理的学习

在数学学习活动中,数学知识的获得和掌握总是从简单到复杂,这个学习过程也总有从低级知识到高级知识的跨越。如果在学习过程中只会满足数学知识本身的灌输和传授,这个跨越时间就会很长,而数学思想方法的习得和掌握可以大大缩短这个跨越的时间和间隙。目前,许多中学数学教师都在研究初高中数学学习的衔接问题。大家都知道高中数学中许多具体内容比初中数学显得抽象得多,而在初中学习的具体数学内容过一段时间也会容易忘记,而保留在脑海里的知识内容,其中大多数都是这些较为抽象、不易忘记的数学思想方法。也就是说,相对那些纯数学知识,唯有数学知识中所包含的数学思想方法在人的大脑中可以很长时间保存。

(四)数学思想方法有助于学习者数学原理和态度的迁移

在数学教学活动中,教师不仅要教会学生数学知识,还要让学生通过在学习数学知识活动的过程中掌握解决问题的方法。而且,可以通过方法类比或方法迁移解决其他的未知的数学问题。美国心理学家贾德通过实验证明,"在学习活动中方法迁移的发生应具有一个前提条件,那就是学生首先需要掌握所学知识原理和结构,从而在形式和内涵上形成类比,才能迁移到相应的具体的类似学习中"。我国北京师范大学著名数学教育家曹才翰教授认为,"在学习活动中,学生的认知结构中如果具有较高抽象、概括水平和观念,将有利于后续的新的学习活动的展开""迁移的发生只有当学习者的认知结构对所学知识具有概括的、巩固的和清晰的概念以后,才能够实现"。在数学学习活动中,学生的学习不仅是学习某种知识技能,只有在数学知识的习得过程中达到举一反三、触类旁通的学习效果,才是学习的真正目的,即学习能力的提高和养成,也就是形成学习的迁移和发展。学生只有深入数学知识的表象,深刻领悟其中包含的数学思想方法,才能实现学习的迁移和发展,真正达到最终的学习原理和态度的迁移,然后在学习活动中顺利地同化新的知识,使新的知识能够较为自然地内化并顺利地融入学生原来的认知结构中去,丰富和发展学生的数学认知结构,从而提高学生的数学素养。

二、高中数学教学中数学思想的体现

(一)数形结合思想

在数学教学活动中,离不开数与形。数形结合思想方法的实质就是在数学问题中的代数问题和几何图形之间架起一座思维的桥梁,把数学知识以代数问题与几何图形的形式相互转化,将抽象的数学语言和直观的几何图形结合起来,把不熟悉的数学语言与熟悉的几何图形结合起来,在解题或教学学习活动中,代数问题可以几何图形的形式出现,几何问题也可以代数的形式呈现。它是教学活动中不可或缺的一种重要的思想方法。我国著名数学家华罗庚先生曾经对数形结合思想方法精辟地概括为:数缺形时少直观,形少数时难入微,数形结合百般好,割裂分家万事休。可见,其在数学中的重要地位和作用。数形结合就是在数学问题的代数方面和几何方面来进行相互融合。不管什么问题背景下的数形结合思想方法,其本质都包含"以形助数"和"以数辅形"两个方面。数形结合思想方法作为应用最为广泛的思想方法,在近几年的高考题中,主要以集合、向量、解析几何、立体几何、不等式、导数、线性规划等为活动载体或体现平台,渗透到所有主干和非主干知识中。从结构上来看,无论是由"数"到"形"的转化,还是由"形"到"数"的构造,在试题中都得到了充分的体现和运用。数形结合思想就是在数学活动中,针对数学问题的数和形进行研究,最终决定是朝着数还是向着形的方向化归的思想。

在数学知识中,就是以数和形为主要内容。数的问题对应量的关系,形的问题对应图的关系,研究数学问题就是研究数和形之间的相互转换的问题。科学家恩格斯曾说过:"数学是研究现实世界的量的关系与空间形式的科学。"这就又一次把数与形的关系的本质加以阐述。"数"与"形"是一对既矛盾,又统一的数学知识体系。在数学教学活动中,一定要根据数学问题所产生的数学环境,研究并找出知识的纵横联系,从数与形方面加以系统地研究,然后巧妙地结合,提升掌控数学知识的能力和解题的技巧。

1. 将"数形结合"基本概念运用到教学过程中

数学概念既是数学思维的基础,又是数学思想的结晶,是感性认识飞跃到理性认识的结果。牢固、准确地掌握数学概念是对学生学习数学的基本要求。由于高中数学概念具有较强的抽象性、概括性,使得某些高中生在理解时有较大的难度,因此在教学过程中,教师不宜简单、直接地给出定义,而应选择设计适当的直观图像、创设教学情景,引导学生观察、探索和总结,使他们充分感受并领悟到隐含于其中的教学思想方法,并在这一过程中锻炼他们的思维本领。

(1)在概念的产生过程中体验

许多概念的产生都有其几何背景,如导数概念的产生主要借助于物理学中的瞬时速度概念模型、曲线上任意一点处斜率的求解模型。角的概念的推广是借助钟表、旋转的车轮等。对圆、椭圆、双曲线的定义,都是借助实物(图钉、绳子)演示、归纳形成的。在对一些公式、规律的总结中,也可体验到"形"的好处。如利用杨辉三角形可总结出二项展开式中系数的规律。

(2)在概念的理解过程中强化

利用数形结合去揭示概念的本质,既能使学生完整地理解概念,又能进一步强化数形结合思想。如介绍椭圆定义时,对两定点的距离之和($2a$)大于两定点的距离(焦距 $2c$)的理解,只要借助三角形两边之和大于第三边这一性质加以阐述,学生就会有深刻的理解,进而对 $2a=2c$,$2a<2c$ 的情形就会很快找到结果。对双曲线定义的理解,只要借助三角形两边之差小于第三边即可。

对于均值定理,即两个正数的算术平均数大于等于这两个数的几何平均数。理解这个结论时,可给出算术平均数、几何平均数的几何表示,并指出正数与数轴上的对应点到原点的线段长,因而两个正数的算术平均数可用两条线段长度之和的一半来表示。

例如,指数函数是高中学段非常重要的一种基本初等函数。指数函数性质既是高中函数部分的一项重点内容,也是高考考查的重难点,见表2-2。

表 2-2　指数函数性质

$y=ax$	当 $0<a<1$ 时	当 $a>1$ 时
图像	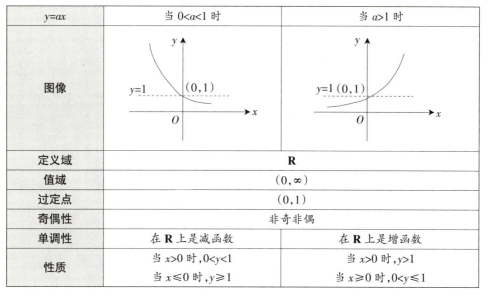	
定义域	**R**	
值域	$(0,\infty)$	
过定点	$(0,1)$	
奇偶性	非奇非偶	
单调性	在 **R** 上是减函数	在 **R** 上是增函数
性质	当 $x>0$ 时,$0<y<1$ 当 $x\leqslant 0$ 时,$y\geqslant 1$	当 $x>0$ 时,$y>1$ 当 $x\geqslant 0$ 时,$0<y\leqslant 1$

在这个关于指数函数的大表格中,每一项内容都需要学生准确无误地掌握。那么,怎样才能使学生在首堂课就达到这个高效目标呢?教师可以引导学生利用数形结合的思想,先牢牢记住指数函数的两个图像,也就是先从记"形"入手。对于比较直观的图像,相信学生很快就能掌握并区分它们。对于其他"数"的部分,也就是指

数函数其他所有性质完全不需要记忆,只要看形识数即可。例如,当 $0<a<1$ 时,指数函数的定义域所指 x 范围,我们可以左右来看对应图像,最左侧即为 x 的最小值,最右侧即为 x 的最大值;当 $a>1$ 时,指数函数的值域所指 y 范围,我们可以上下来看对应图像,最上方即为 y 的最大值,最下方即为 y 的最小值;指数函数恒过定点 $(0,1)$ 更是在两个图像上一目了然;单调性的判断只要按着图像从左向右去画图像,若曲线上升即为增,若曲线下降即为减。最后,x 的不同取值范围对应 y 的不同取值范围,同样可以先通过 x 的范围找出此时对应的一段函数图像,它的最高处即为 y 的最大值,它的最低处即为 y 的最小值。

(3)在概念的应用过程中深化

学生真正意义上的获取概念,应该是能正确运用概念做出判断和推理,并能解决有关问题。虽然学生往往会把概念倒背如流,但真正应用时却无从下手。这时,教师就应该抓住时机,点拨思路,着重揭示"数形结合"思想的应用时机。这样,学生既掌握了概念的应用,又加深了数形结合的应用意识。

在这样一个数形结合的教学过程中,不仅使学生快速、准确、轻松地学会了指数函数的基本图像和性质,也锻炼了学生的思维品质,激发了学生学习数学的兴趣和热情,更有助于进一步开展教学任务。

2. 将"数形结合"运用于数学问题解决中

数学问题是开展数学思维的前提,解决问题的过程本质上是一个思维训练的过程。通过解答数学问题,可以促进学生对数学概念的运用、对数学知识的掌握及数学思维能力的提高。在教学过程中,除了帮助学生理解、掌握数学概念时常用到"数形结合"的思想,在解决高中数学问题时更是被广泛地运用。

(1)在常规问题中掌握数形结合解题方法和策略

数学问题是形成数学思想方法的重要源泉,而数学思想方法的运用通常又表现在数学问题的解决过程之中。在中学数学中,数与形是被研究的最多的对象;在解题中,有许多问题的解决得益于数与形两种信息的合理转化,既用数量关系来说明形象的事实,又用图形的性质来说明数量关系。数形结合是一柄双刃的解题利剑。而且,数形结合思想只能作为解题的指导思想、策略。在具体问题中,必须依靠一些特定的方法,数形结合思想才能充分发挥作用。数形结合的方法是数形结合思想的前提。而只有通过解题,才能让学生掌握数形结合的操作方法和操作技巧,懂得如何用数形结合思想指导解题。数形结合主要有以下几种方法:解析法(坐标法)、三角法、复数法、向量法、构图法等(这里就不一一列举了)。在这些方法的引导下,用数形结合解题,主要形成以形解数(代数问题几何化)、以数解形(几何问题代数化)、数形互解三种解题策略。

生动的几何直观与抽象的数量关系各有长处,抽象的数量赋予几何直观的形象,思路清晰,又有活力;直观的图形有数量关系的支撑,内容丰富,令人可信,具体。因此,在解题过程中,时时有意将数形结合在一起,兼收两者之长,这将大大提高我们分析和解决问题的能力,甚至激发创新的火花。而且,新时代的素质教育也需要有这种数形结合解题的素质。

(2)在实际应用问题中形成数形结合的意识

数学思想和方法被视为人类共有的重要精神财富——数学知识的重要组成部分,因此它具有数学知识的某些基本特征,是可传授的,可用语言描绘它、解释它,用生活中的实例验证它、优化它。同时,数学思想又是个体思维活动的产物。虽然学生有了某些知识形态(萌芽期)的数学思想,但不经过自己独立的思维活动,不通过亲自的数学实践活动,是不可能发展为带有个体特色的数学思想的。因此,只有学生把知识形态的数学思想与亲身的数学经历、心理活动结合起来,才能成为活化的、认知的数学思想。当然,数形结合思想方法也不例外,它需要被激活,在学生头脑中上升为数形结合意识,即指学生在解决问题时,形成一种心理趋向——代数与几何方法交互作用,运用联系、变化的观点去处理问题。近几年高考中对学生的综合数学素质考核要求越来越高,如考查学生对数学规律、方法的探究能力,对应用问题的合理建模能力,对信息的表达、处理能力等。相应地,也就出现了一些新题型,如应用题、探究开放题等。尤其是一些具有复杂背景的实际应用题,有些背景信息必须通过图形来体现。因此,用数形结合来处理一些应用题,有时会让学生拍案叫绝,从而激活数形结合思想。

【例2-5】 若方程 $y=x+b$ 与方程 $x=\sqrt{1-y^2}$ 有且只有一个公共根,则实数 b 的取值范围是 _____。

解 由方程 $x=\sqrt{1-y^2}$ 整理可得, $x^2+y^2=1(x\geq 0)$,可将它看成以 $(0,0)$ 为圆心、1为半径的右半圆;方程 $y=x+b$ 可看成与 $y=x$ 平行的一群直线,字母 b 代表每条直线的纵截距。由于两个方程有且只有一个公共根等价于两个图形有且只有一个交点,所以这个纯代数的比较繁杂的化简整理问题就转化成直接利用几何图像来观察读数,这是典型的利用"数"化"形"来解决数学问题。

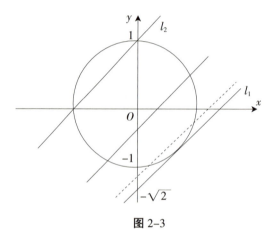

图 2-3

从图像(如图2-3所示)可得,从直线 l_1 平行移动到 l_2 的过程中,为了保持直线与右半圆只有一个交点,纵截距 b 只能在范围 $-1\leq b\leq 1$ 或 $b=-\sqrt{2}$ (直线与圆相切)中取值。

【例2-6】 甲、乙两人约定9时到10时之间在某处会面,并约定先到者等候另一人15分钟,过时即可离去,则两人能会面的概率是多少?

解 由于从9点到10点共60分钟,甲、乙各自在这段时间出现,设甲在 x 分钟出现,乙在 y 分钟出现。根据已知条件,二人能相遇需要各自出现时的时间差不超过15分钟,即 $|x-y|\leq 15$,那么 x , y 需满足不等式组以及对应图像,如图2-4所示。

$$\begin{cases} 0 \leqslant x \leqslant 60 \\ 0 \leqslant y \leqslant 60 \\ |x-y| \leqslant 15 \end{cases}$$

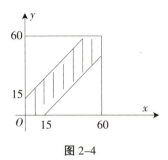

图 2-4

根据图 2-4，正方形面积 $S_1=60\times60=3600$，阴影面积 $S_2=60\times60-45\times45=1575$，所求事件概率 $P=\dfrac{S_2}{S_1}=\dfrac{1575}{3600}=\dfrac{7}{16}$。

此题是一道典型的几何概率问题，可见用几何的"形"来解决问题已深入数学知识的很多领域，包括像概率这样的传统数学章节，并收到了良好的解决问题的效果。

【例 2-7】 若 $z \in C$，$|z+2-2i|=1$，则 $|z-2-2i|$ 的最小值为 _____。

解 根据复数的几何意义，且 $|z+2-2i|=1$ 可变形为 $|z-(-2+2i)|=1$，它的几何意思是 z 所对应的点在以 $(-2,2)$ 为圆心、1 为半径的圆 M 上；而 $|z-2-2i|$ 可变形为 $|z-(2+2i)|$，它代表的几何意义是 z 对应的不定点到定点 $(2,2)$ 的距离。由之前的分析可得，所求即为定点 $(2,2)$ 到圆 M 的最小距离。如图 2-5 所示，最小距离为 3。

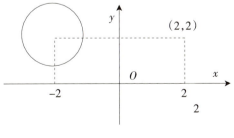

图 2-5

若此题按照规规矩矩的复数及其模的运算来求解,将会带来很大的计算量,延长解题时间,且不易得到正确答案,而数形结合法很巧妙地避开了这些问题,从而快速准确得到答案。

(二)整体思想

整体与局部相对应,整体思想是指把问题的一部分作为一个整体来解决数学问题的思想。它是通过研究和分析数学问题的整体,进而解决问题。而且,整体思想在高中阶段也是经常被使用的数学思想。

【例2-8】 已知圆 $C:x^2+y^2+bx+ay-3=0$(a,b 为正实数)上任意一点关于直线 l: $x+y+2=0$ 的对称点都在圆 C 上,则 $\dfrac{1}{a}+\dfrac{3}{b}$ 的最小值为 _____。

解 由已知条件和圆的对称性可知,圆心 C 在直线 l 上。因为圆 $C:x^2+y^2+bx+ay-3=0$(a,b 为正实数),所以圆心 $C\left(-\dfrac{b}{2},-\dfrac{a}{2}\right)$。又因为直线 $l:x+y+2=0$,所以 $-\dfrac{b}{2}-\dfrac{a}{2}+2=0$。经整理,$a+b=4$。因为 $(a+b)\left(\dfrac{1}{a}+\dfrac{3}{b}\right)=\dfrac{b}{a}+\dfrac{3a}{b}+4$,且 a,b 均为正实数,所以 $(a+b)\left(\dfrac{1}{a}+\dfrac{3}{b}\right)=\dfrac{b}{a}+\dfrac{3a}{b}+4\geq 2\sqrt{\dfrac{b}{a}\times\dfrac{3a}{b}}+4=2\sqrt{3}+4$,且 $a+b=4$。经整理,$\left(\dfrac{1}{a}+\dfrac{3}{b}\right)$ $\geq\dfrac{2\sqrt{3}+4}{4}=\dfrac{\sqrt{3}+2}{2}$,即 $\dfrac{1}{a}+\dfrac{3}{b}$ 的最小值为 $\dfrac{\sqrt{3}+2}{2}$。

此题利用圆的对称性得到 $a+b=4$ 后,可直接消一元代入所求 $\dfrac{1}{a}+\dfrac{3}{b}$,再整理成只关于一个未知数的表达式 $\dfrac{1}{4-b}+\dfrac{3}{b}$,最后求它的最小值,这是一种常规思维的解题方式;在求最小值的实际操作中,将会遇到较大计算量和繁杂的运算过程,且不易得到正确结果,所以这种常规解法增大了求解难度。本题采用数学中整体代入思想,在求得 $a+b=4$ 后,把 $a+b$ 当成一个整体代入,与所求表达式相乘并打开整理,可以构造出这样一个形式 $\dfrac{b}{a}+\dfrac{b}{3a}+4$。根据题目中 a,b 均为正实数,很容易想到利用

基本不等式即可求出 $(a+b)(\dfrac{1}{a}+\dfrac{3}{B})$ 的最小值。由于最初所乘的这个整体 $a+b$ 等于

常数 4,所以把刚刚求得的最小值除以 4,很快就得到题目所求的结果了。

【例 2-9】　如果虚数 z 满足 $z^3=8$,那么 z^3+z^2+2z+2 的值为 _____。

解 $\because z^3=8$,

$\therefore z^3-8=0$,利用乘法公式得 $(z-2)(z^2+2z+4)=0$。

$\because z$ 为虚数,

$\therefore z\neq2,z^2+2z+4=0$,

根据所求易整理得,$z^2+2z+2=-2$,

$\therefore z^3+z^2+2z+2=8-2=6$。

所以,在解决某些数学问题时,若能避开具体细节和局部特征,从对象整体的共性思考,往往能简化运算,从而简便解题。数学中整体代入思想往往能收到事半功倍的效果。

(三)分类讨论思想

在数学学习活动中,我们要解决的数学问题可谓千姿百态,不胜枚举。在解决某些较为复杂的数学问题时,会遇到多种不同的情形,需要学习者通过判断题目的类型对其中呈现的各种情况加以完整地划分和归类成若干个基础性问题,然后针对基础性问题中不同的类别加以求解,最后综合得出整个题目求解的思想方法就是分类讨论法。在中学数学学习活动中,分类讨论思想方法占有十分重要的地位。在解决数学问题时,化整为零,各个击破,再积零为整和分类整理的特征是分类讨论思想方法的主要体现。在高中阶段包含的数学问题中,关于分类讨论思想方法具有鲜明的特点:明显的逻辑性、较强的综合性和探索性。学习和掌握分类讨论思想方法解决数学问题,在很大程度上能增强学生的思维条理性和概括性,克服学生做

题思维的片面性,有利于培养学生在解决数学问题时思考的全局观念。

在中学数学教学活动中,特别是在习题课的训练中,学习者在做题时经常遇到分类讨论的情况,可以说情形各异,类型不同。综合起来,高中阶段引起分类讨论的主要原因包括以下几种:

第一,数学问题中由数学运算要求引起的分类讨论,如除法运算中除数不为零、偶次方根为非负、对数中真数与底数的要求等。

第二,数学问题所涉及的数学概念和新定义是分类讨论给出的,如绝对值、直线的斜率、指数对数函数、直线与平面的夹角等定义中的分类。

第三,解决数学问题中由参数的变化引起的分类讨论。某些含有参数的数学问题,由于参数的取值不同会导致所得结果不同,必须根据参数的实际意义进行分类讨论。如二次函数的定轴变区间、定区间变轴、变轴变区间含参数问题的分类讨论。在数学活动中进行分类讨论时,对解题过程中出现的各种情形要全方位思考,要做到"不重不漏"。在运用分类讨论思想方法时,要遵循的原则是做到分类和讨论不重复原则、不遗漏原则、同标准原则,合理恰当地划分,分清主次,正确进行,逐级逐类加以讨论。

【例2-10】 现有分别印着0、1、3、5、7、9六个数字的卡片,如果允许9可以当作6使用,那么从中任意抽取三张,可以组成多少个不同的三位数?

解 (1)当没有抽取到9时,这个三位数的百位、十位、个位分别是从0、1、3、5、7中抽取,但0不能做首位,所求三位数共48种。

(2)当抽到9时,有三种情况:

①当9在首位时,由于9可以当作6使用,其余两位在其他数字中任意抽取,所求三位数共40种。

②当9在十位时,首位从1、3、5、7中抽取,十位或9或6,个位从余下数字中抽取,所求三位数共32种。

③当 9 在个位时,首位从 1、3、5、7 中抽取,个位或 9 或 6,十位从余下数字中抽取,所求三位数共 32 种。

综上,可以组成的三位数总共有 48+40+32+32=152 种。

此题中的"9"卡片是解题的关键,因为它还可以作为"6"出现,于是问题出现了不同种情况。此时需要利用分类讨论的思想,如此才能很好地解决这个问题。

(四)函数与方程思想

函数的思想是用运动和变化的观点来分析、研究具体问题中的数量关系,通过函数形式把这种数量关系刻画成数学模型并加以研究, 从而通过数学模型解决问题的一种数学思想。

方程的思想是重点研究已知量与未知量之间的等量关系,通过设未知数、列方程或方程组、解方程或方程组来达到求值目的的解题思路和策略。

函数与方程的思想,既是函数思想与方程思想分别的体现,也是两种思想综合运用的体现,是对知识在更高层次上的抽象、概括与提炼,是研究变量与函数之间的内在联系,并从函数与方程各部分的内在联系出发来考虑问题、研究问题和解决问题的数学思想。

著名数学家克莱因说:"一般受教育者在数学课上应该学会的重要事情是用变量和函数来思考。"如果一个学生仅仅学习了函数的知识,他在解决问题时往往是被动的,而建立了函数思想,才能主动地去思考一些问题。在解题时,要学会思考这些问题:是不是需要把字母看作变量?是不是需要把代数式看作函数?如果是函数,它具有哪些性质?是不是需要构造一个函数,把表面上不是函数的问题划归为函数问题? 能否把一个等式转化为一个方程?

我们常见的运用函数思想的例子有数列问题,借助函数思想,用函数方法来解决;遇到变量时,构造函数关系式来解题;最值问题可利用函数观点加以分析;实际应用问题转化成数学语言,建立数学模型和函数关系式,应用函数相关性质来解决等。

(五)等价转化思想

在高中数学学习活动中,等价转化思想无处不在。它既是一种数学思想,又是一种数学能力。所谓等价转化思想,就是把未掌握的、不熟悉的、待解决的和未解决的数学问题,采取某种策略转化到在已有知识范围内已掌握的、熟悉的或归结为一个比较容易解决的数学问题的一种重要的数学思想方法。等价转化对转化过程有非常严格的要求,它的条件和结果必须是等价且互为充要的,这样才能保证转化后的结果没有改变。从历年各地的模拟试题、各省及全国的高考数学试卷中,体现运用等价转化思想的试题随处可见。所以在数学教学和学习活动中,教师要通过课堂、习题变式等学习方式来不断培养和训练学生自觉的转化意识,提高学生等价转化的水平。熟悉和掌握等价转化思想,将有利于提升学生在解决数学问题中的应变能力和思维能力。

莫斯科大学教授、数学家雅洁卡姬曾在一次向奥林匹克数学竞赛参赛选手们发表《什么叫解题》的演讲中,给出等价转化思想的精辟的结论:"在数学学习活动中,解题就是把待解的数学习题通过等价变形转化为已经解过或者会解的数学问题"。因此,在平时的数学教学活动中,教师和学生在解题活动中追求的目标就是把数学解题过程清晰化,让数学问题通俗易懂。其过程实质就是把未知数学问题转化到已知数学问题、把复杂数学问题转化到简单数学问题、把模糊的数学问题转化成清晰的数学问题的一个化归过程。如高维向低维的转化、陌生向熟悉的转化、复杂向简单的转化、抽象向直观的转化、多元向一元的转化、高次向低次的转化、未知向已知的转化、数与形的转化、一般与特殊的转化、动与静的转化、有限与无限的转化等。数学中一切问题的解决都离不开转化与化归,转化与化归是数学思想方法的灵魂。在具体的数学教学和学习活动中,运用等价转化思想方法应遵循的原则是熟悉已知化的原则、简单化的原则、和谐统一性的原则、具体化的原则、正难则反的原则等;等价转化思想中常用到的方法是直接转化方法、换元方法、数形结合方法、构造方法、建立坐标系方法、类比方法、特殊化方法、等价问题方法、加强命题方法、补集方法等。

在数学学习活动中,特别是在解题活动中实施等价转化具体操作时,先要对我们遇到的数学问题进行正确判断、合理分析、有效探索,找出等价转化所涉及的纵横知识点,然后再应用等价转化把要解决的数学问题变成我们已知的问题来处理。比如,在应用数形结合法转化思想进行转化过程中,通过等价转化以后,我们就可以领悟知识的逻辑联系和内涵,就可以准确把握问题的求解过程,从知识互通的角度、按照等价转化不改变原题知识范畴的前提进行数学等价转化操作,解题过程就会得心应手,结论发现就会轻轻松松。有时就像蜻蜓点水一样,就达到顺水推舟的效果。所以在解题活动中,经常渗透和应用等价转化思想去拓宽解题渠道,就可以开阔学生的解题视野,更可以提高学生的解题能力。

等价转化思想方法也可以用框图清晰地表示,如图 2-6 所示。

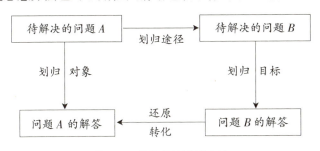

图 2-6　等价转换思想方法

转化与化归的思想使数学题目化难为易,迎刃而解,在解决数学问题中非常常用。

(六)符号与对应思想

人们有意识地、普遍地运用符号去表述、研究数学,研究符号能够生存的条件。数学符号经人工改造,形成一种共同约定的、规范的、形式化的系统——符号化思想。它体现了一种高层次的对应。

例如,在中学数学中,常见的数学符号可分为以下六种:元素符号;运算符号;

关系符号;性质符号;结合符号;约定符号。

【例2-11】 已知命题 $P: \forall x \in \mathbf{R}, \sin x \leqslant 1$,则(　　　)。

A. $\neg P: \exists x \in \mathbf{R}, \sin x \geqslant 1$ 　　　　　B. $\neg P: \forall x \in \mathbf{R}, \sin x \geqslant 1$

C. $\neg P: \exists x \in \mathbf{R}, \sin x > 1$ 　　　　　D. $\neg P: \forall x \in \mathbf{R}, \sin x > 1$

此题涉及了数学中常用逻辑用语符号中的"任取"和"存在",既简单,又清楚。只有在了解了这些数学符号的基础上,才能正确选出答案 C。

(七)集合与映射思想

集合论是当代数学的基础。学习集合,不仅应从本质上去理解与集合有关的各个概念、性质和运算法则,更重要的是在解题的过程中自觉地应用集合的语言和方法去表示各种数量关系,解决各种数学问题。映射刻画的是两个集合之间元素的特殊对应关系,是我们进一步学习函数的基础,同时也是一个重要的数学方法。集合与映射有机地组合在一起,是数学中的一种重要的数学思想。在竞赛中的许多题目都与映射有关,恰当地使用映射法解题,可以使问题化繁为简、化难为易,有时还可出奇制胜。

(八)构造思想

构造,即建模。构造思想是解决数学问题过程中难度较大、要求较高的一种数学思想方法。构造方法就是利用数学基本思想对数学问题仔细观察、深入思考,然后建立恰当的、熟悉的数学模型来使问题得以解决的思想方法。运用构造思想解决数学问题的前提是学习者对数学知识必须掌握得很熟练,甚至达到融会贯通的水平,其构造思想的内涵和方式十分丰富。它要求学习者的思维具有强烈的发散性,而又不脱离严谨的逻辑思考,而且学习者的想象能力必须是独特且富有创意的,学习者在学习过程中绝对不能完全套用解题的固定模式。它的构造基础就是具有广泛性的、普遍性的、特殊性的、抽象性的现实问题。其最本质、最基本的方法是借用或巧用某一类问题的性质特征,通过构造数学模型来类比研究另一类问题的思维方法。通常在解题过程中,学习者往往只会通过题目本身所涉及的知识点按习惯定式思维去探求解题途径,只会停留在解题的表层理解上,视野显得不够开阔,思路打不开。对此,教师可以启发学生根据题目特点,类比所掌握知识的纵横联系,挖掘可展开联想甚至构造的知识点,突破学生思维范围,发现所要解决的数学问题类的问题特征,然后加以合理正确地构造。在数学解题活动中运用构造思想方法来解决数学问题,能够培养学生的创造意识和拓宽学生的创新思维,可以训练学生知识迁移的意识和能力,是常见的、高技巧的而又必须熟悉掌握的数学思想方法。

【例 2-12】 如图 2-7 所示,河塘两侧有 A,B 两物,不能直接量得它们之间的距离,但可测算出它们之间的距离。为此,在河塘边选取 C、D 两点,并测得 $\angle ABC=75°$,$\angle BCD=45°$,$\angle ADC=30°$,$\angle ADB=90°$,$CD=80\text{cm}$,试求 A,B 两物间的距离。

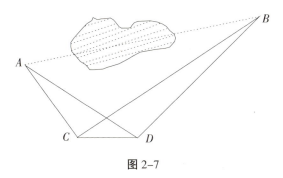

图 2-7

解 $\because$ 在 $\triangle BCD$ 中,$CD=80\text{cm}$,$\angle BCD=45°$,$\angle BDC=\angle ADB+\angle ADC=120°$,

$\therefore \angle CBD=15°$。由正弦定理可得,$BD=80(+1)$。

$\because$ 在 $\triangle ACD$ 中,$CD=80\text{cm}$,$\angle ACD=\angle ACB+\angle DCB=120°$,$\angle ADC=30°$,

$\therefore \angle CAD=30°$。由正弦定理可得,$AD=80$,

在 $RT\triangle ADB$ 中,由勾股定理得,$AB=\sqrt{AD^2+BD^2}=80\sqrt{7+2\sqrt{3}}$,

$\therefore A$,B 两物之间的距离为 $80\sqrt{7+2\sqrt{3}}$。

高中数学必修五"解三角形实际应用"这一节内容是典型的利用建模思想,把实际生活中一些不易测量、无法测量的量用解三角形的基本数学知识算出来。可见,数学建模思想在实际生活生产中是多么的有价值啊!

(九)偶然与必然思想

在研究某个数学问题的过程中,我们会从"偶然"中寻找"必然",然后再用"必然"的规律去解决"偶然"的问题,这其中所体现的数学思想就是偶然与必然思想。

例如,在高中数学新教材必修三中概率对随机现象的研究。随机现象的结果具有随机性,重复同样试验的结果并不相同且提前不可预料;但大量重复试验时,每个不同结果出现的频率又稳定在某一个常数附近,这个常数即为"概率";等可能事件的概率、互斥事件的概率、相互独立事件同时发生的概率和 N 次独立重复试验恰有 K 次发生的概率等都充分体现了偶然与必然的思想。

从上述的思想方法案例中可以清晰地看到,不管是在教师教学活动中,还是在学生学习活动中,教师在教学活动准备时要学会观察所教授的数学知识中所蕴含的数学思想方法,然后通过在教学活动实践中教学生学会观察,让学生在解决数学问题之前形成仔细观察的良好习惯,然后教师和学生一起对题目所涉及的数学思想和方法进行由表及里的观察,还要引导学生对题目的知识结构特征进行探索分析,通过各种不同形式的变式训练让学生巩固加深。其次,教师在教学活动中要激发学生分析、比较、类比、想象等一系列思维活动,激活和调动学生已有的数学认知结构,让学生对新的数学思想方法进行联想和迁移,然后引导学生将未知的数学问题转移至熟悉的数学情景当中去,通过新旧数学问题的类比分析来指导解决新的数学问题,起到发展原有数学知识的目的和效果。

在高中数学学习阶段,数学思想方法的渗透和运用无处不在。它可以蕴含在传统的课堂教学活动中,可以蕴含在数学概念、定义、定理、公式、法则等的教学讲授过程当中,可以蕴含在各种数学知识模块及专题知识的归纳整理当中,还可以通过章节基础知识复习、单元知识测试及小结、课本概念及定义回归、综合专题知识讲座、易错数学知识辨析及压轴题训练来巩固和深化数学思想方法的精髓。在教学活动中,教师要做到心中有数、有的放矢,教学目的要明确。在针对某一数学问题的研究时,要合理恰当地引导学生展开各种类比联想,要启发学生对该数学问题前后知识之间进行纵横联系与迁移,新旧知识之间进行类比与转化,让各个知识在学生掌握的知识结构中融会贯通。更重要的是,教师要与学生一起开展对数学问题的研究性学习,注重发现在研究性学习中领悟到的数学思想方法,要从多角度、多方面对数学问题进行探索和研究,培养学生良好的多元化思维和勇于创新的精神,提升学生的可持续思维发展。这样一来,既促进和优化了学生的数学认知结构,又使学生的数学思维能力得到积极训练,还培养了学生优秀的创造性思维品质和用数学思想方法去观察、思考数学问题的意识和策略,提高了他们用数学思想方法眼光感悟和解决数学问题的能力。

第三节 高中生数学思维能力培养存在的不足

高中数学知识具备"量大,内容广,难度深,变化多,时间紧"的特点,使得很多教师在培养和提高学生的数学思维能力时,不知该抓哪些基本矛盾,陷入手忙脚乱、毫无章法的教学过程中,即采用过度的、毫无章法的"题海战术""耗时耗点"来以多取胜,导致训练过度、题海泛滥。在激烈竞争的应试教育势态下,多数教师舍不得放下"题海"。"习题集、卷的泛滥"是目前亚洲地区(不仅我国,日本、东南亚地区都有类似情况,只不过演变的方式与程度不一样罢了)数学教育中的"怪圈"。不言而喻,是应试教育将一些师生心目中对数学思维能力的理解局限于解题能力,认为培养数学思维能力只要研究解题方法就可以了,忽视了数学教育的开发心智,促进了学生头脑科学化的功能。无度的、毫无章法的"题海战术"的危害日益被教育界所认识。要跳出"怪圈",就要在数学教育中坚决舍弃"以多取胜"的策略,达到提高数学思维能力、开发脑潜能的目的。只有充分利用思维科学的已有成果,抓住确定数学思维能力的主变量,按照数学教育的内在规律办事,才能跳出"题海"。

一、教师方面存在的问题

受应试教育影响,高中数学教学仅仅是教给学生知识。为了能够快速解题,教师并不重视培养学生如何解决问题的能力。绝大多数数学课堂上,教师在上面不停地讲课,下面的学生似懂非懂,听得昏昏欲睡,对教学质量的作用并不明显,严重阻碍了学生数学思维能力的发展。而且,教师在学生面前往往保持着权威,学生缺乏独立思考,严重限制了创新精神的发展。在传统的教学环境和氛围下,高中生数学思维培养已经偏离了素质教育的目标。

(一)教学观念落后

在传统应试教育的影响下,高中数学教学活动中普遍存在着一些落后的观念,这些观念直接制约了高中生数学思维能力发展。合理的数学教学观念应是以学生为核心,教师与学生之间相处融洽。对此,高中数学教师不仅要传授知识,还要以科学的理念,培养学生的数学思维能力和学习兴趣,发展学生主动学习、创新学习的积极性,提高学生解决实际问题的能力。

1. 教师缺乏生本意识

从教学过程上看,教师是传授知识的,学生在教师的指导下理解并掌握所学内容,教师教学和学生学习之间看似没有必然联系。但从数学思维的角度来看,师生必须是一体的,教师需要根据教学内容和学生的特点,合理引导学生理解教学内容,主动思考问题,并能够独立解决问题。实际上,很多数学教师以自己为中心,为了完成任务,进行单纯的教学,没有考虑学生数学思维的问题,也没有意识到数学思维能力对教学质量的积极作用,完全脱离了素质教育的目的。

例如,在判定直线与平面平行时,教师会给出直线与平面平行的判定标准,就是平面外一条直线与此平面内的一条直线平行,则该直线与此平面平行。教师仅从数学的角度给出了直线与平面平行的数学表达形式和判断准则,并没有强调它的实际意义,也不注重相关知识的联系,没有让学生从思维或者内心深处形成强烈的认识。学生在学习时, 只是明白了只要平面内有直线和平面外的直线平行,那么直线就和此平面平行,也并不去思考定义是怎么来的,也不会将它带到现实生活中考虑。

又如,在学习二次函数的问题时,会遇到很多二次函数的性质和结论,也可以根据点的坐标一一对应做出抛物线的图像。在教学中,教师会根据题目,通过画出二次函数的图像,或者直接利用二次函数的性质、公式等,用代数的方法直接解决问题。教师很少会启发学生去思考,如通过几何画板等数学工具,呈现出二次函数的效果、二次函数和一次函数或者其他函数之间的关系等,形成函数的空间位置关系,或者通过实例来引导学生认识函数现象,如扔到空中的石子的下落轨迹、篮球场上的投篮等,都是二次函数在现实生活中的表现。教师授课完全抛开学生,学生也不积极去思考,不仅不能提高学生的思维能力,也不能达到好的教学效果。学生没有理解课程内容, 以至于下次遇到时仍然不会, 遇到实际问题也不能合理地解决。培养学生的数学思维能力是教师和学生共同来完成的,缺少任何一方都将达不到预期的结果。

2. 数学思维能力被简单理解为解题能力

初中数学教学普遍有中考升学指标,教师的压力非常大,所以教师往往将学生的解题能力放在重要的位置。很多教师因而忽视了学生的数学思维能力,或者将数学思维能力等同于解题能力。学生在学习的过程中,记住了很多数学公式、快速算法,解题速度提高了,准确率也有了一定的保证。然而,对公式、知识点不深入理解,遇到相似的题目,或者题目稍做改变,或者是综合性题目,往往就会出错,遇到具体问题时也很难得到解决方案。数学思维能力和解题能力有着本质的区别,将数学思维能力等同于解题能力是不合适的, 将对数学教学效果和学生的数学能力带来负面作用。

（二）教学技能低下

1. 难以把握重点与难点

我国高中学生的数学基本功非常扎实,整体水平相对较高,但是数学的意识、数学的创造性却相对较弱。究其原因,在于长期的教学中,教师并没有仔细研究课程,不清楚课程的核心,没有抓住课程的重难点。教师不能根据学生的成长阶段和思维发展,针对学生的实际情况,合理安排教学课程,采用有效的教学方法,学生的思维能力很难提高。教师采用题海战术,学生花费了大量时间,对于基本的数学问题很容易解决,但学生仅仅停留在表面的东西上,并没有深入,遇到实际问题就难以解决了,解决问题的能力并没有提高。

2. 注重形式,缺乏实效

在教学中, 教师可以根据数学教材的阅读材料、研究性作业或者生活中的现象,给学生以积极引导,让学生自己去提出问题、分析问题,并且安排设计方案,调查、搜集数据,通过多种方式进行学习,提高对问题的认识。学生在教师的指导下,自主发现问题、研究问题,并通过自己的分析,最终得出结论。在此过程中,教师仅仅起着引导的作用,学生是主体。事实上,部分教师忽视了这种研究性的学习方法,更多地投入到了课程内的知识,并不重视学生的思维能力和创新能力。由于多媒体技术在教学过程中的优势,很多学校在数学课上采用计算机教学。多媒体可以很好地呈现出图形、动画,将数学问题与生活实际、空间关系结合起来,抽象的问题变得直观了。从目前的情况来看,并没有达到预期,很多情况下只是换了一种形式而已,并没有发挥出多媒体技术的作用。

（三）教学缺乏创新

1. 教学设计不合理

数学学习是一个认识的过程,针对具体的教学内容,需要一定的课堂设计。目前,很多数学教学并没有突出学生的认知特征,脱离了学生的年龄特点和记忆发展规律,必然造成教学效果不明显。教师在组织数学教学时往往非常随意,以教师为中心,忽视了学生的特点,带来了严重影响。数学教学设计的内容主要包括教学形式、课堂氛围和学生的管理等。数学学习过程是师生之间的一种交流活动,需要教师和学生共同配合,缺少任何一方都不能达到预期的教学目标。以学生的认知为主体,通过教师不断引导,经过学生的自我展示,发展学生的思维能力和数学能力。在一些概念的学习中,如函数教学,教师往往给出其数学表达形式,很少呈现它所表达的现实意义及空间位置关系。学生没有经过观察、归纳、总结的阶段,对函数的认识也仅仅停留在表面上,难以上升到思维层面上。

2. 缺少思维实践活动

兴趣是学生学习的直接动力,能够促进学生积极思考问题、探索问题,并解决问题。数学的概念、公式、定理往往具有高度的抽象性和概括性,学生通过直觉去理解非常困难。在数学教学中,教师可以为学生提供一些模型,或者通过数学教学软件,将抽象的数学对象表示出来,加深学生对教学内容的理解,也可以通过动手实验激发学生积极思考,帮助学生理解所学知识,同时也让学生体验到了数学的乐趣。一些数学教师在教学过程中,将课堂教学变成教师单纯传授知识的活动,以教师的讲解为主,教学方式单一,忽视了实践活动的重要性。学生面对枯燥的数学概念、符号、公式,缺乏学习的兴趣,制约了学生学习的主动性、创新性和数学思维能力的发展。例如,在三角形全等的教学过程中,教师可以让学生通过折纸活动来体验。然而,很多教师只是告诉了学生两个三角形的三条边和三个角分别对应相等,两个三角形可以重合在一起。虽然学生很容易讲出概念,但是仍然觉得抽象,没有形成深刻的认识,也很难与现实生活联系起来。

二、学生方面存在的问题

在应试教育的环境下,一些数学教师仍采用传统的、单一的教学方式,忽视了学生数学思维和主体性的积极作用,缺乏引导学生主动思考、独立解决问题。在学习过程中,学生根据教师的要求,按照固定的模式,限制了自我展示的空间。学生不愿意主动思考,遇到难题多是等着教师讲,或者是问其他同学,即使知道了答案,也不探究原因。在学习过程中,学生对一些数学问题的理解往往停留在表象上,对关键信息并不能形成联想。长此以往,学生逐渐形成思维的惰性,更不愿意去主动解决问题。

很多学生课前不预习,课上不认真听讲,课后不复习。面对数学概念、公式、定理,只知道死记硬背,不知道理解内化。在做数学题时,不看已知条件,拿到题目就开始写,不过多思考,写一步算一步。也有很多学生在数学学习活动过程中,脱离课堂,被动学习,不懂装懂。在解题时,知其然而不知其所以然,就题论题,不思考解题过程,不总结解题方法,只会做一道题而不会做一类题。此外,也有学生在日常学习过程中只做教师布置的题目,甚至有些学生应付教师布置的作业,不会自己找题目去做,想方设法逃避练习,经常想的是"能少做题就绝不多做,能不做就不做"。长此以往,由于解题训练的缺少,使得自己的数学思维能力长期处于低水平层次。

第三章 高中生数学思维发展障碍及原因

发展高中学生的数学思维的有效方法是通过解决问题来实现的。事实上,学生在解决问题的过程中出现困难,并不是因为这些问题太难,而是其思维形式或结果与具体问题的解决存在着差异,即学生的数学思维存在障碍,不能自己解决问题。研究高中学生数学思维障碍,对于增强高中数学教学的针对性和实效性、有效培养高中生的数学思维能力有十分重要的意义。

第一节　数学思维障碍相关概述

学生在解决问题的过程中出现的困难,可以被称为数学思维障碍。数学思维障碍在很大程度上抑制了学生数学效率和质量的提升、数学思维能力的发展。那么,数学思维障碍是如何产生的呢? 本节将深入地阐述数学思维障碍的产生和研究现状。

一、数学思维障碍的界定

数学思维障碍是学生面对数学问题时, 由于不具备科学、完整的数学思维结构,从而造成不能正确分析解决数学问题,表现出不良的数学思维品质。

通常情况下,高中生理解、记忆、掌握和运用数学知识的过程是一个心理的动态过程,主要体现在掌握概念、法则中直接揭露其本质特征或者适当利用变式的问题;思维过程从展开到压缩的问题;感性形象对掌握抽象的数学知识的作用;先掌握的数学知识对以后学习的影响问题等。这些心理学问题如在教学中不能妥善处理,对思维过程缺乏监督、推动、评价、调整,就会引起学生思维的中断,从而形成思维障碍。

另一方面,个人思维能力的发展既服从于一般的规律性,又反映出个体的差异,这种个体差异体现在思维的智力特征方面就是思维的品质。它是思维的决定性因素。在问题解决中,由于学生不具备良好的思维品质而造成不能顺利地解决问题,从而在问题解决中造成思维的中断或错位,也会形成数学思维障碍。由于每个高中生都是一个独立的个体,每个高中生都具备独特的思维和思想品质,所以说每个高中生所表现出来的思维障碍都不尽相同。因此,高中数学教师需要从学生个体出发,对每个学生进行深入且透彻的了解,对学生在学习数学、解决数学问题过程中所出现的障碍进行分类和总结,这样才能使数学思维障碍的解决推动学生数学思维能力的发展。

二、数学思维障碍的研究理论基础

(一)学习的认知理论

现代认知心理学认为,学习是学习者认知结构的组织与重新组织。认知结构是人们基于认识活动形成的心理结构。

1. 布鲁纳认知—发现理论

美国教育心理学家布鲁纳倡导学习应该是以发现学习的方式将学科的基本结构转化为学生头脑中的认知结构。教学的目的在于理解学科的基本概念、原理及方法等,即学科的基本结构。学生只要理解了学科的基本结构,就能快速地掌握学科内容。他认为,让学生掌握学科基本结构的方法是发现法,即让学生自行去发现知识、掌握知识。布鲁纳提倡发现学习,强调学生学习的主动性,强调学生学习的内部动机,要培养学生对学习的兴趣。但是他过于夸大学生学习的主观能动性,忽视了教师在教学活动中的重要作用,认为教师仅仅是提供学习材料的组织者。

他认为,学习本身是一种认识过程。在这个过程中,个体的学习总是要通过已知的内部认知结构对从外到内的输入信息进行整理加工,以一种易于掌握的形式加以储存。也就是说,学生能从原有的知识结构中提取最有效的旧知识、吸纳新知识,即找到新旧知识的"媒介点"。这样,新旧知识在学生的头脑中发生积极的相互作用和联系,导致原有的知识结构的不断分化和重新组合,使学生获得新知识。但是,这个过程并非总是一次性成功的。

一方面,如果在教学过程中,教师不顾学生的实际情况和学习基础或者不能觉察到学生的困难之处,而是按照自己的思路或知识逻辑进行灌输式教学,则到学生去解决问题时往往会感到无所适从;另一方面,当新的知识与学生原有的知识结构不相符时或者新旧知识中间缺乏必要的"媒介点"时,这些新知识就会被排斥或经"校正"后吸收。如果教师的教学脱离学生的实际,其新旧数学知识不能顺利"交接",就会造成学生对所学知识认知上的不足和理解上的偏颇,从而在解决具体问题时就会产生数学思维障碍,影响学生解题能力的提高。

2. 奥苏贝尔认知—接受理论

美国心理学家奥苏贝尔倡导有意义学习。有意义学习是学习者将新知识与认知结构中已有的适当观念建立起非人为的和实质性的联系。他认为,学生在学校接受的学习方式主要是接受学习,接受学习是教师将教学内容直接以定论的形式传授给学生。而且,接受学习也可以是有意义的。有意义学习需要具备三个前提条件:学习材料本身有逻辑性;学生具备有意义学习的心向;学生的认知结构中有同化新知识的适当观念。

在学习过程中,学生并不具备有意义学习的心向和同化新知识的适当观念,而是仅仅局限于以往的认知,并不做新知识的接受,这也是学生产生思维障碍的过程。

(二)建构主义学习理论

建构主义是在认知主义的基础上进一步发展的。建构主义认为,人对事物的理解不是单纯由事物客观本身决定的,而是在人已有的知识经验基础上去理解的。由于每个人的知识经验都不一样,所以对于同一件事,每个人的理解也就不同。学习就是学习者在已有知识经验的基础上意义建构和社会互动的过程。这种认知过程常常是参与建构学习的参与者通过社会互动来完成的。人们对数学的认知过程也是如此。数学学习的建构过程是学习者根据已有的数学知识,对新的数学学习材料进行解释和理解。

由建构主义的思想,我们可以看出建构主义的知识观如下:

第一,知识不是客观不变的,而是动态的。学习不是教师把知识灌输给学生的过程,而是学生自己主动地建构知识的过程。学生不是知识的被动吸收者,而是积极主动地理解知识。

第二,学生新知识的获得是以现有的知识经验为立足点的,在现有的知识经验的基础上,"生长"出新的知识。学习建构过程既包括获得新知识,也包括重组已有的知识。所以,教师不应该忽视学生现有的知识检验。

第三,知识的建构过程通常是在教师和学生的共同参与下完成的,具有社会互动性。知识建构不是任意的,学生的学习是在和教师及同伴的交流讨论、分享资源中共同完成的,并进行自我反思和不断调整。

根据建构主义的知识观,笔者认为,建构主义的学习观主要包括以下方面:

第一,学习是学生自己有意义建构知识的过程,在学习上强调学生的主动参与性。主动参与不仅是课堂上积极参与互动教师的教学,还指一种心理层面上的学习态度上的积极参与。

第二,知识的建构是根据学生学习的深入不断深化的,学生在学习中要不断对建构过程进行反思。反思以往建构过的知识,把错误的知识理念排除掉,再建构新的知识。

建构主义对数学教学的启示主要包括以下四点：

第一，突出学生的主体性。教师是学生学习的促进者和帮助者，在教学活动中要引导学生建构良好的数学知识。第二，教师在教学中不能仅仅传授纯粹的知识，还要充分创设情境，让学生经历知识本身的发生、发展过程，了解知识的文化背景和来龙去脉，这样才能有意义地建构知识，才能积极主动地思维。第三，在数学教学中，教师不应该忽视学生原有的知识，要了解学生错误的知识理念。第四，教师不能把教室变成自己的"一言堂"，要重视学生合作学习的学习方式，重视师生间和学生间的关系。

(三)斯腾伯格的三元智力理论

美国心理学家斯腾伯格(Robert Sternberg)以其三元智力理论为基础。他认为，智力是分析的、创造的和实用的信息加工过程三者的平衡，并将思维分为创造性思维、分析性思维和实践性思维。其中，特别着眼于创造性思维。

1985 年，斯腾伯格提出成功智力理论，即成功是个人在现实生活中实现自己的目标，并通过努力实现目标。众所周知，成功需要一定的智力，但这个智力不是由传统的智力测验测出的。传统智力测验测出来的都是"呆板的智力"，这种智力只能应用于考试升学中，可以帮助人们取得好分数，却不一定能促使人成功，因此他提出了成功智力说。成功智力就是用以达成人生目标的智力，它包括分析能力、创造能力和实践能力。

智力是思维的体现。在此基础上，他将思维也划分为三个层面：分析性思维、创造性思维和实用性思维。分析性思维包括分析、判断、评价、比较、对比和检验等能力。创造性思维包括发现、想象、假设、生成、创造等能力。实用性思维包括使用、实现、实践等能力。如果一个人的这三种思维都能有比较高的水准，那么他就会在社会上游刃有余，取得成功。那我们在学校如何发现学生的这些思维呢？这三类思维特征又有哪些表现？斯腾伯格分析了喜好不同思维模式的学生的特征，让教师快速地判断学生的思维类型，从而因材施教，有针对性地找到适合学生思维的教学策略。

（四）元认知理论

元认知是现代认知心理学中一个非常重要的概念。根据美国心理学家弗拉维尔（Flavell）的观点，元认知就是对认知的认知。具体地说，元认知概念包括三方面的内容：一是元认知知识，即个体关于自己或他人的认知活动、过程、结果以及与之有关的知识；二是元认知体验，即伴随着认知活动而产生的认知体验或情感体验；三是元认知监控，即个体在认知活动进行的过程中，对自己的认知活动积极进行监控，并相应地对其进行调节，以达到预定的目标。实际上，元认知过程就是指导、调节我们的认知过程，选择有效认知策略的控制执行过程。其实质是人对认知活动的自我意识和自我控制，是个人关于自己认知过程的知识和调节这些过程的能力，或者说是对思维和学习活动的知识和控制。元认知有两个独立但又相互联系的成分：对认知过程的知识和观念，也就是元认知知识；对认知行为的调节和控制，也就是元认知控制。

数学元认知知识是学生对自己或他人数学认知活动的过程、结果及有关内容的认识，包括数学经验知识、数学理论知识、数学核心思想、数学思维模式和数学策略性知识。在数学思维中，元认知体验主要表现在以下两个方面：一方面，是新思路、新方法的建立；另一方面，是对原有的思维方法、思维模式的不断扩充和完善。元认知监控在数学学习过程中作用主要表现在学生对具体的数学思维活动开展前的目标确认、计划安排、结果预测及在进行过程中把握方向和解题后的自我反省。

在传统的教学中，教师只注重知识传授，忽视能力的培养，只注重问题解决的结果，忽视问题解决的过程。同时，在高考指挥棒下，教师搞题海战术，忽视了学生在解决问题时思维能力的培养，其结果往往使学生只注重解题训练，而不注重解题前的计划、解题过程中的检查以及解题后的反思。

（五）迁移理论

学习迁移指的是一种学习对另一种学习的影响。从迁移的方向可以分为顺向迁移和逆向迁移。前者是指先前学习对以后学习的影响，后者是指以后的学习内容对以前学习内容的影响。从迁移发生的效果可以分为积极迁移和消极迁移,或称为正迁移和负迁移。正迁移是指一种学习对另一种学习的积极影响或促进,负迁移是指一种学习对另一种学习的消极影响或干扰。当新知识与认知结构中原有的知识相似而不相同时,先入为主的原有知识干扰、抑制新知识的习得,就会出现负迁移。在问题解决中,知识的迁移能够加速或抑制问题解决的效率。要想提高知识的正迁移,就要防止负迁移,否则会阻碍问题的解决。同时,这也是思维过程遇到障碍的有效体现,是研究学生思维障碍产生与解决的有效理论基础。

第二节　高中生数学思维发展特点及主要障碍

高中是学生独立人格发展形成的关键时期,对学生个人和社会的发展都具有特殊的意义。高中数学不仅要重视基本知识和技能的学习,更应该重视数学思维的培养。无论是对定理、概念等的学习还是问题的解决,都蕴含了数学思维过程。然而在实际学习中,学生的数学思维发展并不会顺利进行。他们缺乏对数学思想方法的运用,受到思维定式的影响,思维单一,缺乏对数学文化的理解,缺乏应用意识等,这样就形成了数学思维障碍。如果这些障碍没有及时排除,不仅影响学生数学思维能力的发展和提升,还会给教师的教学工作带来困难。

一、高中生数学思维发展的特点

数学思维发展具有阶段特征。随着学生年龄的变化和知识掌握程度的逐渐加深,高中生数学思维的发展也具有独特的特点。古语有云:"知己知彼,方能百战不殆。"了解高中生思维发展的特点,有助于教师在课堂教学实践中采取适当的措施,有目的地培养学生的数学思维能力。

(一)高中生思维发展的主要特点

高中生数学思维发展的主要特点是抽象逻辑思维较初中时期更为日新月异的迅速发展,慢慢占据相对优势的地位,同时形象思维也随着逻辑思维的发展而进一步提高;思维的独立性、批判性、灵活性、发散性以及深刻性有了显著的提高。在发展的过程中,不同个体在遇到不同问题时会表现的有所差异且并不完全成熟,易产生片面性和表面性,这是由于他们的知识以及实际解决问题的经验不足造成的。

第一,高中生的抽象逻辑思维方式趋于成熟。高中生能挖掘出具体的事物的本质特征,经过归纳类比,抽象概括出概念。在解决问题时,高中生抽象思维的科学性、理论性更强,能够抓住抽象概念的本质和内涵,在所学知识和已掌握经验的基础上,有理有据地进行逻辑思维,使解决问题时的思维步骤更加完整,能够按照明确问题、提出假设、制订解决问题的方案并实施方案、检验假设的完整思维过程去解决问题,使抽象逻辑思维的方式趋于成熟。

第二,高中生的数学思维的深刻性得到发展。由于高中生的抽象逻辑思维与初中阶段相比有了很大的提高,所以高中生更易透过事物的表面现象和外部联系,揭示事物的本质和规律,对问题能深入思考,理解更加深刻,考虑问题更加周到,进而能够系统化、一般化地解决问题,预见事物发展的进程。

第三,高中生的数学思维活动变得更加灵活。随着学生对高中知识的掌握程度的加深,与初中生相比,高中生更容易克服思维定式带来的负面影响,更能深刻地认识事物的变化,全面把握事物的本质特征,并能灵活地根据事物的变化随机应变,灵活地运用所学的数学知识及已掌握的数学思想方法去分析问题和解决问题。

第四,高中生的数学思维的概括性得到加强。进入高中后,大多数学生能够在课下开展自主的学习,在课堂上经过教师的讲解或点拨,能够准确地将所学的知识进行归纳、整理和概括,使之更加有条理、有层次,更加系统化。这样不仅有助于学生理解知识,还便于学生对知识进行存储记忆和遇到具体问题时随时提取应用。

第五,高中生的发散思维得到提升。高中阶段学生的发散思维得到迅速发展,由于高中生的数学知识以小学和初中为基础，所以学生善于调动自己以往所学的数学知识，从不同的角度、不同的方位去思考问题，或从同一条件下得出不同的结论。对同一个问题提出不同的解决策略，对相同解题思路的问题，变换了形式后仍能够把握其重点，实现知识的有效与灵活运用。

第六，数学思维的创造性表现各异。数学的创造性思维的高级形态是各种思维优化组合的高效思维，它产生于多因素、多种思维的交互作用。在数学学习的过程中，不同的学生对于完成思维活动的内容、途径和方法的自主程度各不相同，所以数学思维的创造性就表现各异。具有较好数学创造性思维的学生能够灵活地运用知识，经过独立思考，创造出新的解题方法或得到新的结论，表现为在分析问题的过程中思维不寻常规，勇于探求新的解题方法。

(二)高中生与初中生思维的差别

从初中到高中，学生的数学思维有一个过渡过程，如果能深入掌握学生数学思维从初中到高中的变化规律和思维差异，就能更好地消除高中生的思维障碍，找到高中生数学思维能力培养的策略。而要掌握初高中数学思维的差别，首先要了解初高中数学知识的差别。其主要体现在以下四个方面：

第一，高中数学知识数量剧增。与初中数学相比，高中数学的一个显著的特点就是"量"上急剧增加了。初中每个学期学习一本教材，而高中每个学期至少要学习两本教材，这样学生在课堂上单位时间内接受的知识量增多了，在课堂上的辅助练习、消化的时间就会相应减少。在课堂学习新知识的过程中，课本中所举例题本身就有一定的难度，需要学生对数学知识全面把握，从横向和纵向两个方面灵活地沟通所学知识，从中找到思维的突破口，探寻解题思路，这就对学生的各种数学能力的要求有了一个质的飞跃。于是，有些学生经常课上听得似懂非懂，课下仍然不会运用知识解题，思路不通畅；旧知识还没有完全掌握，新知识就接踵而来。这就要求学生要做好课后的复习工作，记牢大量的知识；要理解、掌握新旧知识的内在联系，使新知识顺利地同化于原有知识结构之中。因为知识教学多以零星积累的方式进行的,当知识信息量过大时,其记忆效果不会很好。因此,要学会对知识结构进行梳理,形成板块结构,实行"整体集装",如表格化,使知识结构一目了然;类化,由一例到一类,由一类到多类,由多类到统一,使几类问题同构于同一知识方法;要多做总结、归类,建立主体的知识结构网络。

第二,高中数学知识、语言更为抽象。高一学习的"集合""函数及其性质""立体几何""算法初步"等内容都比较抽象,与初中数学知识的直观性有很大区别。这就要求高中学生的思维要从直观思维到抽象思维过渡。高中数学不仅知识难度加大,高中数学的语言也相对比较抽象,如高中数学必须掌握的集合语言、逻辑运算语言、函数语言、符号语言等。这些都是初中生不曾深入接触过的,学习起来有一定的难度。

第三,数学知识的独立性。高中时期学习的函数、立体几何、解析结合、代数、概率统计、算法初步等都是相对独立的,有着相对明确的系统。因此,发现各系统之间的联系成了学习的难点,否则综合解题的能力必然欠缺。

第四,高中思维方式向理性层次发展。高中数学的思维方式和初中数学的思维方式有明显的差异,初中数学知识比较浅显、难度不大,对学生的思维能力要求不高,主要以形象思维为主。所以,在初中数学教学中,教师经常为各种数学题建立统一的思维模式,以便于学生拿来套用,如解分式方程分几步,因式分解先看什么、再看什么等。这说明初中生数学思维以形象思维为主。由于高中数学知识难度的加大和数学语言的抽象化,因此,数学思维形式上产生了很大变化,对学生的抽象思维能力有了更高的要求。这说明高中生数学思维以抽象思维为主,学生的思维方式由感性向理性方向跃进。虽然这是初中生和高中生思维最明显的差别,但我们不能说初中生没有抽象思维,只是他们的抽象思维还不是很成熟。因此,初中教师更关注学生的形象思维的发展。

二、高中生思维发展障碍的分类

高中生数学思维障碍的形成原因是多方面的,具体的表现形式也是多样的。

（一）思维单一性障碍

从信息源提取上分析,在解决某类问题的过程中,学生的信息源提取并不是完善的,探究问题的出发点仅停留在某种形式或内容上,不善于变化,或是缺乏多角度去思考问题,遇变、求变的情理准备不足,由此造成的思维障碍。其主要体现在以下四个方面:

第一,学生在分析和解决数学问题时, 往往只顺着事物的发展过程去思考问题,注重由因到果的思维习惯;思维不全面,不注重变换思维的方式,缺乏沿着多方面去探索解决问题的途径和方法。

第二,缺乏足够的抽象思维能力,学生往往善于处理一些直观的或熟悉的数学问题,而对那些不具体的、抽象的数学问题常常抓不住其本质,转化为已知的数学模型或过程去分析解决。

【例 3-1】　已知实数 x、y 满足 $2(x+1)^2+2(y+3)^2=|x-y+1|$,求点 $P(x,y)$ 的轨迹。

笔者提出这个问题后,学生马上着手简化方程,简化了半天还看不出结果,就寻找自己运算中的错误(怀疑自己算错)。若仔细分析此等式的结构,就可以发现原等式可化为 $(x+1)^2+(y+3)^2=|x-y+1|$,进而可以看出它表示的是动点 P 到点 $(-1,-3)$ 及直线 $x-y+1=0$ 的距离相等,从而知其轨迹为抛物线。

【例 3-2】　对于任意实数 x,函数 $y=f(x)$ 满足 $f(2+x)=f(2-x)$,证明函数 $y=f(x)$ 的图像关于直线对称。对于这个问题,学生的思维较乱,写不清楚。其实,只要理解数轴上两点间的距离和图像的对称性后,就能得出答案了。

第三,高中数学知识体系的综合性特点要求学生思维要有一定的广度,必须用全面的、综合的观点看问题,但是学生的思维品质在这方面往往表现出很大的局限性。他们常常用片面孤立的观点看问题,不会把所学的数学知识融会贯通、综合运用,只会生搬硬套,因而往往抓住了问题的某一方面,而又忽视了其他方面。长此以往,抓不住关键环节,形不成思维中心,造成思维混乱。

第四,学生不能熟练地运用所学的数学概念、方法进行分析推理,对一些问题中的结论缺乏多角度的分析和判断,缺乏对自我思维进程的调控,从而造成障碍。在求 $y=\sqrt{1-x^2}+x$ 的值域这个问题中,大多学生的思维是试图将根号去掉,于是思维总是在那里打转,这种思维方向的单一性使得解题的整个过程受阻。若改变思维方向,从式子本身出发,看其成立的定义域 $x \in [-1, 1]$,再运用联想,思考符合这一值域的式子有哪些,然后设 $x=\cos a(0 \leqslant \alpha \leqslant \pi)$,问题即可解决。

(二)知识结构断链障碍

其实,知识结构断链也就是我们日常所说的"遗忘"。它指的是知识之间没有形成连通的网络,新旧知识之间出现了断裂,从而影响了知识顺畅、正确地运用和迁移。所谓非人为的联系,是指新知识与原有认知结构中有关观念建立合乎逻辑的联系。实质性联系是指新的代表观念与学习者认知结构中已有的表象、有意义的符号、概念或命题的联系。这种联系要求学习者心理内部对知识的表征赋予意义,与知识的客观意义应建立一种合乎逻辑的等价关系,否则必然会出现知识断链。如很多学生记不住三角函数公式,其根本原因就是未能建立起公式与单位圆、象限角之间的联系,而是孤立地、形式地、单纯地死背公式。建构主义认为,学生建构知识的基本方式是同化和顺应。同化是指学习者把外在信息纳入已有的认知结构,以丰富和加强已有的思维倾向和行为模式,使原有的知识体得到扩大。顺应是指学习者已有的认知结构与新的外在信息产生冲突,引发原有认知结构的重组和调整,从而建立新的认知结构。同化是认知结构的量变,而顺应则是认知结构的质变。知识断链,使思路无法畅通。思维需要从大脑的仓库里提取相应的知识,如果所要提取的知识在大脑中还是空白,那么思维的线索就会因此中断。知识和思维有着密切的关系,知识的断链会成为思维开拓的桎梏。

知识断链,一方面是由于新知识未能归入到原有认知结构。有些高中生在学习的过程中不注意知识、方法的积累,不善于对已经学过的知识做系统的归纳和整理,数学的概念、法则、定理、性质等方面的知识有很多缺漏,这就会给数学思维造成障碍。另一方面,虽然学习了新知识,但未能使原有认知结构得到重组和改善,因而致使学习形式化,知识表面化,对同一数学概念的不同表达形式缺乏概括的理解,使原认知结构无法有效同化新知识。如学生对邻近概念辨别不清,不明确该概念与其上位、下位概念的联系与区别,不能将新知识整合到原有的知识结构中的事例。

【例3-3】 判断函数 $y=f(x),x\in A$ 与函数 $u=f(v),v\in A$ 是否是相同函数,为什么?

好多学生都认为不是相同函数,因为 $y=f(x)$ 中的自变量是 x,函数是 y,而函数 $u=f(v)$ 中的自变量是 v,函数是 u,所以它们不是相同函数。其错误原因是学生并没有真正掌握函数的本质特征,"数集到数集上的对应关系""单值定义"才是函数的本质属性。至于对应关系的形式,其实并不是函数的本质,符号也不是函数的本质。

【例3-4】 关于 x 的函数 $y=mx^2-2(m+1)x+m-1$ 的图像与 x 轴只有一个交点,求 m 的值。

学生的错误答案是 $k=-\frac{1}{3}$。其错误原因是把 $y=mx^2-2(m+1)x+m-1$ 当成了二次函数,没有真正理解二次函数的概念。因此,当 $\Delta=[2(m+1)]^2-4m(m-1)=0$,得 $m=-\frac{1}{3}$。实际上,当 $m=0$ 时,函数即为 $y=-2x-1$,是一次函数,它与 x 轴只有一个交点,也符合题意,所以 $m=0$ 或 $m=-\frac{1}{3}$。

以上的错误是由于学生对概念的理解不透彻而产生的。学生对概念的理解与教师的教学有很大关系。如果教师在概念教学中不注重对概念的内涵进行挖掘,对其外延进行合理拓展,那么学生对它的认识就是表层的、肤浅的,很容易出现知识结构断链障碍。

在高中数学课程中,数学的抽象性、理论性强等特点,充分显现对基本知识、能力及数学思想方法的要求及运用明显强于初中。数学学习困难的学生普遍感到进度比较快,常常会混淆各种概念,一些概念的错误理解在长时间内不能改正,知识结构网络断链处越积越多。数学本身的各个分支联系十分密切,学生在解决综合性较强的问题时,就会表现出解题思路局限,思维僵化。

(三)思维定式障碍

思维定式是心理学中的一个概念,它指的是一种思维的惯性,即人们长期形成的一种习惯的思维方式,或者说人们按习惯了的比较固定的思路去思考问题和解决问题的一种形式。许多情况下,思维定式表现为思维的趋向性或专注性,有积极的一面,也有消极的一面。当这种趋向性与当前问题的解决途径一致时,就可产生积极有利的促进作用。当它与当前问题的解决途径相悖或不完全一致时,就会产生消极的干扰作用,使得我们因循守旧,摆脱不了机械记忆和被动模仿的束缚,这就是思维定式的负效应。由于先前的活动而造成的心理准备状态,使得人以比较固定的方式去认知事物或做出行为反应,即按一种固定的思路去考虑问题,经常照搬过去的经验去解决类似的问题,导致解答中出现错误。一些学生到了高中阶段已经积累了一些解题的经验、方法,在碰到新问题时,就会陷进旧的思维模式中,无法根据新问题的特点做出灵活的反应,思维进入僵化状态。

(四)分割、孤立障碍

其就是将问题分割成几个子问题后,却不能将子问题排成一个有利解题的顺序,而造成解题困难。在问题解决中,恰当的问题识别与分割是非常重要的。一个数学问题本来就是由几个小问题衔接、拼合、组装而成的,解答时就需要在想象中把问题重新分割开来,一个一个独立出来,并排列成一个对于求解有利的顺序,然后一个个地解下去。然而,并不是所有的解题者都能将其分割,进而排列成有利解题顺序的,尤其是在几何问题解决中表现尤为明显。有些学生在看到一个线条较多的图形时,眼中所见与头脑中所显的只能是乱糟糟的一张蜘蛛网,理不出头绪来,思维也就无从下手与展开。

建构主义认为,人类知识经验有两类结构:不良领域和结构良好领域。结构不良领域有以下两个特点:一是知识应用的每个实例中,都包含许多应用广泛的概念在相互作用,即概念的复杂性;二是同类的各个具体实例之间,所涉及的概念及其相互作用的模式有很大差别,即实例之间的差异性。结构良好领域的知识经验一般是指规范的、有内在逻辑联系的,从多种情境中抽象出来的学科的基本概念、原理和方法。在将学科课本中结构良好领域知识经验应用于具体情境时,便会产生结构不良的特征,即在解决具体问题时,课本知识并非拿来即用、一用即灵的,从而使思维受挫,遇到困难。

(五)思维惰性障碍

学习困难的学生由于长期形成的松散、懒惰的坏习惯,害怕艰苦的脑力劳动,缺乏毅力,对看似难以逾越的困难退缩不前,丧失前进的勇气和信心,表现出不良行为习惯的一种意志薄弱的心理缺陷,由此导致的思维障碍,我们称之为思维惰性。

学习困难的学生表现出学习自觉性较差,缺乏学习的持久性,对数学缺乏兴趣,常感到学习数学枯燥乏味,缺乏科学的数学学习方法与习惯等。

高中生思维惰性的形成体现在以下三个方面:一是许多学生进入高中后,在数学学习中,还像初中那样,有很强的依赖心理,跟随教师惯性运转,没有掌握学习主动权,不定计划,坐等上课,期望教师对数学问题进行归纳概括,并分门别类地一一讲述,突出重难点和关键,期望教师提供详尽的解题示范,便于自己一步一步地模仿硬套。二是不自觉地对直观形象过于依赖。当对思考对象不能寻求解释时,便犹豫丛生,表现出抽象思维能力的贫乏。三是对既有思维模式的依赖。遇到一个问题,只企望用现成模式,否则便一筹莫展,束手无策。这反映出思维的变通性和创造性差的严重缺陷。

【例3-5】 一直线过点$(1,2)$,且倾斜角是直线$x-2y+3=0$倾斜角的2倍,求此直线方程。

这道题关键在于求斜率。由于已知直线的倾斜角不是特殊角,学生感到思路受阻,心烦意乱。其实,最主要的问题并不在于受阻,而在于受阻后产生的思维惰性,因此不愿再动脑筋去想办法解决问题。如果耐心地寻找思维路线,以积极的态度继续思考,想到非特殊角也可以由倍角的正切值求得,再用点斜式求得方程。思维惰性的形成,除了学习方法不当和刻苦努力不够外,还在于对关键信息感知把握不准,思维指向性模糊,观察只停滞在感知表象中,即使撞上关键信息,只要思路受阻,便不愿再深究,久而久之,养成了思维的惰性。这是高中数学教学过程中必须高度关注和积极转化的方面。

(六)情绪型障碍

心理学的研究表明,情绪与解决问题有密切关系,情绪的焦虑程度与学习成绩的关系呈倒 U 形曲线。适中的焦虑程度将有助于问题的解决,而焦虑程度过高或过低均不能表现良好的解题能力,我们把由此造成的思维障碍称之为情绪型障碍。学习困难的学生由于失败太多而焦虑程度过高,造成思维障碍。情绪型障碍一般表现为对学习缺乏积极情感体验和学习中情绪的起伏,由于情绪不健康,导致学习动机水平下降,阻碍学生学习能力的发挥。学生遇到思维受阻的情况时,往往极易引起烦躁不安,而又急于尝试,尝试失败,加剧了急躁的情绪,导致思维混乱。

情感是人们内心对外界事物所抱有的肯定或否定态度的体现。能满足或符合人的需要的事物就会引起人的积极态度,使人产生一种肯定的情感;反之,就会引起人的消极态度,产生一种否定的情感。在数学教学中,恰恰有许多与学习困难学生的需要相抵触的情况。受情绪障碍的影响,思维、记忆等认知机能会受到压抑、阻碍,导致学习效率的降低;受情绪障碍的影响,数学思维不能正常进行。多数学生一受到不良的刺激或一遇见陌生的题目情绪就会过度紧张,心理失衡,最后导致因思维混乱而解题受挫。

三、高中生思维发展障碍的具体表现

由于高中数学思维障碍产生的原因不尽相同,所以作为主体的学生的思维习惯、方法也有所区别。因此,高中数学思维障碍的表现各异,具体可以概括为以下方面。

(一)由数学思维品质欠缺引发的数学思维障碍表现

1. 数学思维的肤浅性

具有数学思维障碍的学生在学习的过程中,对一些数学概念、定理、公式的形成和意义没有深刻的理解,一般的学生仅仅表象在概括水平上,不能脱离表象而形成抽象的概念,自然也无法摆脱局部事实的片面性,把握事物本质。由此产生的后果包括以下方面:一是学生在分析和解决问题时,往往只顺着事物的发展过程去思考问题,注重由因到果的思维习惯,不注重交换思维方式,缺乏沿着多方面去探索和解决问题的途径和方法。二是从题目的表层观察思考和理解,这样浅显的分析往往不能使学生找到解决数学问题的根本途径。

【例 3-6】　证明:$|a| \leqslant 1, |b| \leqslant 1$,则 $ab + \sqrt{(1-a^2) - (1-b^2)} \leqslant 1$。

在学生思考后进行提问,有几个学生是通过三角代换来证明的(设 $a = \cos\alpha, b = \cos\beta$),理由是 $|a| \leqslant 1, |b| \leqslant 1$(事后统计这样的学生占 20%)。这恰好反映了这些学生在思维上的肤浅,把两个毫不相干的量 a, b 建立了具体联系。另外,还缺乏足够的抽象思维能力。学生往往善于处理一些直观的或熟悉的数学问题,而对那些不具体的、抽象的数学问题常常不能抓住其本质,转化为已知的数学模型或过程去分析解决。

【例 3-7】　已知实数 x, y,满足 $\sqrt{2}\sqrt{(x-1)^2 + (y-2)^2} = (x+y+1)^2$,则点 $p(x, y)$ 所对应的轨迹为(　　)。

A. 圆　　　　B. 椭圆　　　　C. 双曲线　　　　D. 抛物线

在复习圆锥曲线时,很多学生一开始就简化方程,简化半天还是看不出结果,

于是寻找自己运算中的错误(怀疑自己算错),而不去仔细研究此式的结构,不能看出点 P 到 $(1,3)$ 及直线 $x+y+1=0$ 的距离相等,从而得出其轨迹为抛物线。

2. 数学思维的差异性

由于每个学生的数学基础不尽相同,思维方式各有特点,因此不同的学生对于同一问题的认识、感受也不完全相同,而具有思维障碍的学生对数学知识理解可能有偏颇。他们在解决数学问题时,一方面不大注意挖掘所研究问题的隐含条件,抓不住问题的确定条件,影响问题的解决。另一方面,学生不知道用所学的数学概念、方法为依据进行分析推理,对一些问题中的结论缺乏多角度的分析和判断,缺乏对自我思维进程的调控,从而造成障碍。

【例 3-8】 函数 $y=f(x)$ 满足 $f(x+2)=f(x-2)$ 对任意实数 x 都成立,证明函数 $y=f(x)$ 的图像关于直线 $x=2$ 对称。

对于这个问题,很多学生都不会做。对此,教师只要引导学生在函数这一章节中找相关的内容来看,待看完奇、偶函数,反函数与原函数的图像对称性之后,学生就能较顺利地解决这一问题了。

3. 数学思维的惰性

思维惰性有两种情况最为典型:一是不自觉地对直观形象过于依赖。当对思考对象不能寻求解释时,便犹豫丛生,表现出理论性抽象思维能力的贫乏。二是对既有思维模式的依赖。拿到一个问题,企望能用某一现成模式,未果,则一筹莫展,束手无策,反映出思维的变通性和创造性的严重缺陷。

思维的惰性在高中数学的学习中多表现为学生厌倦数学、排斥数学,甚至产生抵触心理,并采取消极的行为,为自己找理由下台阶,说什么"我不喜欢这些问题""我没有兴趣!"或者"我头脑笨不适合思考""我天生不是这块材料"等,自觉或不自觉地给自己的思维设置了障碍或陷阱。研究表明,许多学生就是这种"怕"的心理障

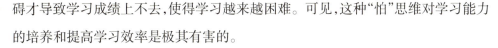

碍才导致学习成绩上不去,使得学习越来越困难。可见,这种"怕"思维对学习能力的培养和提高学习效率是极其有害的。

4. 数学思维的离散性

有些学生对数学知识的理解呈孤立、间断的状态。如对概念、公式、定理等满足于形式上的理解、记忆,忽视其来龙去脉,只注重其内涵,忽视其外延;对各种数量之间或形式之间的逻辑关系缺乏整体的认识;对各种数学思想和方法之间的共性与个性缺乏了解。这既不可能在学习过程中逐步地建立和完善思维的系统化的整体结构,也不可能在解决问题时保证思维通道的顺畅,还影响了数学问题的解决。思维不连贯是分析和解决问题能力低下的重要原因之一。这方面的例子不胜枚举,如绝对值与距离这一概念的联系,从初中到高中,逐步得到加强,但不少学生孤立地看待"数"与"形",不能有效地通过对其间的转换拓宽自己的思路。于是,在解不等式 $3<|x-2|<5$ 时只有一个模式:去掉绝对值符号。如果联想到绝对值表示数轴上两点的距离,则上面不等式的解集会立刻得出。

(二)由消极思维定式引发的数学思维障碍表现

因为消极思维定式所引发的数学思维障碍,主要表现在以下六个方面。

1. 受已有数学知识和成功经验的影响

高中学生经过一段时间的学习,已经形成一定的解题经验,所以有些学生往往对自己的某些看法深信不疑,很难使其放弃一些陈旧的解题经验,思维陷入僵化状态,不能根据新的问题的特点做出灵活的反应,常常阻碍更合理有效的思维,甚至造成歪曲的认识。如 $z \in C$,则复数方程$|z-1|+|z+1|=2$ 所表示的轨迹是什么? 可能有不少学生不假思索地回答是椭圆,理由是根据椭圆的定义。又如,学生刚学立体几何时,一提到两直线垂直,马上意识到这两直线必相交,从而造成错误认识。

由消极思维定式引发的数学思维障碍具体还表现在视而不见和先入为主两个方面。

（1）视而不见

对于熟知的概念、图形、解题方法,在掌握了它们的常用功能以后,会形成一定的趋向性和依赖性。这时,学生对于新题目或者新知识在新的条件下是怎样转化的,通常会视而不见,从而呈现出思维的任性化。当新旧问题形似质异时,思维的定式往往会使解题者步入误区,从而导致其出现思维障碍,表现为不能实现数学知识的灵活运用与有效迁移。

（2）先入为主

在数学学习过程中,学生受先入为主的支配,而且这种先入为主,有的是学生不自觉地在心中总结出来的,有的是部分教师过于强调某些不该定型下来的东西所造成的。此外,还表现为已有思维对新思路的干扰。学生在以往学习中,获得解题的方法,由于多次练习已经在他们的知识系统中固定下来,他们在学习新知识、解决新问题时,往往与这些稳固下来的方法直接联系起来,干扰、影响着新思路的形成。

2. 对数学新概念、新知识本质属性缺乏正确认识

任何事物都有自身的有别于其他事物的本质属性,数学中的概念也是如此。如果在学习与旧知识类似的或形同异质的新知识时,分不清其本质,扣住其异同,则易受错误定式框架的束缚,导致判断失误。

3. 受习惯化的影响

好像吃饭时大多习惯于左手端碗,右手拿筷子一样,对于常做的事情,人们都有一种自然的、比较稳定的习惯。我们在学习数学和解决数学问题中,也有一些比较自然的习惯。

【例 3-9】 已知 $f(x)=ax^3+bx+8$,且 $f(3)=18$,求 $f(-3)=?$

在这个题目中,有两个参数 a,b,但是关于 a,b 的等式只有一个,要想求出 a,b 的值是行不通的,所以很多学生在这个题目的解决中出现困难。因为他们总习惯于把题目求解到底。其实在这个题目中,只要注意到 $g(x)=ax^3+bx$ 是奇函数,把 $g(3)$

的值求出,然后整个代换即可。

4. 事物功能固定性的影响

任何事物的功能都具有固定性,但这也不是绝对的。比如,汽车轮胎的固定功能是充气后装在汽车上运行,但也有人游泳时将充气的轮胎做救生圈用,数学中的许多问题也是如此。然而,大多人只知其固定功能,对其非固定功能却知之甚少。

5. 非智力因素对心理品质的影响

所谓非智力因素,主要指注意力、坚定性动机和态度等心理品质及人格特征的个性差异。这些因素都对数学学习中的思维定式有直接影响。例如,有的学生在解一道数学难题时,本来已经有了某种正确决策的意向,或因缺乏足够的胆略或勇气,或因惧怕繁杂的极端而未能实施正确的决策,继而改变初衷,萌生出新的却又不正确的意向,致使问题反而不能获得解决。

6. 忽视隐含条件形成的思维定式

有些学生在问题解决中往往只注意了题目的表面条件,而不能全面地分析问题,挖掘题目中的隐形条件,抓住事物的本质和解决问题的关键,造成思维上的障碍。此外,还有很多数学题目所反映的是生产与生活中的实际问题,但学生对它不一定很了解。在解题时,学生往往只从定义和公式出发,计算结果也未考虑其实际意义,从而出错。

【例 3-10】　求一元二次方程 $x^2-3x-4=0$ 和 $x^2-5x+7=0$ 的所有的实数根的和。

错解　所有的根之和为:3-5=8。

错解分析　如果只看题目的表面,就可以利用根与系数的关系分别求出两方程的两根之和为 3 和 5,这种解法忽视了方程 $x^2-5x+7=0$ 中的隐含条件,也就是说方程 $x^2-5x+7=0$ 是没有实数根的,由于隐含条件挖掘不到位而出了错。

【例 3-11】　为了节约用水,某中学原计划每月用水 m 吨,每天平均用水 n 吨,现在打算每天少用水 x 吨,那么 m 吨水可比原计划多用 y 天,写出 y 与 x 的函数关系式及自变量 x 的取值范围。

错解 由题意得 $y=\dfrac{m}{n-x}-\dfrac{m}{n}$ 自变量 x 的取值范围是 $x\neq n$。

错解分析 y 与 x 的函数关系是正确的,单纯对 $y=\dfrac{m}{n-x}-\dfrac{m}{n}$ 来说,自变量 x 的取值范围是 $x\neq n$;但作为实际问题,自变量 x 必须符合实际意义,所以 $0<n-x<n$,故 $0<x<n$。

(三)由情感因素引发的数学思维障碍表现

信念、态度和情绪是情感因素的三个重要组成部分。

信念是教师或学生参与教学活动的认识和观点,它们能够对一个人的成长起到非常重要的影响。有的源自理论,有的源自经验,在认知的过程中产生,形成自己的体会。有的信息是教师传授的,如数学题中给出的已知条件都是有用的,如果没有充分利用上,就是自己做错了。有的信息是经过多年学习实践得到的,如数学题的答案是唯一的,如果有同学和自己的答案不相同,那么必有一个是错的。不良的信念会使学生用孤立的眼光看待数学内容和问题,不去找或找不出它们之间的内部联系;学生对数学毫无兴趣可言,教的不求方式方法,学的不入耳入心,既留下错误印象,又损害了数学思维的发展。

态度一般是学生或者教师在短时间内对于教学行为的立场或者倾向,是对事物的一种情感反应。例如,对数学是否有兴趣,对数学学习重视与否。"我学数学的原因是因为数学有趣。""学好数学是非常重要的。""数学课比其他课更能让我快乐!"这就是一些好的数学学习态度。良好的学习态度会培养积极向上的情感,会对之后的学习行为和学习习惯产生影响。

情绪是学生在进行学习时短时间内出现的具体反应,表现为进行学习行为时所产生的一个过程,是一种即时的行为反应,具有很大的不确定性。当学生在学习过程中感到喜悦、满足的时候,学习效率就会提高,思维敏锐、反应灵活。当学生处于兴奋状态时,反应过敏、稳定性变差。当学生感到紧张、沮丧时,就会产生焦虑,甚至厌恶、害怕,反应迟钝,学习效率低下。

由于高中生的年龄特点,所以其知识和生活阅历是有限的。为数不少的高中学生容易产生急躁情绪,有的学生贪多求快,囫囵吞枣;有的学生想靠几天"冲刺"一蹴而就;有的学生取得一点成绩便洋洋自得,遇到挫折又一蹶不振,急功近利,急于求成。表现在数学学习上,就是思维连续性不好,没有耐性、韧性等。在教学中,有些教师缺乏面向全体学生的思想,在基础学年的教学中用升学考试的标准要求学生。由于教学脱离学生实际,造成学生心理负担过重,抵触情绪萌生,学习动机下降,处在被动消极的情绪下"苦"学习,从而导致怕数学,厌恶数学,最终放弃数学。

部分教师在"严师出高徒"的心理作用下,常是冷言、冷语、冷面孔出现在学生面前,使学生从情感上站到了教师的对立面。情绪上的抵触、行为上的抗拒,不可避免地产生了"厌其师,叛其道"的情绪状态。此外,还有的教师教法陈旧,不能根据不同教学内容和学生的个性差异,灵活地采用教学方法,使学生在愉快的心境下学习。教学的着眼点总是给予学习成绩优秀的学生,而忽视其他学生的学习要求等。

数学本身的严谨性与逻辑性会令部分学生感到枯燥、乏味,不容易提起他们学习的兴趣,再加上很多学生都有拖延、懒惰这样的性格,不愿意动脑思考,懒于动笔,长此以往,就会对数学学习产生抗拒心理,引发数学思维障碍。

(四)由反省认知引发的数学思维障碍表现

数学反省认知是指对在数学思维和数学学习过程的认知。数学反省认知的改变影响着数学思维品质的改变,而数学思维品质的优劣影响着数学思维能力的高低。数学学科的特点决定数学思维更多的是反省思维,反省思维离不开反省认知。同时,对数学思维的认识、体验、监控、评价、修正等一系列活动都含有反省认知成分。因此,数学的教学和学习要求教师和学生都应该具有一定的反省认知能力。

1. 缺少监控意识

在教学中,我们发现,控制意识相对比较薄弱的学生在解题时,没有良好的监控意识,不管面对什么问题,遇到之后不经思考就去解决,这样就导致学生在解决问题时思路受阻,耽误解题时间,达不到解题目的。

2. 数学思想方法在教学中渗透不深入

在数学学习中,不会正确地进行分类讨论和对数学结合思想、化归思想方法体会不深,不能切中要旨,抓住问题的关键;拿过题来不知从哪入手,不知道从已知条件中可以得出什么结论,就不能学好数学,导致思维障碍。一种是当被研究对象存在非常多种可能时,我们不能对其进行一概而论,而是需要对其进行分类,然后对不同类别分别进行讨论,从而得出一些结论。还有一种比较常用的数学思想就是数形结合思想。根据题目条件和结论之间的有机联系,把数和形巧妙地结合起来,通过直观的几何图形来激发解题思路或者印证解题结果,找到正确的解题方法,从而得到正确而完整的结果。在解有关圆的问题时,显得尤为重要。

3. 无法建立有效的问题情境深化认知

新课程标准指出,要将数学教学与现实生活紧密联系,并且对客观存在的事物从已经掌握的知识入手,进行数学情境的创设,以此来解决数学知识的抽象性和学生思维的具体性之间的矛盾。然而,在日常教学活动中,教师设计的问题情境往往是保证教学环节的完整,不能够把所学知识和问题情境联系起来,无法让学生获得有效的信息,导致学生不能清晰地理解问题,适得其反,引发思维障碍。

【例 3-12】 在新人教版八年级数学下册关于勾股定理应用的教学中,笔者就利用多媒体展示了这样的问题情境:"平平湖水清可鉴,面上半尺生红莲;出泥不染亭亭立,忽被强风吹一边;渔人观看忙向前,花离原位二尺远;能算诸君请解题,湖水如何知深浅(1 米=3 尺)。"

对于这个问题,笔者首先是请学生把古诗翻译成数学语言。在数学课上翻译文字确实是一件很新奇的事,学生的兴趣和注意力都会集中起来,兴趣被充分调动,思维也变得非常活跃。然后,笔者让学生解答问题,此时已经有不少学生想出来用勾股定理建立方程(如图 3-1 所示)。

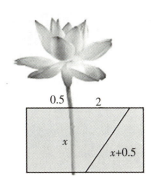

图 3-1

解 设湖水深 x 尺,则莲花高为$(x+0.5)$尺。

根据题意,得 $x^2+2^2=(x+0.5)^2$

解得 $x=3.75$。

因为 1 米=3 尺,所以 $3.75÷3=1.25$ 米。

答 湖水深 1.25 米。

这样问题情境的创设不仅新颖有趣,又能充分调动学生思考的积极性,还不知不觉地利用了新学习的知识。

由此可知,高中生在学习数学知识时存在这样或那样的思维障碍,使其不能更有效地解决数学问题,阻碍数学能力发展,最终不利于数学思维能力的培养。

第三节　高中生数学思维发展障碍形成原因及解决策略

要使高中生数学思维得到快速发展，最有效的方法是通过不断的解决数学问题来提高数学思维能力。但是，经常听到学生反映，课堂上能听懂，课下解决问题时又不知道如何下手。也就是说，学生在数学思维上存在一定的障碍。这些障碍是由于目前数学教学中存在一定的漏洞，以及学生自身的条件和他们心目中存在不科学的知识结构、思维模式造成的。分析思维障碍产生的原因，有助于找到克服障碍的方法，从而顺利地发展学生的思维能力。本节主要分析高中生数学思维发展障碍形成的原因，并提出针对性的解决策略。

一、高中生数学思维发展障碍形成原因

(一)思维定式的影响

在数学学习中，思维定式是指总是按照自己的某种习惯的思路和方法去分析、解决问题，是思维趋向性的一种表现。思维定式既有积极的影响，也有消极的作用。当这种习惯思路与实际问题的解决途径一致时，能产生正面积极的影响；反之，会产生负面消极的作用，而有些学生克制不了思维定式消极的影响。在分析问题的条件时，感觉似曾相识，就生搬硬套以往类似的解题经验去解决问题，没有挖掘潜在的隐含条件，导致结果出现错误，或者是在解决问题时固执己见地选择陈旧的解题方法，导致思维受阻或陷入误区，进而阻碍思维的进一步发展。

(二)思维品质的欠缺

有学者认为，学生出现思维障碍多是由于学生的思维品质具有一定的死板、狭

窄、肤浅和单调等缺陷,在遇到较为复杂或者涉及诸多演算过程的题目时,学生无法及时调动所学的运算策略进行灵活运算,表现为反应迟钝、大脑无法高速运转;在遇到稍复杂多变的证明推理题目时,学生无法明确推理和证明的主体与过程,解题方法出现局限性,或者证明推理过程停滞不前。

思维是对比、整理、分析、选择、归纳、判断、推理等一系列内在整合的过程。它是人脑的机能,但也受到所处文化背景与个体掌握知识以及个体心理承受状态限制。从一定程度上来说,思维品质决定了学生思维是否具有灵活性、广阔性。良好的思维品质使学生具备较高的思维能力,能够有效地进行知识运用和问题的解答。如果思维品质欠缺,则会缺乏解题能力、想象能力和推理能力等各种思维能力,无法根据已知条件进行问题的分析,展开合情推理,更不能运用逆向思维,从结论入手,寻找题中的有用条件。思维品质的欠缺,使得学生的思维过程无法实现科学、合理、流畅,这在很大程度上决定了学生思维障碍的产生。

因为学生思维品质有欠缺,使得学生的数学思维有障碍。任何一个隐藏条件、辅助条件、隐藏关系,都会使学生的解题过程、推理过程陷入瓶颈,影响思维的流畅度,使学生很难将数学活动进行下去。

(三)学习动机的缺乏

学习动机是激起个人进行学习活动、让自身行为向着一定的目标前进,并维持、调整和强化这种学习活动的一种内在过程。也可以说,是一种心理状态。当一个学生找到了自己的学习目标时,就会形成动力,并为之不断奋斗。

有些学生感觉小学和初中数学学习很轻松,但是升入高中之后,数学难度变大,抽象程度变高,认为自己没有能力学好数学,导致数学成绩越来越差,对数学的兴趣也就慢慢丧失了。还有部分学生是因为之前的数学基础不牢,导致自信心不足,一遇到计算量大、过程烦琐或者已知条件文字叙述多的情况,甚至一听教师或同学说是难题,就产生畏难情绪,缺乏迎难而上的意志和信心,最终导致厌学而很难进步。另外,高中不乏一些自我感觉良好的学生,他们自信心爆棚,不注重基础知识积累,不去练习和巩固基础知识,只注重一些所谓的技巧,最终导致在正常作业以及考试中出现基础题目丢分的情况。

(四)初高中知识容量和难度跨度过大

初高中知识在容量上和难度上的突变,再加上大部分学校要求教师在高一、高二两年完成三年的教学任务,教师为了赶课程进度,只有加大每节课的课程容量,使得学生每节课要接受的内容增多,消化时间就相对减少,这样就导致学生对数学知识认识不够深刻,在应用的时候出现用错公式、用错定理和法则的现象。难度加大主要体现在高中知识过于抽象,高中一上来就接触了比较抽象的几何语言、函数语言、图像语言等,导致学生一时难以接受,丧失了学习数学的激情与自信。在思想方法上,高中要求在教学中渗透数形结合、等价变换、分类讨论的思想,而思想方法的掌握不是一蹴而就的,因此会导致思维障碍。

(五)教师的教学方式不当

任何一个班级,学生的学习能力都是有所差别的。一般来说,每个班级都会有几个尖子生、中等生和后进生,尖子生的学习能力非常突出,接受快、理解深刻,而大部分学生的学习能力很平常,一般需要教师采用引导和细致讲解的教学方式才能完全掌握所学内容。如果教师在讲课过程中不考虑大多数学生的学习能力,而按照尖子生的接受水平来讲,那么其他学生在课堂上就很难掌握所学内容。如果课后再没有时间消化,久而久之,就会对所学知识理解起来越来越难。而数学学习的各个环节是相互关联的,前面没学好,后面的学习也要受到影响。这样,整个数学学习就会一塌糊涂,学生的兴趣越来越低,渐渐地会在心里对数学的学习产生厌烦,一到数学课就会出现抵触心理,形成心理障碍。

在学生方面,上课时只是"被学习",仅仅知道怎么去做,而从未思考为什么这样做,满足于会做而不会变通,并没有认真思考原因,更加谈不上该如何去理解;平时做作业只是为了应付差事,解题过程中几乎都是比对例题去生搬硬套,基本没有考虑如何分析,更不用说用创新思维解题。另外,转化思维能力较差。在头脑中没有对知识点形成合理、正确以及有序的认知结构体系，只是杂乱无章地堆积在头脑中，不能很好地灵活运用。也有部分学生不太喜欢数学教师或不适应教师的教学方法，无法跟上教师教学，日久生厌，恶性循环，自然形成数学思维障碍。作为一名数学教师，失败的数学课堂教学必然会导致数学思维障碍的出现，所以必须反思自己的数学教学活动是否面向了全体学生。

（六）评价机制不完善

教师常常抱着这样的态度，对教材中内容不考的不教，使得高中学生的思维不能得到扩展。无论是教师还是家长，往往都以考试成绩作为主要的评价指标。教师害怕学生分数低，过多地把重点知识和难点知识分解细化，通过反复地讲授、反复地练习来强化认知，使学生丧失了"啃"难题的机会，同时也没有了那种"啃"下难题后的兴致。对分数低的学生，大家简单地把其归为学习差、智商低、懒惰、学习不认真等，致使他们丧失了对数学的学习兴趣。

考试导向的偏差。通过考试来进行评价本身并没有错，问题是考试的本身导向是否正确，考试导向不应该向人们传递考试结果不好学生就笨、考试成绩低学生就没有培养价值等这样的信息，否则只会让更多的学生丧失学习信心，同时产生严重的自卑心理。

学习本身是一种认知的过程，从学生原有的认知结构和经验出发，通过教师的引导，从中提取出最有效的旧知识来吸纳新知识。也就是说，要找到新旧知识的"衔接点"，这样在学生的头脑中，新旧知识之间就可以发生积极的相互作用和联系，从而导致原有的知识结构不断地分化和重新组合，完善知识结构。但是，在实际教学中，有些教师没有很好地了解学情，没有考虑到学生的原有认知情况，忽视新旧知识的联系与区别，采用"灌输式""填鸭式"教学方法，不断地寻找所谓的"经典题"塞给学生，不断地传授给学生自身总结的解题绝招，以便使学生迅速地掌握知识，在考试中取得好成绩，为班级争光，等到学生自己去解题时，却感到无所适从。这样不仅不能很好地掌握知识，还在解答问题的一次次失败中丧失对数学的学习兴趣。如果教师没有做到以学生为主,没有很好地了解学生的实际认知情况,没有做好新旧知识的链接,自我陶醉地在课堂上滔滔不绝,就会导致学生对知识认识上的不足、理解上的偏差,从而在解决问题时不能正确、灵活地应用新知识,进而产生思维障碍。

二、高中生数学思维发展障碍的预防和解决

(一)高中生数学思维发展障碍的预防

治病不如防病,就如同注射疫苗一样,将疾病消灭在萌芽状态中。了解了高中数学思维障碍的成因,最好的办法是对其进行预防。那么,怎么才能有效地预防这种情况的产生呢?

1. 让学生学会调整学习心态

学习心态是学生学习时的心理状态。数学活动不仅是数学认知活动,而且是在情感心态的参与下进行的传感活动。成功的数学活动往往是伴随着最佳心态产生的。那么,怎样构成学生学习数学的最佳心态呢?笔者认为,要构成数学学习最佳心态,就必须使学生在学习过程中有一种轻松感、愉悦感、严谨感和成功感。

(1)轻松感

心理学研究表明,人在轻松的时候,大脑皮层的神经元才能形成兴奋中心,使神经细胞传递信息的通道畅通无阻,思维也变得迅速敏捷。这样,可加速知识的接收、贮存、加工、组合及提取的进程,知识迅速得到巩固,并转化为能力。要使学生感到数学认识活动是一种轻松的乐事,而不是一种负担,必须做到以下几点:教学活动是师生双方的情感交流和思维交流;师生关系直接制约学生的情感和意志,影响学生的学习活动。教学实践也证明,爱是教学成功的保证。因此,教师要重视情感的投资,把密切师生关系、激发学生的学习兴趣作为矫正学生对数学恐惧心理和厌烦心理的突破口,课内多启迪、多提问,课外辅之适当的数学讲座,开辟"数学角",成立数学学习兴趣小组,引导他们在数学海洋中遨游,让他们看到数学天

地的无限宽广。

（2）愉悦感

愉悦感是积极情感的心理表现，具有主动积极学习的倾向性，是数学学习最佳心态的催化剂。学生在学习中有了愉悦感，学习起来就会兴趣十足、积极主动，思维机制的运转就会加速。培养学生愉悦感的重要途径是各抒己见，在课内展开争论，从而强化学习气氛，激起学生高昂的情绪，以达到最佳的学习心态；让学生相互评议，每个人得到鼓舞，智力活动处于最佳状态，真正做到乐中学，学中乐；在解题活动中，暴露解题的思维过程，使学生从中体会到数学是思维"体操"的魅力；利用数学的简捷美、对称美、和谐美、奇异美，激发学生的愉悦感。

（3）严谨感

严谨感是指人们追求科学工作作风的情感，能促使人们言必有据、一丝不苟的科学态度。心理学告诉人们，严谨作风会迁移到教学活动中去，而数学教学活动又能形成严谨的作风。因此，在数学教学过程中，教师应重视概念的形成过程，公式、法则的推导过程。在解题过程中，必须思路清晰，因果分明，没有任何遗漏与含糊之处，重视解题后的回顾。

（4）成功感

成功感是学习的内动力，是促使创造性思维引发的巨大精神力量。因此，在教学过程中，教师要及时肯定学生进步的一点一滴，这样才能使学生保持积极的进取心态。

总之，最佳学习心态主要由轻松感、愉悦感、严谨感和成功感构成，它们相互联系，相互促进。轻松是数学活动成功的发动机，愉悦是成功的催化剂，严谨则是成功的检控器，而成功既是关键，又是最终的目的。

2. 合理引导，因人而异

根据个性学习方法的分类和学生个人的特点，对学生进行合理的引导。

（1）兔形学习法与龟形学习法

这是从学生智力和学习之间的差距比较而言的。智力高的学生一般都有天才的气质和性格,难于按计划学习。当他心血来潮时,就积极地学上一阵子;热度一下去,就什么也不学了。这就是兔形学习法。尽管如此,也不影响他取得良好的成绩,只不过他本人的能力并未充分发挥出来,这对个人、对社会都是一个损失。如果他能够运用科学的学习方法,就能把聪明才智充分发挥出来,学习成绩会更好,未来对社会的贡献也会更大。

相反,龟形学习法计划性较强。他们制订作息时间表,按时进行预习和复习,上课认真听讲,学习基础牢固,能逐步加强实力。如果他能按科学的学习方法去学习,成绩一定会上升。学习成绩提高以后,智力随着提高,自信心也就更强了。

(2)外倾型学习法与内倾型学习法

这是就中学生的性格特征而言。可根据性格特征类型的一些特点,简单判断出自己的性格类型,找出有针对性的解决方法。

①外倾型学生学习时应注意的问题

教师对这一类型的学生表扬比批评更为有效,需要引导学生养成深思的学习习惯。一般来说,外倾型人遇到问题喜欢向别人请教,但由于自信自己领会得比较快,常常觉得已经懂了,而实际上未懂。这一类型的人理解问题常常很片面,所以需要养成好学深思的好习惯,凡事多问几个为什么。外倾型人对分数一般不太在乎,因此常常不能认真改正错误,这类学生常常是同一个错误一犯再犯。对于此类问题,最好的预防办法是每次做错题,都要在专门的记错本上改正过来,每次考试前都仔细复习一下。由于他们的情绪波动比较快,超过一小时的学习,效果不会太好,因此,每门功课的学习不超过 20~30 分钟。其间,最好休息 5~10 分钟。有一部分外倾型的学生由于精力比较旺盛,常常同时干两件事,这样只会使他本来就容易分散的精力更易分散,所以教师一定要尽量避免其一心二用。要使他们养成看书的习惯,可从他们比较感兴趣的书籍入手。此外,还可培养他们对竞赛类游戏的兴趣,这样有利于培养他们集中精力和思考问题的能力。

②内倾型学生学习时应注意的问题

教师要加强心理健康教育。这种学生经常为琐事烦恼,生活中一点点小事也会让他们烦心,必然会极大地干扰他们的学习。所以,要让他们经常参加竞赛活动,锻炼心理承受能力。内倾型人一般都比较自卑,而自卑会导致焦虑,从而影响学习。因此,教师最好从比较容易的学习内容开始。由于此类学生比较容易产生焦虑情绪,有害身心健康,所以一定要注意锻炼身体。另外,通过体育活动,还可以使学生反复体验到胜败的味道,逐渐懂得胜败乃兵家常事的道理。这类学生经常因为害怕失败而中途放弃,以致常常延误了大好时机。所以,教师一定要让他们制订学习计划,并鼓励他们坚持到底。由于他们一般都心胸狭窄,所以有必要培养他们多方面的兴趣,增强信心,开阔视野。有一些内倾型的学生会觉得稍不用功学习成绩便会直线下降,不管什么时候都很紧张,一天到晚只知道学习,而学习成绩却总上不去。这种学生一般自制力都比较强,教师和家长应帮他们制订一个有张有弛的学习计划,他们一般都会严格执行。例如,家长可以给他们规定,一天中某一段时间一定要用于体育锻炼,或主动带他们去游玩,要让他们得到适当的休息。自卑型性格的学生,其心理总是处于"自己一定错了"的状态中。有些学生遇到挫折就很难忘怀,对于这类学生,可以多让他们阅读古今人物传记,激发他们的雄心壮志。同时,教师和家长还应该劝导他们,告诉他们世界上有很多伟人幼年时也曾因深感自卑而苦恼过,但他们在克服自卑的过程中练就了无与伦比的卓越个性和才华。对于这类学生,教师一定要给予更多的关怀和爱护,经常给予鼓励。

教师一定不要在别人面前批评他们,因为这类孩子对自己在别人心目中的形象非常在意,对自己遭到的指责会久久难以忘怀。如果教师对他进行公开批评,他自己认为不公平的话,就会对教师反感,对这一科的学习产生抵触情绪。另外,最好不要把他们与别人进行比较,如让他们向某某学习等。这样除了让他们觉得十分不快外,毫无用处。

上述两部分主要是从非智力因素上对数学思维障碍形成的原因进行预防。

3. 培养学生的直觉思维

一个人的数学思维、判断能力的高低主要取决于直觉思维能力的高低。徐利治教授指出:"数学直觉是可以后天培养的,实际上每个人的数学直觉也是不断提高的。"因此,数学直觉是可以通过训练提高的。

(1)扎实的基础是产生直觉的源泉

直觉不是靠机遇,虽然直觉的获得具有偶然性,但绝不是无缘无故的凭空臆想,而是以扎实的知识为基础。若没有深厚的功底,是不会迸发出思维的火花的。阿提雅说:"一旦你真正感到弄懂一样东西,而且你通过大量例子以及通过与其他东西的联系取得了处理那个问题的足够多的经验,对此你就会产生一种关于正在发展的过程是怎么回事以及什么结论应该是正确的直觉。"阿达玛曾风趣地说:"难道一只猴子也能应机遇而打印成整部美国宪法吗?"

(2)渗透数学的哲学观点及审美观念

直觉的产生是基于对研究对象整体的把握,而哲学观点有利于高屋建瓴地把握事物的本质。这些哲学观点包括数学中普遍存在的对立统一、运动变化、相互转化、对称性等。美感和美的意识是数学直觉的本质。提高审美能力有利于培养数学事物间所有存在着的和谐关系及秩序的直觉意识,审美能力越强,则数学直觉能力也越强。

(3)重视解题教学

在教学中选择适当的题目类型,有利于培养、考查学生的直觉思维。如选择题,只要求从四个选项中挑选出来,省略解题过程,容许合理的猜想,有利于直觉思维的发展。实施开放性问题教学,是培养直觉思维的有效方法。开放性问题的条件或结论不够明确,可以从多个角度由果寻因,由因索果,提出猜想。由于答案的发散性,有利于直觉思维能力的培养。

(4)设置直觉思维的意境和动机诱导

这就要求教师转变教学观念,把主动权还给学生,对于学生的大胆设想给予充分肯定,对其合理成分及时给予鼓励,爱护、扶植学生的自发性直觉思维,以免挫伤学生直觉思维的积极性和学生直觉思维的悟性。对此,教师应及时因势利导,解除学生心中的疑惑,使学生对自己的直觉产生成功的喜悦感。"跟着感觉走"是教师经常讲的一句话,其实这句话里已蕴含着直觉思维的萌芽,只不过没有把它上升为一种思维观念。教师应该把直觉思维冠冕堂皇地在课堂教学中明确地提出,制订相应的活动策略,从整体上分析问题的特征;重视数学思维方法的教学,如换元、数形结合、归纳猜想、反证法等,这样对渗透直觉观念与思维能力的发展大有裨益。

直觉思维与逻辑思维同等重要,偏离任何一方都会制约一个人思维能力的发展。伊思·斯图尔特曾经说过这样一句话,"数学的全部力量就在于直觉和严格性巧妙地结合在一起,受控制的精神和富有灵感的逻辑"。受控制的精神和富有美感的逻辑正是数学的魅力所在,也是数学教育者努力的方向。

(二)高中生数学思维发展障碍的解决策略

以上对学生在数学学习中可能出现思维障碍的原因进行了分析和制订了一些预防措施,下面将对已经形成数学思维障碍的学生进行相应的帮助,以期他们能早日克服数学思维障碍,学好高中数学。

1. 了解学生,激发兴趣,帮助学生树立自信心

在高中数学起始教学中,教师必须着重了解和掌握学生的基础知识状况,尤其在讲解新知识时,要严格遵循学生认知发展的阶段性特点,照顾到学生认知水平的个性差异,强调学生的主体意识,发展学生的主动精神,培养学生良好的意志品质。同时,要培养学生学习数学的兴趣,兴趣是最好的老师,学生对数学学习有了兴趣,才能产生数学思维的兴奋性。针对不同学生的实际情况,因材施教,分别给他们提出新的、更高的奋斗目标,使学生有一种"跳起来,就能摸到苹果"的感觉,提高学生学好数学的信心。不良学习态度的产生和形成,除了学习方法不当和刻苦不够外,主要的问题在于对关键信息感知和把握不准,思维指向模糊,观察只停留在感知表象中,即使撞上关键信息,也不能加工成有价值的反馈信息,致使思路受阻,从而懒于动脑,久而久之,养成了思维惰性。

【例3-13】　一条直线经过点 $P(3,2)$,倾斜角是直线 $x-4y+3=0$ 的倾斜角的 2 倍,求直线方程。

这道题的关键在于求斜率。对于从已给直线求倾斜角这类问题,由于已知直线的倾斜角不是特殊角,所以学生感到思路受阻,心烦意乱。其最重要的问题并不在于受阻,而在于受阻后的惰性,不愿动脑筋解决问题。

由于学生思维经常受阻,导致其产生消极惰性心理。他们只喜欢享受成功的喜悦,却经不住失败的挫折,不能理智地控制思维的情境。然而,失败是成功之母,失败的教训可以转化为成功的经验。在数学思维活动中,学生不自觉地产生思维失误,这并非坏事。教师在学生产生思维障碍时,如果能帮助其查找原因,鼓励其养成敢于探索的良好习惯,正确的思维活动就会逐渐养成。

【例3-14】 高一年级学生刚进校时,都要复习一下二次函数的内容。而最大值、最小值,尤其是含参数的二次函数的最大值、最小值的求法,学生普遍感到比较困难。为此,笔者做了如下的题型设计,对突破学生的这个学习难点有很大帮助,而且在整个操作过程中,学生普遍(包括基础差的学生)情绪亢奋,思维活跃。设计如下:

求下列函数在 $x \in [0,3]$ 时的最大值、最小值。

1. (1) $y=(x-1)^2+1$

  (2) $y=(x+1)^2+1$

  (3) $y=(x-4)^2+1$

2. $y=x^2-2ax+a^2+2$,$x \in [0,3]$ 时的最小值。

3. $y=x^2-2x+2$,$x \in [t,t+1]$ 时的最小值。

上述设计层层递进,每做完一题,适时提出解决这类问题的要点,大大地调动了学生学习的积极性,提高了课堂效率。

2. 重视数学思想方法的教学,指导学生提高数学意识

数学意识是学生在解决数学问题时对自身行为的选择,既不是对基础知识的具体应用,也不是应用能力的评价。数学意识是指学生在面对数学问题时做什么、

怎么做,至于做得好坏,当属技能问题。有时一些技能问题不是学生不懂,而是不知怎么做才合理。有的学生面对数学问题,首先想到的是套哪个公式,模仿哪道做过的题目求解,对没见过的背景稍微陌生一点的题型,便无从下手,无法解决,这是数学意识落后的表现。在数学教学中,在强调基础的准确性、规范性、熟练程度的同时,我们应该加强数学意识教学,指导学生以意识带动双基,将数学意识渗透到具体问题之中。

在数学教学中,只有加强数学意识的教学,如"因果转化意识""类比转化意识"等的教学,才能使学生面对数学问题得心应手、从容做答。所以,提高学生的数学意识是突破学生数学思维障碍的一个重要的环节。

3. 引导学生暴露其原有的思维框架,消除思维定式的消极作用

在高中数学教学中,不仅要传授数学知识,培养学生的思维能力也是教学活动中相当重要的一部分。而引导学生暴露其原有的思维框架,包括结论、例证、推论等,对于突破学生的思维障碍会起到极其重要的作用。

教师可以与学生进行动之以情、晓之以理的谈心的方法,也可以用精心设计的诊断性题目事先了解学生可能产生的错误想法,要运用延迟评价的原则,即待所有学生的观点全部暴露后,再提出矛盾,以免暴露不完全,解决不彻底。有时也可以设置疑难,展开讨论,疑难问题引人深思。在此过程中,选择学生不宜理解的概念、不能正确运用的知识或容易混淆的问题,让学生进行讨论,从错误中引出正确的结论,这样学生的印象会特别深刻。而且,通过暴露学生的思维过程,能消除消极的思维定式在解题中的影响。为了消除学生在思维活动中只会"按部就班"的倾向,在教学中还应鼓励学生进行求异思维活动,培养学生善于思考、独立思考、大胆设想的品质,不满足于用常规的方法取得正确的答案,而是多进行尝试,探索最简单、最好的方法解决问题的习惯。此外,发展思维的创造性也是突破学生思维障碍的一条有效的途径。

第四章　高中生数学概括思维能力的培养

在数学学习中,由于数学的高度抽象性和概括性,特别是使用了高度概括的形式化语言,容易使学生造成表面的形式理解,而不能很好地掌握数学知识的实质。在数学学习中,更需要进行抽象概括,只有通过逐步地从具体到抽象的概括,才能使学生真正地掌握数学知识。因此,数学概括能力是学习数学所必需的能力,是学习数学的前提条件。这样,高中生数学概括能力的培养就显得尤为重要。

第一节　概括思维能力的含义、内容和特点

概括是研究数学的一种方法。数学问题的解决,不能由它所反映的物质本性去解决,只能由它的形式结构特点去解决。数学研究的对象是高度概括化的思维材料,是从自然和社会中抽象概括出来的数量规律,故而数学概括是对概括的概括。所以,学习数学需要较高的概括能力。

一、数学概括思维能力的含义和内容

（一）数学概括思维能力的含义

数学概括思维能力就是从大量或繁杂的数学材料中抽象出最重要、最本质的东西，以及从外表不同的数学材料中看出共同点的数学能力。

（二）数学概括思维能力的内容

在数学学习中，处处包含着概括。数学学习的目的是获得数学规律和形成数学概念。所以，在任何数学学习过程中，都离不开概括能力。而数学概括能力主要包括数学思想方法的概括能力、数学符号的概括能力、数与形的概括能力、数学结构的概括能力、数学关系的概括能力、运算与推理的概括能力。以下对这些概括能力进行具体阐述。

1. 数学思想方法的概括能力

在数学知识的学习中，只有较好地掌握了数学思想方法，才能真正达到融会贯通。因为数学思想方法存在于具体的数学内容之上，不仅基于数学知识，还高于数学知识。与普通数学知识相比，数学思想方法更抽象，在反映数学问题时，比普通知识更能反映数学问题的本质。数学思想方法既是数学中的深层次基础知识，又是解决问题时的思维策略。所以，对数学思想方法的概括有层次之分：第一层次的概括是对解决特殊问题的方法的概括。如解析几何中求解直线与圆锥曲线相交问题的"点差法"，求解立体几何问题中点到平面距离的"体积法"，求解与二次函数相关问题的"判别式法"等，这些方法的操作程序比较固定，常用在特定的数学问题中。

第二层次的概括是对具体某一类问题时所用的一种共同方法的概括。如换元法、代入消元法、坐标法、三角法、构造法等。这些方法适合的范围比较广泛，操作步骤也并不具体，取决于具体问题。

第三层次的概括是对数学思想的概括。常用的数学思想有函数思想、化归思想、分类思想、数形结合思想等。数学思想是对数学方法、数学概念、数学原理等的本质性认识。

学生对数学思想方法的概括，不仅要依靠教师在教学中点拨、提示、启发，还要靠学生在数学学习中反复体验、自觉概括，如此才能在数学学习中很好地认识、理解、掌握和运用。

【例 4-1】 解不等式组。

分析 通过完成此题，我们从中概括出数学解题的一种模式——交轨模式。下面这道题也是用这种方法来求解的，题目为：高一（3）班的同学中有 25 位同学有妹妹，16 位同学有弟弟，既有妹妹又有弟弟的同学有 6 位，那么全班有妹妹或有弟弟的同学共有多少？将以上解决问题的方法进一步概括，我们容易将交轨模式的思想方法进行延伸，进而得到容斥原理这一组合数学中重要的思想方法。

关于数学思想方法的概括，有利于学生加强数学知识之间的联系，有利于学生将所学数学知识形成稳固的网络结构，能够促进学生知识结构的转化，使其内化形成学生自身数学知识的认知结构，有利于学生数学能力的培养。

2. 数学符号的概括能力

数学符号是以简洁的形式来反映数学概念及其基本特征的。如果数学符号所表示的意义不能得到正确理解，那么符号将阻碍我们思维的发展，并且影响我们对数学知识的掌握程度。数学符号是数学概括的最终结果表示，能促成我们进一步地概括，使数学概括形式化得以顺利进行。符号表示的作用主要是将数学内容转变为某种形式，对数学符号的表现形式与其所表示的意义之间的联系进行概括，使得我们从符号上把握数学对象的本质属性。

在数学学习中，同一数学符号常常表示不同的数学对象，准确概括出数学符号所表示的不同数学对象所具有的不同意义，能使我们对数学符号有一个更全面的认识。比如，有序实数对 (x, y) 在几何中常用来表示点的位置，在向量中可以表示向量。

　　我们只有对数学概念有深刻的理解，才能对数学符号所表示的意义进行准确的概括。比如，"代数中的$-a$是正的还是负的？"刚学习用字母表示数的初中学生很多都认为是负的。究其原因，主要是学生对用字母表示数的认识还停留在一种具体的数的水平上，没有准确地将数学符号的形式和数学符号所表示的意义之间建立一种正确的联系。事实上，$-a$是a的相反数，而作为一种表示符号的a可正可负，故$-a$也是可正可负的。

　　众所周知，数学符号的高度形式化掩盖了数学本身所具有的丰富内容。所以，对数学符号所表示的意义准确进行概括，就是为了揭示出数学符号所包含的内容，以加强数学知识间的联系。

　　3. 数与形的概括能力

　　(1)数的概括能力

　　数的概念的发展是一个不断概括的过程，经历了从自然数开始的五个概括过程，任何一次概括都是将原有的数和性质带到新的数集之中，将数的外延扩大。对于数的理解也是一个不断概括的过程。在20世纪70年代，英国心理学家库奇曼对13~15岁的英国中学生进行了关于学生对字母理解的研究，并且区分出了学生的六个不同水平。

　　数的概括也包括对数量关系间的概括。如下题所示。

　　【例4-2】　在以下括号中填入一个适当的数。

　　①3, 8, 7, 27, 15, 64, 31, 125, (　　　), (　　　)…

　　②985, 1000, 190, 200, 35, 40, (　　　), (　　　)…

　　分析　①中的偶数项8, 27, 64, 125所具有的共同特征显而易见，它们分别是2, 3, 4, 5的立方(概括)，所以很容易猜想到下一个偶数项应是6的立方，即216。那么，奇数项3, 7, 15, 31具有什么样的共同特征呢？$7=3\times2+1$, $15=7\times2+1$, $31=15\times2+1$, 后项是将前项乘以2再加1而得(概括)，我们很容易猜想到下一奇数项是31×2+

1=63。

②中偶数项 1000,200,40 的特征是非常明显的，表示形式分别为 1000÷5=200,200÷5=40,用前项除 5 得到后项,故下一偶数项应是 8。再看奇数项 985,190,35 的特征,这三个数之间似乎没有规律,我们可以将它们跟偶数项联系起来进行分析,从而发现 985=1000−15,190=200−10,35=40−5,每一项是与之相应项数的偶数项减去 5 与其项数减 1 的差的积(概括),故而下一奇数项应为 8−5×(4−4)=8。

观察可知,②中的关系要比①复杂,概括起来比较困难。通过对学生的调查发现,有的学生具有良好的数感,一眼就能看出数学问题中所包含的关系,从而迅速给出答案;有的学生尽管冥思苦想,也不能发现数量间的关系,无法解决问题。由上可知,学生在数量关系方面的概括能力存在差异。

(2)形的概括能力

在几何中,有很多形的概念都是通过概括获得的。比如,三角形的概念是在考查三角板、红领巾、房屋的一些三角形结构等对象的基础上,从中抽象出它们的共同特征——三角形形状,舍弃具体对象本身具有的物理特征,从而概括获得三角形的概念。

在中学数学中,形的概念之间所具有的关系也具有明显的概括特点。如正方形--长方形—平行四边形—平面四边形—空间四边形。

以上五个概念之间为种属关系,每一个概念都包含着前一概念。通过将内涵丰富的正方形这一概念进行概括,逐步增大其外延,使得内涵丰富的种概念能过渡到内涵较少的属概念。在数学中,形的概括还包括对图形结构及其关系的概括。

4. 数学结构的概括能力

在数学中,结构的概括能力包括对数学知识结构和对数学对象结构的概括能力。在数学结构的概括中,最典型的是对数学表达式的形式结构进行概括。如下题所示。

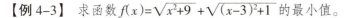

【例4-3】　求函数 $f(x)=\sqrt{x^2+9}+\sqrt{(x-3)^2+1}$ 的最小值。

分析　从表达式的形式结构,我们可以联想到解析几何中的两点间距离公式。令 $P(x,0),A(0,3),B(3,-1)$,易知表达式的结构反映了平面上一动点到两定点间的距离之和(概括)。

数学学习的实质是把数学知识结构经过学生积极主动的思维活动,转化为他们头脑里的数学认知结构。对数学知识结构的概括是指对数学知识之间所包含的内在联系做出概括。数学知识结构自身并不能自动地转化成为学生头脑中所具有的数学认知结构,需要学生通过一系列的思维动作才能促成其转化。在学生的思维动作中,概括起到了举足轻重的作用。通过概括,揭示数学知识之间的内在联系,使数学知识结构呈网状分布,每个知识点都不是孤立的,而是与其他的知识紧密相连。概括后的数学知识结构更加有序、精练,易于巩固和掌握,便于记忆和迁移,促进形成性能良好的认知结构。

5. 数学关系的概括能力

数学关系主要包括同一个数学对象的不同表达形式之间的关系和不同数学对象之间所体现的关系两方面。数学关系的概括能力的强弱对数学知识自身所反映出来的内容的深层次理解有一定影响。常见的数学关系有顺序关系、守恒关系、非守恒关系、函数关系、等价关系、互逆关系等。在数学学习中,如果学生能主动发现、概括各种形式之间的关系,就易于形成网络型知识结构,有利于迁移的发生。

【例4-4】　根据三角函数值的大小来判断角的取值范围问题,对 $\sin\alpha$ 和 $\cos\alpha$, $\sin\alpha$ 和 $\tan\alpha$, $\tan\alpha$ 和 $\cot\alpha$ 等几对不同的数学对象分别进行概括。

$\sin\alpha$ 和 $\cos\alpha$:在同一个周期内, α 在 $(\frac{\pi}{4},\frac{5\pi}{4})$ 上有 $\sin\alpha>\cos\alpha$; α 在 $(\frac{-5\pi}{4},\frac{\pi}{4})$ 上有 $\sin\alpha<\cos\alpha$ 。

$\sin\alpha$ 和 $\tan\alpha$:在第一象限, $\sin\alpha<\tan\alpha$;在第二象限, $\sin\alpha>\tan\alpha$;在第三象限,

sinα<tanα；在第四象限，sinα>tanα。

tanα 和 cotα：两条坐标轴、直线 $y=x$ 和 $y=-x$ 把坐标平面分成 8 个部分，这 8 个部分依次是：

①tanα<cotα；②tanα>cotα；③tanα<cotα；④tanα>cotα；⑤tanα<cotα；⑥tanα>cotα；⑦tanα<cotα；⑧tanα>cotα。

由上面概括出的结论，就可以从容地解决 1999 年高考题第 11 题：已知 sinα>tanα>cotα，求 $\alpha(\frac{-\pi}{2}<\alpha<\frac{\pi}{2})$ 的取值范围。

解 ∵sinα>tanα，且 $\alpha\in(\frac{-\pi}{2},\frac{\pi}{2})$，

∴$\alpha\in(\frac{-\pi}{2},0)$；

又 ∵tanα>cotα，

∴$\alpha\in(\frac{-\pi}{4},0)$。

在数学中，有些数学对象具有不同的表达形式。复数的三种表达形式是一个典型的例子，它的每一种表达形式都体现了复数的本质属性——数量加方向。见表 4-1。

表 4-1　复数的本质属性——数量加方向

本质属性	代数形式 $Z=a+bi$	三角形式 $Z=r(\cos\theta+i\sin\theta)$	几何形式 向量 $\overrightarrow{OZ}$，点 $Z(a,b)$
数量	a^2+b^2	**R**	向量的长度
方向	$\tan(\text{atg}\mathbf{Z})=\frac{b}{a}$	θ	向量的方向

当表示辐角主值时，$r=\sqrt{a^2+b^2}$，$\theta=\text{atg}\mathbf{Z}=arc(\tan\frac{b}{a})$。在学习"复数"这一章知识时，如果学生能够由复数的一种表示形式立刻联想到与之相关的其他表示形式，则表明学生已经深刻理解了复数的概念。如果学生能积极主动地发现、概括出复数概

念的本质，以及它所包含的各种形式之间的关系，有助于学生形成网络型知识结构，有利于正迁移的发生。

6. 运算与推理的概括能力

数学运算和推理的概括能力是从数学知识掌握到数学能力形成和发展的重要环节，能促使学生数学技能上升，达到形成数学能力的高度。在数学学习中，运算和推理的概括能力既是数学能力的基本成分，也是数学技能的主要内容。作为数学技能和数学能力的运算和推理的完成，都需要数学概括能力。

（1）运算的概括能力

数学运算的概括主要包括对算法和运算步骤的概括。

①数学问题中算法的概括

运算不仅要求准确快速地进行计算、心算和估算，更重要的是选择合适的算法。算法是从大量实践中抽象出来的一般规律，指明了用什么运算和怎样的步骤来解某一类型的任何一个问题。因此，一种算法就是一种概括，它可以适用于某一类型的所有问题。数学运算对我们估算和计算的准确度、速度有要求，对算法的选择也有一定要求，而算法的选择更重要。以下是对数列运算中的阶差法的分析。

【例 4-5】 在数列 $\{a_n\}$ 中，已知 $a_1=1$，$a_n+1=a_n+3^n(n \geqslant 1)$，求通项公式 a_n。

解 $a_n-a_{n-1}=3^{n-1}$，$a_{n-1}-a_{n-2}=3^{n-2}$，$\cdots$，$a_2-a_1=3^1$（拆项相减），将上列式子相加可得，

$a_n=a_1+3+3^2+3^3+\cdots+3^{n-1}=(3^n-1)$（合式相加）。

②数学问题中运算步骤的概括

将运算的过程概括为几个重要的、关键的环节，即对运算步骤的概括。对运算步骤做出概括，有利于学生在运算时有章可循，准确快速地达到目的，不会因为思路混乱而运算失败，并且有利于积累经验，熟练地运用到新的运算中。

【例 4-6】 利用导数方法求函数 $y=f(x)$ 在 $[a,b]$ 上的最值。

其基本运算步骤可以概括为：求 $f'(x)$→求相应方程 $f'(x)=0$ 的根→确定函数的极值→比较函数极值与区间端点函数值 $f(a),f(b)$ 的大小→确定函数的最值。

对数学运算步骤的概括，有利于解题经验的积累，并将其熟练地运用到其他的运算中，不易造成解题思路混乱。学生在对同类型问题运算时，容易整理自己的思路，有利于形成简缩的思维动作。

（2）推理的概括能力

数学推理的概括主要包括对推理步骤的概括和推理方式的概括。

①推理步骤的概括

概括解决数学问题的推理步骤，就是要概括出数学问题的整个推理过程，以及围绕其进行的推理前提。

【例 4-7】 证明函数 $f(x)=-x^3+1$ 在 $(-\infty,+\infty)$ 上是减函数。

证明 在 $(-\infty,+\infty)$ 上任取 x_1,x_2，且 $x_1<x_2$，

$f(x_1)-f(x_2)=x_2^3-x_1^3=(x_2-x_1)(x_1^2+x_1x_2+x_2^2)$，

$\because x_1<x_2,\therefore x_2-x_1>0$，

当 $x_1x_2\geq0$ 时，由于 x_1,x_2 不能同时为零，

$\therefore x_1^2+x_1x_2+x_2^2>0$。

当 $x_1x_2<0$ 时，有 $x_1^2+x_1x_2+x_2^2=(x_1+x_2)^2-x_1x_2>0$，

$\therefore f(x_1)-f(x_2)=(x_2-x_1)(x_1^2+x_1x_2+x_2^2)>0$，

即 $f(x_2)<f(x_1)$，

所以，函数 $f(x)=-x^3+1$ 在 $(-\infty,+\infty)$ 上是减函数。

以上的推理有两个前提：$x_1<x_2,f(x_2)<f(x_1)$。

推理步骤可以概括为：$x_1<x_2\to f(x_2)<f(x_1)\to f(x)$ 是减函数。

对推理步骤做出概括,能够使学生养成严谨的思维习惯,推理步步有据,思路清晰,从而使学生数学思维具有更强的灵活性和创造性,不断简缩推理过程。

②推理方式的概括

推理方式指明了对某一类问题采用怎样的形式和方法去推理。推理方式有演绎推理、归纳推理、类比推理。推理的方法有分析法、综合法、数学归纳法、反证法、同一法、穷举法等。在解决具体问题时,要概括出问题的本质,然后采用合适的方式、方法去解决问题。

【例4-8】　证明所有满足 186 186,381 381,271 271 这一类型的数都能被 13 整除。

分析 这一类型的数的共同特征是六位数中前三位数和后三位数相同,即 $abcabc$ 类型（第一次概括）。它们所体现的本质属性是什么呢? 以 186 186 为例,$186 \times 1000 + 186 \times (1000+1) = 186 \times 1001$,另两个数也可以写成 381×1001,271×1001 的形式,即具有这样特征的数都可以用 $abc \times 1001$ 来表示(第二次概括)。由于 1001 能被 13 整除,故 186186 能被 13 整除,故而所有 $abcabc$ 型的数均能被 13 整除(第三次概括)。

运算和推理既是数学技能的主要内容,也是数学能力的基本成分,都具有概括性。对运算和推理进行概括,可以使学生更深刻地理解数学知识,缩短运算和推理的步骤,逐渐形成简缩的思维结构,使技能逐渐自动化,甚至表现出直觉性,扮演好从数学知识掌握到数学能力形成和发展的中间环节角色,达到从技能上升到能力的目的。

(三)高中生数学概括思维能力的内容

高中生数学概括能力的含义就是高中生从所学习的高中数学知识材料中抽象出最重要、最本质的东西,并将其建构到自己的数学认知体系之中,用以指导今后的数学学习的独特的、稳定的心理特征。

高中生数学概括能力是一般数学概括能力的延伸，包括对高中所学数学相关知识的概括能力，如数学符号的概括能力、数与形的概括能力、关系的概括能力、结构的概括能力、运算与推理的概括能力、数学思想方法的概括能力等。它所概括的对象范围相对于小学生、初中生而言有所扩大，但它仅仅是我们数学概括能力发展过程中的一个阶段，就如同高中数学知识是整个数学知识系统中的一部分一样，它是一般数学概括能力的一部分。

二、数学概括思维能力的特点

(一)数学概括思维能力的特点

由于不同数学内容表现形式各不相同，故而数学概括的方式也各种各样。数学概括能力是一种思维能力，思维是具有过程性的，所以数学概括能力具有过程性。数学概括能力的特点表现为概括的多样性和过程性。

1.数学概括方式的多样性

在数学学习过程中，依照数学概括过程中所表现出来的思维动作特征，我们常用概括方式分为以下四种类型：类比式概括、抽象式概括、归纳式概括、简约式概括。这些概括方式往往是结伴应用于概括过程中，而不是单独使用。

(1)类比式概括

将一个领域的规律推广到其他领域就是类比式概括。如图 4-1 所示。

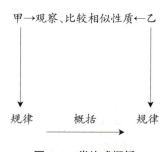

图 4-1　类比式概括

空间向量知识的学习就是类比平面向量的相关知识，从而得到空间向量的数量积、空间向量的坐标表示，并且可以解决立体几何中的求角、求距离等相关问题。同时，立体几何中的大量公式、定理也都是类比式概括的结果。我们以棱台体积公式为例，见表4-2。

表4-2 棱台与梯形

棱台	梯形
上、下底面平行	上、下底平行
侧面不平行	两腰不平行
侧棱延长后交于一点	两腰延长后交于一点
中截面平行于上、下底面	中位线平行于上、下底

通过上表我们可以猜测，棱台的体积公式与梯形的面积公式之间会有一些共同之处。我们知道梯形的面积公式为 $s=\frac{h(a+b)}{2}$，那么棱台的体积公式是否是 $v=\frac{h(s_1+s_2)}{2}$ 呢？在此公式中，三维与二维的差别没有体现出来，v 是三维，s 是二维，公式结构显得不协调，似乎括号中还有另一个元素。我们再考虑特殊元素，猜想另一个元素可能就是棱台的中截面。因此，一个理想的公式可能是 $v=\frac{h(s_0+s_1+s_2)}{3}$（其中，$s_1$、$s_2$、$s_0$ 分别是棱台的两底面积和中截面积）。事实证明，这种猜测是正确的。

我们概括出棱台的体积公式是由梯形的面积公式得来的，一共经历了两次概括，如下所示：

$$s=\frac{h(a+b)}{2} \xrightarrow{\text{第一次概括}} v=\frac{h(s_1+s_2)}{2} \xrightarrow{\text{第二次概括}} v=\frac{h(s_0+s_1+s_2)}{3}$$

（2）抽象式概括

抽象式概括有经验型概括、理论型概括和上升型概括三种类型。

在数学中，很多概念的形成采用经验型概括。经验型概括是指通过已有经验，对一些具体事物所表现出来的共同特征做出的概括。它的基本模式是具体事物—概括共同特征。比如，平面的概念是对桌面、平静的湖面等事物直接进行抽象，概括出它们的共同特征——平,进而获得平面的概念。而且,我们常用的数学解题模式也是通过经验型概括获得的。比如,数学教育家波利亚提出的笛卡儿模式,就是通过分析"一个老农夫有兔子和鸡若干,已知它们共有头 60 个,脚 180 只,问兔和鸡各有多少?"等问题的解答,概括出了笛卡儿模式。其主要包括以下三个方面:第一,确定几个未知量;第二,列出已知量和未知量间的关系式;第三,分别用两种不同的方式来表示某个量,得出一个方程式。

理论型概括是在经验的基础上,结合相关理论分析,揭示事物表现出的现象间的必然联系,从而达到更深刻的规律性的概括认识及方法。它的基本模式是经验—揭示—联系—概括—规律。

比如,我们知道在极坐标系中图像旋转的规律是"顺正逆负",在平面直角坐标系中图像平移的规律是"左正右负"。极坐标系中的逆时针旋转与直角坐标系中的向右平移都对应负号,而顺时针旋转与向左平移都对应正号,所以极坐标系中图像旋转的规律和直角坐标系中图像平移的规律可以概括为"右对逆,左对顺"。我们常用的数学思想方法多是通过理论型概括获得的。

上升型概括是指对具体的某个事物的认识不经历其他过程而直接上升为一种普遍的规律性认识的概括。它的基本模式是具体认识—概括——一般认识。

在数学学习中采用上升型概括方式较多,典型的有建立数学模型解题。数学模型法解题常有两步:第一步是将实际问题数学化;第二步是寻求转化后的数学问题解决方法。第一步的实质就是数学建模,是一个概括的过程,去掉实际问题中具体的"质",保留抽象出的"量",将原问题概括为应用范围更广的一般数学问题。我们以著名的"哥尼斯堡七桥问题"为例来说明。数学家欧拉通过对问题的分析认识到"哥尼斯堡七桥问题"与岛区及市区的面积无关,与所走过的长度也无关(舍"质")。他将岛区与市区看成点,而将桥看成线(保"量"),从而将"哥尼斯堡七桥问题"概括为一笔画问题,再探寻一笔画问题的求解方法。通过"哥尼斯堡七桥问题"解决了这一类问题,即一笔画问题的解法。

在求解数学问题中,将所求问题一般化,其实也是一种上升型概括。

【例 4-9】　正数 a 为何值时，$y=a\sqrt{x+2}+3\sqrt{6-y}$ 的最大值为 $10\sqrt{2}$。

解　令 $u=\sqrt{x+2}$，$v=\sqrt{6-y}$，$b=3$，

则 $u^2+v^2=(\sqrt{x+2})^2+(\sqrt{6-y})^2=8$。

令 $m=8$，则 $u^2+v^2=m$（定值）。

原命题可以一般化为如下命题：设 a,b 为正数，变量 $u\geq0$，$v\geq0$，且 $u^2+v^2=m$（定值），求函数 $y=au+bv$ 的最大值。这个命题其实是原命题的一般形式，只要将这个问题解决了，原命题也就可以解决了。

（3）归纳式概括

从个别问题和特殊情况出发，概括得出一类问题的解决方法称为归纳式概括。它的模式为：

解决 A 的问题
解决 B 的问题　$\xrightarrow{\text{概括}}$　解决 A、B、C 同类问题的方法
解决 C 的问题

它分为不完全归纳和完全归纳两种。比如，考查了过定点在圆上、圆内、圆外的直线与圆的位置关系三种情况，可以概括得到如下结论："过圆内一点的直线一定与圆有两个交点"，这种概括就是完全概括。它分析所有可能的情况，是准确的概括，但不完全归纳概括未必是准确的概括。如由 $2^2+1=5$，$2^4+1=17$，$2^8+1=257$，$2^{16}+1=6553\cdots$概括得 $2^{2n}+1$ 是一个素数是不正确的，因为当 $n=16$ 时，$2^{32}+1=641\times6700417$ 不是素数。

虽然不完全归纳概括的结果不一定正确，但它却具有很好的创造性因素，常被用于命题的学习中。

【例4-10】 课例片段：

教师：请画出 $y=(\frac{1}{2})^x$ 与 $y=2x$ 的图像，并指出它们的关系。

学生：这两个图像关于 y 轴对称。（第一次概括）

教师：你能说出 $y=(\frac{1}{a})x$ 与 $y=a^x(a>0)$ 的图像的关系吗？

学生：关于 y 轴对称。（第二次概括）

教师：$y=f(x)$ 与 $y=(-x)$ 的图像是不是也关于 y 轴对称呢？

学生：应该是。（第三次概括）

……

在以上的课例片段中，在教师的引导下，学生一共进行了三次概括。其中，第三次概括是对前两次概括的不完全归纳概括。

解题概括中的一些通则、通法也可以通过归纳式概括获得。比如，过椭圆内部一点的直线与椭圆相交问题，方程消元之后，不需要考虑二次项系数是否为零，也不需要考虑判别式是否大于或等于零，它们都是成立的。也就是说，在解题的过程中，概括而得到的，所获得的规律可以适用于任何满足条件的直线。

（4）简约式概括

对数学知识加以整理，获得简约认识的概括方式称为简约式概括。它在数学学习中是一种常用的概括方式。它的模式是数学知识—概括—精炼的知识。

例如，在学完"直线方程的几种形式"这一节后，可以抓住"点斜式"这一关键点，以"直线上的点""直线的倾斜角""直线的斜率""直线的方程"等概念作为基础，通过串联概括出直线方程的四种形式之间的关系，可以做出如下的概括：斜截式←点斜式→两点式→截距式。

由此可知，其他三种形式的直线方程都是由点斜式导出的。通常，一条直线可以由一点和直线的倾斜方向确定，当然也可以由两个点确定。点斜式与斜截式是反映的前者,两点式与截距式是反映的后者。通过对以上关系的理解,直线的各种表示形式间的关系就显得简单了,我们运用直线方程解决相关问题就不是什么难事,这正是知识简约之后的效果。

(5)演绎式概括

演绎式概括是指在把握一类客体的本质属性的基础上,识别新的客体的特征,利用这些本质属性把客体统一到这类事物中来。它是从一般到特殊的概括。比如,根据偶函数的图像关于 y 轴对称,$f(-x)=f(x)$ 等本质属性,可以把函数 $y=x^2$ 纳入偶函数的范畴,从而加深对此函数的认识。

(6)经验式概括

经验式概括是指通过经验,对具体对象所表现出来的共同特征做出的概括。与演绎式概括相反,它是从特殊到一般的概括。比如,在学习函数的定义时,主体利用经验抽取一些特例的共同特征——"原象集合中有且只有一个象",进而概括出函数的映射定义。解题过程中的某些步骤也是通过经验式概括得出的。如求反函数的步骤、隐函数的求导法则等。经验型概括的基本模式是通过具体事物概括到共同特征。

(7)理论式概括

由对于某些事物的抽象认识上升为一种具有普遍性认识的概括。数学思想方法多由理论式概括获得。它们是在解决各种数学问题的经验基础上,通过分析问题的结构系统,揭示出规律而概括出来的。理论型概括的基本模式是经验—联系—规律。

2. 数学概括的过程性

数学概括不会一步到位,它具有过程性,是分步进行的。

喻平在《数学教育心理学》中指出,数学概括的信息加工过程一般分成比较、抽象、分类、表述四个阶段,对新学习材料的概括主要涉及比较、抽象和表述,对学习过的材料的概括涉及更多的是抽象和分类。涂荣豹、陈嫣在《数学学习中的概括》一文中,将概括数学对象的过程分成五个阶段:观察阶段、抽取阶段、筛选阶段、推广阶段、确认阶段。

第一，观察阶段。观察就是从所给数学材料的形式和结构中，正确、迅速地辨认出对解决问题有效的成分。数学概括需要敏锐的观察，抓住事物的主要特征和关键之处，从而迅速地把握事物的本质和内在联系。

第二，抽取阶段。将属性或特征从对象中抽取出来的过程称为抽取阶段。抽取不同于抽象，前者是提取、找出对象的特征，但这些对象具有什么共同特征尚不清楚，本质属性依附于事物，相互没有脱离；后者则是把共同特征提炼出来，把属性从具体的事物上脱离开来，抽取出来的属性往往可能是数学对象的局部特征，未必都是数学对象的本质属性或共同特征。

第三，筛选阶段。这一阶段要对在抽取阶段中用数学语言表述的属性和特征按照包含、并列、矛盾、相容、等价等各种逻辑方式去比较、区分，去除不合理的部分，选出合理的部分。

第四，推广阶段。第三阶段所筛选出来的属性和特征通常仍带有具体的被概括事物的痕迹。推广阶段要解决的是如何将特殊推广到一般，这种推广的主要逻辑途径是归纳与类比。

第五，确认阶段。因为第四阶段的归纳和类比都是合情推理，带有假设的成分，所以概括出的数学对象的本质属性或共同特征仍需要进行检验或证明，确定其是否符合数学学科的真理性标准。这时可能出现两种情况：第一，通过检验或证明，确认了原来的假设；第二，通过检验或证明，否定了原来的假设。此时，主体只能再次重复以上的四个阶段，修正原来的过程中的误差，直至成功。

这五个阶段中的某些阶段在实践中或许可以简缩，甚至不被主体自身觉察，但是逻辑存在于数学活动的概括过程之中。这五个阶段并不总是线性进行，有时需要返回某个阶段，然后依次进行。每个阶段都是多种思维动作配合行动，共同完成概括任务的过程。

不同数学对象概括过程的步骤基本上是相同的。在数学学习中，对数学知识的概括有五个步骤：观察、抽取、筛选、推广、确认。这五个步骤是我们对数学知识的概括过程必须经历的,其中的某些步骤可以简缩,甚至不会被我们察觉。

我们可以从下例来研究概括能力在数学概括过程中所表现出的各个步骤。

【例 4-11】　求 $1^3+2^3+3^3+\cdots+n^3(n \in \mathbf{N})$。

（1）观察

观察是一个有目的、有计划且有思维参加的感知过程,它能从所给数学材料的形式和结构中寻找到对解决问题有效的成分,能较准确地找出事物的主要特征,能发现解决问题的关键之处,有利于把握事物的本质和内在联系,敏锐的观察力有利于数学概括。上例的形式简单,即要求我们求出连续自然数的立方和。

（2）抽取

它是将数学对象的属性或特征从具体的形式中抽取出来的过程。抽取出的属性常常只是数学对象的局部特征, 不一定都是我们研究的数学对象的共同特征或本质属性。抽取与抽象不同,抽取是提取、找出数学对象的属性和特征,但这些对象的共同特征并不清楚,数学对象的本质属性依附于具体事物,未能从具体事物中脱离出来;抽象则是把共同特征提炼出来,把本质属性从具体的事物上脱离开来。

【例 4-11】　抽取过程如下:

① $1^3=1$

② $1^3+2^3=1+8=9$

③ $1^3+2^3+3^3=1+8+27=36$

④ $1^3+2^3+3^3+4^3=1+8+27+64=100$

……

对这四个等式的特征进行尝试性的描述:

① $1^3=1$

② $1^3+2^3=1+8=9=3^2$

③$1^3+2^3+3^3=1+8+27=36=6^2$

④$1^3+2^3+3^3+4^3=1+8+27+64=100=10^2$

$=(1+2+3+4)^2$

（3）筛选

这一阶段要对前一阶段中所表述的本质属性和共同特征按照逻辑方式进行比较、区分,从而选出其中合理的部分。将我们所抽取的结果去粗取精,加深对问题的理解。观察①②③式中的特征描述,它们并不能适合每个式子,再观察④式,底数可表示为 1+2+3+4,其他三个式子中的底数是否也可以表示成这种形式。如①1=1；②3=2+1；③6=1+2+3。

通过筛选,我们发现④的描述$(1+2+3+4)^2$适合于四个式子。

（4）推广

推广阶段是将特殊形式推广到一般形式,将前面所描述结论的外延扩大。

由筛选出来的$(1+2+3+4)^2$,我们可将四个式子都用同样形式表示：

①$1^3=1$

②$1^3+2^3=1+8=9=(1+2)^2$

③$1^3+2^3+3^3=1+8+27=36=(1+2+3)^2$

④$1^3+2^3+3^3+4^3=1+8+27+64=100=10^2$

$=(1+2+3+4)^2$

由此可以归纳得出,

$1^3+2^3+3^3+\cdots+n^3=(1+2+3+\cdots+n)2=\left[\dfrac{n(n+1)}{n}\right]^2$

（5）确认

上一阶段的归纳和类比仅仅只是合情推理,需要进行证明或检验,以确定结果是否可信。这时可能出现两种情况：一种是通过检验或证明,将原来的假设否定。此时,我们就要重复前面的四步,修正误漏,直到结果正确。另一种是通过检验或证明,证明了原来的假设成立。上例概括出的共同特征如下所示。

$$1^3+2^3+3^3+\cdots+n^3=(1+2+3+\cdots\cdots+n)^2=\left[\frac{n(n+1)}{n}\right]^2$$

我们采用数学归纳法证明上式成立。

概括的过程是多种思维动作协同作用的过程。抽取阶段主要的思维动作是比较、分析和抽象;筛选阶段主要的思维动作是比较;综合推广阶段主要的思维动作是归纳、类比;概括过程中一个较为重要的思维动作是比较。比较是在思维中确定所研究对象的相同点和不同点。运用比较有利于学生逐步分辨事物的本质属性和非本质属性,从而达到对本质属性的真正认识。

(二)高中生数学概括能力的特点

高中生抽象思维能力不够强,在数学学习中常常照搬初中的学习方法,以机械记忆为主,总是寄希望于能依葫芦画瓢地解决问题,很少能够主动对一些问题进行认真观察、思考,缺乏独立地对数学知识、数学问题的积极归纳与概括,缺乏创造性思维。在农村高中生中,以上问题更为突出。

由于高中学习科目多、难度大,使得一些学生学习压力加大,课间不休息,晚上有时学习到半夜,第二天没精打采,学习效率低;有些学生则放弃学习,整天沉迷于网络的虚拟空间中。如此状态,上数学课时注意力不集中,观察不认真,难以进行积极的数学思维活动,自然很难谈及对数学知识、方法和技能的积极概括,更不用说数学概括能力的培养。由于农村中学在管理上比较落后,所以这些问题较为突出。

部分高中生对数学的学习没有兴趣。在高中各学科中,数学学习难度相对较大,很多学生对数学认识不够,对数学在生产生活中的作用认识不够,使得他们对数学没有兴趣。而学习兴趣是学习动机中最活跃、最现实、带有强烈的情绪色彩的因素,是推动学生学习的动力。兴趣的缺乏是制约高中生数学能力发展的瓶颈,自然影响到数学概括能力的发展。

此外,还有一些学生不求甚解,对问题的思考不注意细节,不注意原理和问题的前后关系,总是满足于大概知道就行,不能对问题有一个全面了解、系统概括。

长此以往,就丧失了积极、系统的概括问题的能力,不利于高中生数学概括能力的发展。

三、数学概括能力的研究

数学概括是一种能力, 只存在于一个人的特定活动之中, 在活动中形成和发展。因此,概括不是静止的,概括随着经验的积累而不断提高,是在数学学习活动中形成并不断得到发展的思维动作。高中生数学概括思维能力主要包括对数学关系的概括、对数学问题特点的概括、用概括化形式解题、对解题思路和方法的概括,以及对所学知识的单元总结,形成逐渐完整的知识体系的能力。

(一)数学概括能力的重要性以及在数学能力中的地位

苏联的心理学家和教育家克鲁捷茨基和他领导的研究人员, 历经 12 年的时间,通过对各类中小学生的广泛试验,系统地研究了数学能力的性质和结构,把数学能力区分为九种成分。在研究学生数学能力的试验题体系中,共有八个系列题是专门用来测试学生的概括能力的,并专门对概括能力做了个案分析。在他们对数学教师的问卷调查中,有 98% 的教师认为,概括能力是学好数学的最重要的能力。可见,概括能力在各数学能力成分中位于首位。

鲁宾斯坦指出,思维都是在概括中进行的。我国学者朱智贤、林崇德在《思维发展心理学》中分析指出,思维最显著的特性是概括性,概括性是思维研究的重要指标,概括水平成为衡量学生思维发展的等级标志,发展学生概括能力是发展思维、培养智力的一个重要环节。在林崇德主持的"中小学生能力发展与培养"实验研究中,对数学能力结构做了如下描述:"数学能力是以概括为基础,将运算能力、空间想象能力、逻辑思维能力与思维的深刻性、灵活性、独创性、批判性、敏捷性所组成的开放动态系统的结构"。

数学学习的显著特点之一是数学学习需要较强的抽象概括能力。概括是迁移的基础,数学教学与其说是为迁移而教,不如说是为概括而教。不管是从数学的特

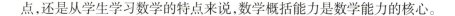

点,还是从学生学习数学的特点来说,数学概括能力是数学能力的核心。

(二)数学概括水平划分

朱智贤、林崇德通过对小学生数学概括能力的试验研究,确定小学生的概括能力分为五个阶段:直观概括水平、具体形象概括的运算水平、形象抽象概括的运算水平、初步代数的概括运算水平、代数命题概括运算水平。数学概括水平发展的趋势是一个螺旋式上升的过程,一个"内化"的思维过程,一个逐步"简化"的概括过程。各级水平并不能互相代替,而是高一级水平必然建立在低一级水平之上。进而,林崇德在"中学生运算能力发展"的研究中,确定了中学生的数学概括水平分为四个等级:数字概括水平、形象抽象概括水平、形式抽象概括水平、辩证抽象概括水平。

数字概括水平是指直接与物质行动相联系的概括,它是在感知和操作中进行的概括思维水平。形象抽象概括水平是指脱离感知和动作而利用头脑中所保留的事物的形象所进行的概括水平,它的特点是离不开具体形象来进行概括思维活动。形式抽象概括水平是指脱离具体形象,运用概念判断和推理等进行的概括思维,但或多或少地保留着经验的痕迹。这种抽象概括思维经常需要具体的、直观的感性经验的直接支持。辩证抽象概括水平是指依据理论作为指导来分析、综合各种事实材料,它反映了概念、判断、推理等的灵活性、可变性和辩证矛盾的特性。

从数学教学内容和学生学习特点出发,高中学生的数学概括水平大致分为以下三个等级:

一级:解题主要通过记忆和模仿来完成,其思维的抽象概括水平较低。

二级:能利用所学知识解决常规问题,解决有一定的思维模式的问题,其思维的抽象、概括水平介于形象抽象和形式抽象概括水平之间。

三级:能灵活运用所学知识解决新的问题情景下的数学问题,解题时没有固定的思维模式可循,其思维的抽象概括水平较高,属于辩证抽象概括水平。

(三)数学概括能力的差异性

喻平在《数学教育心理学》中指出,数学概括能力的差异体现在四个方面:对数学对象的比较水平差异、共同属性映射的洞察力、分类编码的水平差异、将数学材料形式化的水平差异。

蔡金法通过对初中一年级未学过几何的学习水平不同的几名学生的实验研究,论证同一年龄的学生数学概括能力存在差异,主要表现在概括的深度、概括的方法和解题方法的迁移三个方面。

针对高中数学学习,我们认为,数学概括能力的差异性指标可细分为四个方面:深刻性,即能抓住事物的本质属性和特征,而不是事物表面的、无关紧要的形式;敏捷性,即概括某一数学材料所需最少的变式、感性材料和练习次数;稳定性,即对概括出的特征能明确区分本质特征和非本质特征,并能按照这个特征去解题,而且能进一步将已有的概括纳入对规律的概括;广阔性,即不孤立地看,而是以联系的观点对数学对象做出概括。

(四)数学概括能力的发展

1. 数学概括能力的发展理论

数学概括能力发展呈现阶段性特征,这种阶段性应呈现于人的心智成长过程中,特别是学习活动的过程中。一方面,是由于青少年的生理水平呈现不同的阶段特征;另一方面,学习的客体的复杂程度也呈现出阶段特征。

数学概括能力发展的不同阶段之间不是独立的、静止的,也不是一成不变的。相反,他们是因果相承的、连续的,由低级到高级逐渐演进的。因为概括能力不仅依赖于生理因素,还依赖于外部环境与教育等因素。在学生主体和客观事物相互作用的过程中,社会和教育者向学生提出的要求所引起的新的需要和学生已有的心理水平或心理状态之间的矛盾,是学生心理发展的内因或内部矛盾。遗传和生理成熟是思维发生、发展的生物前提,环境和教育在思维发生、发展上起决定作用。教育在学生数学概括能力发展中的积极意义是从一定意义上来说,教育的主导作用主要体现在教师的主导作用上,而教育对概括能力发展的影响是通过数学知识的获得、掌握和应用为中间环节的。因此,教师在教学中所采取的教育方式和教学策略也直接影响着学生概括能力的发展。教师在组织教育教学活动时,要按照量变到质变的规律来促进学生数学概括能力的量变过程逐渐内化,最后达到数学概括能力发展的飞跃。

2. 数学概括能力发展的基本规律

根据心理学对人的思维发展规律的研究,数学概括能力的发展应遵循以下基本规律:发展的稳定性,即表现在不同时期学生概括思维的特征具有普遍性和共性。虽然这些年龄特征可以在一定幅度内变化,但各个年龄的特征具有顺序性和系统性,他们不会因为社会生活条件的改变而发生根本性的变化。发展的可变性,即教育和环境可以在一定程度上影响学生数学概括能力发展的进程,使概括能力发展加速或滞后,但教育不能使概括能力的发展超越某个阶段而实现跃进。发展的突变性,即与其他事物的发展一样,数学概括能力的发展有一个从量变到质变的过程,因而在整个发展历程中,存在着几个质变点,形成概括能力发展的关键年龄,在这些关键年龄上实现概括能力质的跃变。

3. 数学概括能力的发展动力

在数学学习中产生的新需要和原有的数学认知水平的矛盾,构成了数学概括能力发展的动力。数学问题就是这个内部矛盾,或者说是数学概括能力发展的表现形式。

从系统论的观点来看,数学问题是 S(人)和 R(题)系统所构成的集合,其中 R 表示数学活动中新的需要,而 R 对 S 成为问题系统,则表示解题者 S 的心理发展水平与这个需要存在矛盾,并且 S 已经注意到这一矛盾,正是这个矛盾推动着数学概括思维水平的发展。可以把问题系统看成一个问题情境,它既可以由思维者本身创设,也可以由其他人如教师和书本提供。问题情境能否对思维者成为问题,引起积极的客观思维,则要看思维者 S 能否意识到这个问题情境,并且引起探究解决的兴趣。因而,思维能否起动取决于两个方面:第一,是否存在合适的问题情境;第二,思维者原有的主观内部状态,特别是思维的动机系统,如兴趣、爱好、动机、欲望等的发展水平。

这种思想已经深刻地影响着数学教学的理论及课堂教学的策略。例如,现实数学思想,这一现代数学教育理论就认为,学习数学就意味着能够熟练地运用数学语言去解决问题,探索论据,并寻求证明,而最重要的活动应该是从给定的具体情境中识别或概括一个具体的数学概念。要概括一个新概念,却缺少足够的具体事实作为基础,或者反复介绍一个概念,却没有具体的应用,都无法使学生产生求知的冲动。又如,问题解决教学模式,将培养解决问题的能力提到了数学教学的核心地位,特别强调教学过程中要创设问题情境,引导学生感知、探求数学问题,直至实现问题解决。

4. 中学生数学概括能力的发展

中学生一般是 13~18 岁的青少年,这个年龄段思维的基本特点是思维能力得到迅速发展,抽象逻辑思维已处于优势地位。初中生和高中生有所不同,在初中生的思维中,虽然抽象逻辑思维已开始占据优势,但在很大程度上还属于经验型。所以,他们的概括思维还需要感性经验的直接支持。而高中生的概括思维已基本属于理论型,他们已经能够用理论来指导、分析、综合有关事实材料,从而不断地扩大自己的知识领域。由于高中学生经常要掌握事物发展的规律和重要的科学理论,理论型的抽象概括思维开始发展起来。在这种思维过程中,既包括从特殊到一般的归纳过程,又包括从一般到特殊的演绎过程,也就是从具体上升到理论,又用理论去指导获得具体知识的过程,从而实践了抽象与具体的高度统一,并使辩证概括思维水平的出现成为可能。

思维心理学认为,在儿童到青少年时期,有五个思维发展关键年龄,初中二年级是思维发展的第五个飞跃期。在整个中学阶段的思维中,抽象逻辑思维占主导地位,初二年级是抽象逻辑思维从经验型向理论型发展的开始。此外,思维的发展还有一个成熟期。心理学研究表明,高中一年级第二学期到高中二年级第一学期是思维发展的初步成熟期。成熟期后,思维的可塑性比成熟期前小得多。而且,思维一旦到成熟期,其年龄差异的显著性减少,而个体的差异性却愈来愈大。

思维能力的发展,很大程度地体现在概括能力的发展上。因此,促进学生数学概括能力的发展,对学生在整个高中阶段的数学思维能力的发展有着至关重要的作用。

第二节　影响高中生数学概括思维能力的因素

高中生的数学思维概括能力的形成是一个系统的过程,因此会受多方面的影响。其主要分为内部因素和外部因素,其中内部因素包括智力因素、非智力因素;外部因素包括教师因素、学校因素、家庭因素和社会因素。

一、影响高中生数学概括思维能力的内部因素

智力因素与非智力因素是影响高中生数学概括能力的内部因素的两方面。我们通过个案研究和问卷调查对这两方面进行了研究,发现智力水平高的学生明显优于智力水平低的学生,在概括同一问题的时候智力水平高的学生速度要快,且更深入,能够更好地把握问题的实质,并能很好地应用其解决新的问题。非智力水平发展较好的学生对问题的概括水平要优于发展较差的学生。以下就这两方面进行说明。

(一)智力因素

智力由注意力、观察力、记忆力、想象力、思维力五种因素构成,以思维力为核心组成一个完整结构,在概括问题的不同阶段产生影响。

注意力是心理活动对一定事物的指向和集中的能力。注意分为无意注意和有

意注意。我们在概括问题的时候必须有有意注意参加,才能收到预期的效果;我们在概括问题的时候,为了能够很好地抓住事物的本质,一定会带有很强的目的性,这就要发挥注意的作用。

观察力是在有目的、有计划以及有思维积极参加的感知过程中,逐渐形成的一种比较稳固的认知能力。通过观察,可以帮助我们获得大量丰富的感性材料,理解不易掌握的理论知识,有助于提高学习者的学习兴趣,激发他们的求知欲,调动他们的积极性。所以在概括过程中,充分发挥观察的作用,理解问题中事物之间的联系,对掌握事物的本质很有帮助。

记忆力是对事物的识记和保持的能力。识记是在感知过程中进行的,是把关于事物的知识经验铭刻在头脑中。保持是将识记的知识经验短期和长期地保留在头脑中。没有记忆,知识在头脑中就会如过眼烟云,转瞬即逝;而没有巩固的知识,也就不可能有效地获得新知识。任何新知识只有建立在已有知识的基础上,并纳入其系统之中,才能保证形成新的知识系统。所以没有记忆的参加,我们无法很好地利用已有知识去概括新知识。它使得我们概括问题时有了较好的知识和经验基础,能更好地把握事物的本质。

想象力就是在现实刺激的作用下,人脑中的旧表象重新配合,从而构造出与原有事物基本相符甚至完全崭新的形象的能力。也就是说,想象是在表象的基础上形成的,表象是构成想象的基本材料,离开了表象,就不可能有什么想象活动。爱因斯坦说:“想象力比知识更重要,因为知识是有限的,而且想象力概括着世界上的一切,推动着进步,并且是知识进化的源泉。严格地说,想象力是科学研究中的实在因素。”它能够增强学习的主动性,赋予学习的生动性,提高学习的创造性。所以,较好的想象力能使学习者乐于概括、积极概括,从而能顺利地完成对问题的概括。

思维力是人脑对客观事物间接的和概括的认识,通过这种认识,可以把握事物的一般属性和本质属性的能力。思维是理解知识的必要心理因素,不论学习什么知识,都必须深刻地理解它。要做到这一点,就需要进行独立思考。思维是巩固知识的重要条件,我们在学习任何知识时,都必须牢固地掌握它。要做到这一点,必须积极开展思维。张载认为："书多阅而好忘者,只为理未精耳。理精,则须记了无去处也。"思维有六种品质,分别是敏捷性、灵活性、广阔性、深刻性、独立性、批判性,对于数学概括质量有直接影响。充分发挥思维的敏捷性和灵活性,能提高概括的速度;发挥思维的广阔性和深刻性,能增大概括的广度和深度;充分发挥概括的独立性和批判性,能提高概括的精度。

(二)非智力因素

非智力因素主要由动机、兴趣、情感、意志与性格等五种基本心理因素构成。非智力因素不具有认知事物、处理信息的机能,而主要对认知性心理系统起调节和催化作用。在智力活动中,非智力活动积极参与,能支持智力活动的有效进行。一个智力因素有某种缺陷如记忆力较差的人,由于非智力因素积极参与而得到补偿,甚至会获得提高。所谓"笨鸟先飞""勤能补拙"等就表明这一点。《中庸》中有这样一段话:"人一能之,己百之,人十能之,己千之。果能此道矣,虽愚必明,虽柔必强。"可见,非智力因素在学习中的巨大作用,对概括的影响也就很显著了。动机是指个体行为的内部动力,是个体以一定方式引起并维持其行为,以满足需要的内部动力倾向。学习的动机对学习结果的影响是通过制约学习积极性来实现的,对概括的影响也是通过制约概括问题的积极性来实现的。它能促成对问题概括的认真、主动和投入的状态,影响概括的效果。

兴趣是人们经常倾向于认识、掌握某种事物,并力求参与该种活动的心理特征。兴趣能直接转化为学习动机,成为激励学生学习的内在动力。如果学生对数学具有高度的学习热情,就会津津有味、不知疲倦地进行学习,就会大大地提高学习效率。兴趣是学习最好的老师,能直接影响学习的效率。同时,对被概括事物兴趣的高与低,也会影响到概括的效果,兴趣越高,越能提高学生的注意力,从而促进智力的参与,增强概括能力。

情感是人类对客观事物和对象的一种态度与心理体验。积极向上的思想情感能促成学生的良好学习态度的培养,养成对事情的认真态度。怀着良好的情感态度面对学习总能取得较好的效果,在概括问题的过程中能达到很好的预期目标。

意志是指为了达到一定的目的,自觉地组织自己的行动,并与克服困难相联系的心理过程。意志是通过意志行为表现出来的。

意志在学生掌握知识过程中的积极作用不可低估。如果学生具有坚强的意志,就会在学习上苦下功夫,锲而不舍,从而取得好的学习成果。在对相对抽象而枯燥的数学学习中,要想很好地对一些问题进行概括,是离不开坚强的意志力的。

性格是指一个人对待现实的稳定态度和与之相适应的作风。良好的性格有利于智力因素的发展,有利于学习的顺利进行,对数学中的概括能力的发展也能起到较好的促进作用。

二、影响高中生数学概括思维能力的外部因素

(一)影响高中生数学概括思维能力的教学因素

1. 提前概括造成的思维断层

在数学学习中,认识的一般程序是在具体感知的基础上,经过抽象概括得出数学概念和规律,再将数学概念和规律应用于实际,即具体感知—抽象概括—实际应用的过程。学生必须充分完整地经历这个过程,概括能力才能得到顺利发展。我们发现,一些数学教师为赶进度,忽视概括前后思维过渡的教学,对数学结论的发生过程和应用过程一掠而过,这就造成了概括前后的思维断层,从直观感知阶段一下子跳到概括阶段,然后又从概括阶段一下子跳到具体应用阶段,这样的数学教学导致学生的概括能力无发展之本。

例如,在讲解"异面直线"的概念时,先出示了一个异面直线的模型给学生以直观感知,然后在黑板上画出两条异面直线的直观图,紧接着就给"异面直线"下定义抽象概括。这种从形象思维到抽象思维的训练过于简化教学,不利于学生对异面直线的概念进行本质的概括。再如,在讲授"数学归纳法"第一课时,概括出数学归纳法的两个步骤后,先强化法则记忆和简单应用,紧接着就放手让学生做些法则应用

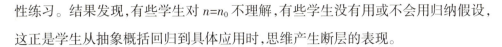

性练习。结果发现,有些学生对 $n=n_0$ 不理解,有些学生没有用或不会用归纳假设,这正是学生从抽象概括回归到具体应用时,思维产生断层的表现。

2. 重解题模式总结,轻解题思路概括

在教学中,把能够抽象为解题模式的题目,经过教师和学生的共同努力,找出其特定的结构,准确地抽象为解题模式或形式结构,能帮助学生较快地解决同类题。目前,受到注意较多的是题型方面的概括,有时甚至总结为几个程式,学生只要按程式的顺序去做就行了。中学数学教材有的地方也是这样做的。只要把握好分寸,这是有利的,也是必要的。但是,在学生对数学概念并未真正理解、解题的思路也未掌握的情况下,把题目的类型分的很细,一类题一个方法,让学生机械地记忆方法。在学习中,学生会做一些复杂的题目,却不理解简单的数学概念,这就把数学摆到了不恰当的位置,对学生思维能力的发展不利。

如在数学解题训练中,有的教师从以前的一道高考题出发,把题目的条件做出各种各样的变化,企图穷尽所有的变式让学生训练,并记住各种变式的解法,以达到将训练结果迁移到解高考题的目的。实践证明,这样的训练在短时间内能取得一定效果(由于平时考试的题目的类型和试题的背景与训练题相差甚微),长此以往,非但达不到目的,反而加重学生的思维负担,产生消极的心理定式,从而影响学生概括能力的发展。

3. 忽视对数学知识结构的复习总结

总结是人类认识活动的重要思维形式,是培养概括能力的一种必要手段。当我们讲完一章节的内容后,要引导学生做一次小结,甚至一学期或整个中学阶段的内容也可以这样做。总结的目的是把原来零散的知识,经过加工、整理、归纳、分类,使之系统化、条理化,进而抽象化、概括化。这样才能使厚书变薄书,加快学生头脑中知识之间的联系,开阔学生的视野,提高学生概括的灵活性和广阔性。但在中学数学教学中,教师很少甚至根本没有重视数学知识系统的概括总结,使学生的书越读越厚,题目越做越多,阻碍了概括能力的发展。

(二)影响高中生概括思维能力发展的主体因素

1. 教师因素

不同的教师有不同的教学风格,对同一知识点的教学,常常采用不同的教学策略。由于他们所倾向的教学目的不同,所使用的教学手段不同,教授同一知识点所使用的方式、方法不同,在促进学生数学概括能力的发展方面,常常会取得不同的效果。由于教龄的长短不同,老教师的经验要比年轻教师丰富,对教材的把握要优于年轻教师,对学生练习的安排要适度一些。而且,教师课堂讲授的方式也会影响教学效果。语言风趣、表达流畅的教师要优于表达欠缺的教师,上课声音响亮的教师要优于上课声音低沉的教师,上课表情丰富的教师要优于表情贫乏的教师。

2. 学校因素

学校的学习环境好坏影响学生的学习。一般来说,较安静的学习环境有利于学生学习,整洁、卫生的学习环境有利于学生学习,较好的校风有利于学生的学习,先进高效的现代化教学设备有利于学生的学习。学生学习状态好了,自然也就有利于其数学学习中的概括能力的发展。

3. 家庭因素

不同的家庭环境,不同的家庭教育形式,对学生的学习有较大的影响。父母、亲人文化水平高,能时常指导学生学习和学习方法的改进,有利于促进学生的数学学习;家庭创造的学习环境好,能提供优越的学习条件,有利于学生的数学学习;家人能很好地监督学生的学习,有利于弥补中学生自控能力不强的弱势,有利于学生的数学学习。学生的学习态度和学习方法改善了,同样也有利于数学学习中的概括能力的发展。

4. 社会因素

社会文化发展水平的差异影响学生的数学学习。社会发展越成熟,越有利于学生的身心发展,越有利于学生的数学学习;社会文化发展水平越高,越能给学生学习提供更高、更宽广的平台,越有利于学生的数学学习,发展学生的数学概括能力。

从数学抽象概括能力的特点及其发展可知，影响学生数学概括能力的因素很多，也很复杂，大致包括生理因素、家庭因素、学校因素和社会教育因素等方面。其中，学校教育因素占主导地位。由于学校教育的主阵地是课堂，所以对抽象概括能力发展的影响主要是通过课堂教学来实现的。因此，教师在课堂教学中所采取的教学方式、教学策略、教学理念，直接影响着学生的抽象概括能力的发展。现实中，由于高中阶段的性质和任务本身决定了课堂教学的目标，从时间上难以保证，为解决这一矛盾，教师只能在教学中有意识地导入数学抽象概括思想，甄选合适的教学内容，选择适当的教学方式，在课堂教学目标的达成中普遍发展学生的数学抽象概括能力，提升学生的数学抽象概括能力，实现普及素质教育和输送优秀学生的双重任务。本章主要从学校教育的课堂教学入手，研究发展学生的抽象概括能力，着力研究从教学内容方面培养学生数学抽象概括能力的典型案例，以此佐证在课堂教学中发展学生抽象概括能力的几种策略。

三、利用概念的过程性发展高中生数学概括思维能力

概念是反映事物的本质属性和特征的思维形式，数学概念的形成过程是抽象概括的过程，是对表现形式各异的数学关系进行总结，最终抽象概括出一般性。

大多数教师使用的概念教学方式体现在以下方面：一是揭示本质属性，给出定义；二是揭示概念的内涵和外延；三是巩固概念；四是概念的应用和建立与其他概念间的联系。这是一种比较简明直接的概念学习，偏重于概念的逻辑，忽视了数学概念本身具有现实背景的教学过程。因此，概念学习中要从概念产生的背景、形成过程以及三种语言的相互转化等角度理解，使之符合学生主动建构的教育原理。

在概念形成的过程中，概念对象的本质属性一般来说是未知的，需要教师在教学过程中引导，启发学生在思维上经历抽象概括事物本质属性的认识过程，使学生的理解和已有知识相联系，正确认知数学对象的本质属性，感知在数学概念学习中真实的思维活动过程。数学概念的形成大致经过四个阶段：抽离阶段，即感知具体材料、直观背景及其基本属性；筛选阶段，即分析、综合具体材料或对象的本质属

性;扩充阶段,即抽象概括对象的一般表述,并赋予形式化的定义及符号;确认阶段,即进行检验、矫正抽象过程、定义和符号,确认其是否与数学的真理性标准相符并加以推广。

下面通过学习案例——高中教材必修 2 中第二章 2.12 第一课时"空间的直线与直线间的位置关系"的教学来阐述在概念教学中,如何利用概念的抽象概括过程来培养学生的抽象概括能力。

(一)教学案例——空间的直线与直线间的位置关系

1. 教材内容分析

空间直线与直线间的位置关系是在同一平面内,两条直线平行和相交两种位置关系的基础上,通过对生活中大量实例的观察、分析综合、抽象概括得到的,是立体几何中最基本的位置关系。直线间的异面关系是本节的重点和难点,因为异面直线的定义与其他概念的定义方式不同,是以否定形式来描述的,这就决定了这一概念的学习与证明方法的与众不同。

2. 教学目标

(1)知识技能

理解异面直线的概念与画法;掌握空间中两条直线的位置关系并能应用。

(2)过程与方法

培养学生的画图能力和空间想象能力,通过异面直线概念的抽象概括,增强学生通过观察、思考探究解决数学问题的意识和能力,使学生进一步了解、掌握空间问题与平面问题的相互转化的目的和研究方法,培养其转化能力与逻辑思维能力。

(3)情感态度与价值观

通过问题情境的设置,使学生认识到数学是从实际中来、到实际中去的,感受到掌握空间两条直线位置关系的必要性,在体验数学概念的抽象概括过程中感受成功的喜悦,激发学习热情,增强探究合作意识,培养文字、图形、符号的抽象概括能力及相互转化能力。

3. 学生学情分析

高一学生对立体几何中的一些概念的理解不够深刻，虽然有自己的见解，但思维的严谨性不足，空间想象能力有待进一步提高。鉴于以上特点，教师在教学中对身边的事物多加利用，运用直观、生动的形象，引导学生体会抽象概括的过程，同时创造合适的教学氛围，让学生独立发表见解，发挥学生学习的主动性。

4. 设计理念

数学教材呈现在我们面前的是按照逻辑演绎系统展开的知识内容，而逻辑所展示的只是数学结果。如果不能了解这些数学结果是如何一步一步被揭示、抽象概括和发展起来的，那么就不是数学思考。新课程要求创设有利环境，提高学生自主学习、合作交流以及分析和解决问题的能力，将抽象概括贯穿整个课堂。课堂是实施新课程理念的主阵地。因此，教师要以学生为主体设计和组织好课堂教学，给学生提供最大的思考空间，使学生对所学知识有自己的思考和认识。

基于这方面的思考，本节课的教学按照"直观感知—分析综合—操作确认—思辨论证"的认识过程，也就是抽象概括的四个阶段，也类似于杜宾斯基数学概念的心理建构过程，经历四个层次展开，先通过直观感知具体的材料、事例，分析其异同，抽象其共性与本质，概括其表述形式，然后通过实践操作检验这一表述或对本质描述(如特例)，直至确认"在任何一个平面"的本质属性，从而抽象概括出异面直线的概念、画法，最后再进行演绎推理、逻辑论证，及时应用并加以巩固。

以上环节给学生提供了充分思维活动的过程和动手操作的机会，全程体验了观察、抽象、归纳、概括的过程，使学生从思维上经历了类似数学家的数学抽象概括过程，为培养学生的抽象概括能力打下一定的基础。

5. 教学过程设计

(1)直观感知具体的材料事例，营造抽象概括的环境

问题1:平面几何的学习中，在同一平面内，两条直线的位置关系是什么?

学生:平行和相交。

问题2:找出现实生活中类似的两条直线。

学生:教室中的一些事例,立交桥、旗杆与台面边缘、课桌四边、书本四边、汽车两轮的轨迹、三轮车的轨迹。

问题3:试着将你看到的实物事例抽象为直线,并借助平面把它们画出来。

(略)

教师进行多媒体演示:五个人按直线运动的轨迹在两个楼层行走,讨论哪两个人之间可能发生碰撞,哪两个人之间不会发生碰撞,抽象为哪两条直线有交点,哪两条直线没有交点。

(2)分析、综合抽离事例的数学属性,提供抽象概括的机会

问题4:观察、对比、分析它们的共同点和不同点,试将这些事例中体现的位置关系进行分类、汇总。

学生:按有没有公共点划分:即相交与不相交。

按确定平面的条件划分:在同一平面,即共面与不共面$\begin{cases}共面 \\ 不共面\end{cases}$,共面$\begin{cases}相交 \\ 平行\end{cases}$。

按平行与不平行划分。

结论:这种位置关系既不是平行,也不是相交。

(3)逻辑演绎,筛选事例的本质属性

问题5:找出直线位置关系模型:既不平行也不相交的图示,讨论其特征。

学生:①没有公共点;②直线走向不同;③直线走向不同且没有公共点;④在两个平面内;⑤不在同一个平面;⑥这两条直线不能确定平面。

问题6:以上特征我们习惯称之为"属性",哪些属性是这种位置关系所特有的本质属性?下面请同学们进行逻辑上的推理,进行筛选,如"没有公共点"中平行也有这一属性,所以可以排除这一特征。

引导学生:因为这种位置关系与平行都没有公共点,所以没有公共点并不是这一位置关系所特有的,可以排除①;两条相交直线的走向也不同,所以可以排除②;两条相交直线可以画在同一个平面内,也可以画在两个平面内,所以可以排除④⑤;③⑥是平行和相交不具备的,应是这种位置关系所特有的属性。

（4）手脑操作,概括本质属性,扩充一般,形成概念

③直线走向不同且没有公共点,即直线不会平行,也不相交,可用数学语言描述为既不平行也不相交,是通过否定另外两种位置关系的方式来描述的,虽然是其特有的属性,但是仍旧不能说明其本质属性是什么;虽然⑥与③在本质上没有什么不同,但是我们可以沿着⑥的描述进行抽象概括、推理扩充:既然这两条直线不能确定任何一个平面,就意味着不存在任何一个平面同时包含这两条直线,即这两条直线不会同时存在于任何一个平面,用数学语言将其抽象概括为"不同在任何一个平面内的两条直线",也就不是共面直线,所以把这种位置关系定义为异面直线,即不同在任何一个平面内的两条直线叫作异面直线。

（5）思辨论证,确认概念,建立概念、规则、图形、语言等的联系,形成综合的心理图式

问题7:异面直线是指在两个不同平面内的直线的位置关系吗?用以上图例说明。

问题8:你能在同一平面内画出两条直线且位置关系是异面直线吗? 说明理由。

问题9:判断下列命题是否成立。

①直线 $a \subset \alpha, b \subset \beta$,则直线 a 与直线 b 是异面直线。

②直线 $a \subset \alpha, b \subset \alpha$,则直线 a 与直线 b 是异面直线。

③分别与两条异面直线都相交的直线是异面直线。

④两条直线都与第三条直线无公共点,则这两条直线是异面直线。

⑤直线 $AB \subset \alpha$,直线 $CD \cap \alpha = C$,则直线 AB 与直线 CD 是异面直线。

⑥直线 $AB \subset \alpha$,直线 $CD \cap \alpha = C$,且 $C \notin$ 直线 AB,则直线 AB 与直线 CD 是异面直线。

问题10:异面直线的定义、画法;空间直线间的位置关系及其分类。

（6）解决问题,深化、内化概念

问题11:判断正方体中各边所在直线的位置关系。

问题12:三棱锥的六条边中有几对是异面直线? 正方体中呢?

问题 13：证明：（问题 9 中的⑥）直线 $AB \subset \alpha$，直线 $CD \cap \alpha = C$，且 $C \notin$ 直线 AB，则直线 AB 与直线 CD 是异面直线，并写成命题形式（符号语言—图形语言—文字语言）。

（7）布置作业（略）

（二）案例评析

1. 概念课的课堂氛围是轻松的、民主的、和谐的、愉悦的

概念的抽象概括需要丰富典型的实例，让学生举例就有可能自然形成轻松的、民主的氛围。在举例过程中，学生思考、交流、争辩，促进了对即将产生的概念的理解，促进学生思维活动的实质性参与，为从实例中抽象概括数学对象的本质特征奠定了基础。以上教学过程中的实例是由学生给出的，而后抽象为相应的数学图形，隐藏解决实际问题的最基本的思路，使得学生能在和谐的、愉悦的环境中体会到数学概念来源于现实生活。

2. 概念课的课堂教学是积极的、自主的、延伸的、发展的

以上教学过程不是先给出异面直线的定义再做练习巩固，而是让学生参与异面直线这一概念的形成过程，使这一概念成为学生观察、抽象、归纳、概括之后或多次抽象概括之后的自然产物。真正抓住异面直线这一空间直线位置关系的本质特征，完成数学化。

3. 概念课的设计思路是清晰的、流畅的、自然的、环环相扣的

这种自然、流畅不仅是指师生的思维逻辑顺序自然、流畅，还是指师生的心理逻辑、思维活动过程的自然、流畅。在设计理念的指导下，按照"直观感知—分析综合—操作确认—思辨论证"的认识过程，利用问题引导的方法，使得学生的思维活动时而发散，时而聚合，始终沿着数学概念的抽象概括过程清晰地、流畅地、环环相扣地、自然地前行。

总之，教学中要重视概念，尤其是核心概念的教学。因为数学概念蕴含了丰富

的教育素材。通过玩概念、用概念思维，养成良好的思维方式和思维方法。所以，其教学意义是让学生参与、体验数学概念的抽象概括历程，领悟数学家用数学的思想意识，进而培养能力。这是概念教学中培养学生抽象概括能力、创新精神、实践能力的根本。

此外，在概念教学中，需要注意以下两点。

第一，要养成全面观察，精细比较，特别是同中求异、异种求同的习惯，激发新旧认知冲突，促进抽象概括能力的培养。

例如，在椭圆的离心率的教学中，先用多媒体显示"飞行中的橄榄球"，让学生尽情发挥，指出椭圆的一些特征值：长轴长、短轴长、焦距、离心率等；在飞行中是否发生变化——从平移和旋转的角度去认识，如飞行中的旋转事实、落地后的平移效果。这时，自然有部分学生能想到橄榄球落地时的变形，从而引发等比例压缩或扩张，而后通过具体例题，使一类问题得以解决：离心率为 e 的椭圆的标准方程的优美结构，体现了数学美。

第二，要让学生体会并理解从类比中猜想、归纳中抽象、抽象中概括，体会抽象概括的扩充与延伸，提高学生的抽象概括能力。如等差数列的定义、通项公式、性质与等比数列的定义、通项公式、性质的类比；归纳是建构模式中不可少的环节。

例如，等比数列学习后，为了巩固知识点，常与等差数列做类比，在类比中让学生学会抽象概括，加强记忆、拓展运用、延伸思维广度，一般会做相应引申。在教学中，教师利用板书、演示降低概括难度，让学生在直观、动态中体会抽象概括的过程与意义，培养抽象概括能力。

四、通过解题教学促进学生数学概括思维能力的发展

在解决绝大多数数学问题时，任何人都不可能用详细的步骤把问题归结为最基础的几个公理的方式来解决。究其原因，是他记忆储存中已知的某些数学解题模式或形式结构，从而完成解题工作。但是在解题教学中，往往会有这样的现象：有些学生即使拥有解决问题的各方面经验，也并不能保证他们能够用这些经验去解决

新问题。因为他们没有发现解题知识块中相应的问题与新问题之间的实质性联系，这就导致了问题用某一种方式提出，学生能够解决，而改用另一种方式提出时，尽管所需要的解题方法是一样的，学生还是会因为找不到与之相匹配的解题经验而束手无策。这正是当前中学生在解题学习中普遍存在的问题。

因此，教师在做例题讲解过程中，不能仅满足于题型归类的浅层次概括，还应当从数学思想方法的高度对解题思路、解题的思想方法进行较高层次的概括，重视解题思路的过程，即要引导学生对解题思路的概括，而不仅仅是对解题模式的记忆。

在中学阶段，有一些用处很广的解题思路和数学思想方法，如分析法、综合法、反证法、数学归纳法、换元法、消元法、待定系数法、类比法等。当然，这些方法的概括不是一次完成的，而是抓住时机，经过较长过程逐步完成的。有的题目看起来无法归类，但从解题思路上着眼，可以看成同一类型。一个有价值的题目，可供抽象和概括的因素往往不是单一的。如果不是仅从题型去研究，而是从解题的思维方法上去研究，就可以使解题模式"活"起来。

在教学中，应做好以下两个方面的工作。

（一）向学生展示"分析—综合"处理数学材料的思维过程

对一个有概括价值、有一定难度的问题，初次解答时，学生总要尝试用不同的方法进行种种努力去寻求解答。在尝试之前，都会形成某种"假说"或"猜测"，并且检验自己的"假说"或"猜测"的正确性。学生在解题时的这种尝试必须具有一定的目的性和系统性，要让他们领悟到为什么要进行这样的尝试，期待得到什么。有目的、有系统的尝试，首先需要在对数学材料的分析—综合处理过程中，充分发挥逻辑思维和直觉思维的作用。

在当前的数学教学中，逻辑思维的训练不足，还存在学生不理解的单纯逻辑论证训练，未能正确地将逻辑思维的规律体现于教学活动，使学生学会分析问题，并由此得到解题的正确探索方向。因此，学生运用逻辑的和直觉的两种思维活动分析问题的能力，需要教师在教学中通过示范，并潜移默化地影响学生。当教师在学生面前解题时,要对自己为什么要进行这样的尝试,自己是怎样形成探索方向的,自己是如何找出题目等没有直接给出的暗含的基本数学关系向学生做简练而清楚的阐述,使教师的思考明确地展现在学生面前,让学生感受正确的、有生气的数学思维活动是怎样进行的, 比他高明地对数学材料的分析—综合处理的思维活动是怎样进行的,给学生的思维以启发。长此以往,对提高学生的辨认能力、概括数学关系的能力,无疑有很大的帮助。

(二)要求学生进行概括化的解题

数学的抽象和概括,是对数学符号、数字、运算、关系的概括,而这些数学符号、数字、运算、关系又是抽象和概括的结果。在解题教学中,具有这种特点的数学抽象和概括并不需要较多的背景材料。在大多数情况下,分析一个题目,就可以综合解题方法,总结同类题的法则,抽象和概括出一般的推理方法。只分析一个现象,学生还不能看出这个特征是一般的,但是能够看出它是基本的,而基本的就意味是必须的。在教学中,教师要抓住例题教学的时机,帮助和引导学生对例题进行分析和概括化处理,力求在解题之后,用简洁、明晰的语言抽象和概括出解题模式和一般的推理方法,并在紧接着的活动中,将概括化解题所得到的解题法则、推理方法运用到解这类题目的各种变式中去。此外,培养学生解题后自觉进行概括的习惯,找出题目中蕴含的解题模式和推理方法,充分吸取题目的各种"营养成分",逐步提高概括数学关系的能力,把得到的新方法、新思想顺利地迁移到这类题目的各种变式上去,形成独立的概括化解题能力。

通过解题教学,能够帮助学生不断构建解题知识结构和解题思路,积累解题经验,形成解题模式。知识结构的性能越好,数量越多,经验越丰富,在新的问题情境中概括的途径就越多,越容易迅速地概括出问题的特征和解决问题的规律、方法。因此,通过解题教学能够很大程度地提高学生概括的敏捷性。

五、通过探究教学促进学生数学概括能力的发展

探究教学以探索研究为指导思想,把学生作为"数学家"看待,着眼于培养学生概括能力的一种教学方法。探究教学的一般过程是教师根据教材和学生的知识能力水平,按照认识规律做出教学整体规划,设计好研究问题,启发学生主动地去研究问题,探索知识是怎样从大量的事实中抽象概括出来的。因此,在探索教学中,教师可以通过为学生设置良好的学习情境, 不失时机地让学生自己做出概括,发现规律。

下面以"等差数列的概念"为例进行说明。

教师:看下面两组数列。

1. 第 23 届到第 48 届奥运会举行的年份依次为 1984 年,1988 年,1992 年,1996 年,2000 年,2004 年。

2. 某电信公司的一种计费标准是通话时间不超过 3 分钟,收话费 0.2 元,超过 3 分钟以后每分钟收费 0.1 元, 因此话费按从小到大的次序依次为 0.2,0.2+0.1,0.2+0.1×2,0.2+0.1×3…。

问:这些数列有什么特点?

学生:第一个数列是逐渐递增的,且相邻两项的差都为 4;第二个数列是逐渐递增的,且相邻两项的差都为 0.1。(一次概括)

教师:它们有什么共同的特征吗?

学生:两个数列都是逐渐递增的,且相邻两项的差相等。(二次概括)

教师:我们看以下数列是否具有相同的特点,如 3,−1,−5,−9…。

学生:相邻两项的差是相等的,但不是递增的。

教师:那么这三个数列的共同特点是……

学生:相邻两项的差都是相等的。(三次概括)

教师:能否用一个数学式子来刻画这个特点呢?

学生: $a_1-a_2=a_3-a_2=a_4-a_3=\cdots$（符号概括）

教师: 能否简化这个数学式子。

学生: 可以用 $a_n-a_n-1=d$（常数）来刻画。（四次概括）

教师: 上式中 n 有什么要求?

学生: $n\geq 2,n\in \mathbf{N}_+$。

教师: 我们再用数学文字语言来叙述一下这个共同特点。

学生: 从第二项起,每一项与前一项的差都等于同一个常数。

……

　　数学概括是一个从具体向抽象、初级向高级发展的过程。因此,教师应及时向学生提出高一级的概括任务,逐步培养学生的概括能力。教师在为学生创设的问题情境中,应向学生提供典型的、数量适当的具体材料,并给学生的概括活动提供适当的台阶,做好恰当的铺垫,以引导学生猜想、发现,并归纳、概括出结论。

　　教师在设计问题情境时, 首先应当在分析新旧知识间的本质联系与区别的基础上,紧密围绕揭示知识间本质联系这个目的,安排概括过程,促使学生发现内在规律。其次,应当分析学生已有数学认知结构与新知识之间的关系,并确定同化或顺应的模式,从而确定概括的主要内容。最后,要尽量设计多种启发路线,在关键步骤上放手让学生概括,使学生的思维真正经历概括的过程。

六、通过复习教学促进学生数学概括能力的发展

　　总结是人类认识活动的重要思维形式,是培养概括能力的一种必要手段。当我们讲完一章节的内容后,要引导学生做一次小结,甚至一学期或整个中学阶段的内容也可以这样做。通过复习,有利于知识体系的建立和完善,有利于解题方法的积累。通过总结,把原来零散的知识,经过加工、整理、归纳、分类,使之系统化、条理化,进而抽象化、概括化,概括为体现本质的、带有规律性的结论,使厚书变薄书。通过复习教学,开阔学生的视野,提高学生概括的灵活性和广阔性。

对学过的知识进行整理,可以提纲挈领地掌握知识的系统,加强整体与局部的联系;对知识加以整理,在相关知识中提炼出规律,构建知识网络,这对数学知识结构内化为学生的认知结构起到十分重要的作用。比如,立体几何中求各种各样的角,两异面直线所成的角、直线与平面所成的角、平面与平面所成的角(二面角),可概括为各种不同形式的角,最后转化为相交直线的角来度量。再如,立体几何中位置关系的判断和证明。

通过对数学知识结构的总结概括,使学生不孤立地看待数学知识、问题,而是以联系的观点对数学对象做出概括。对于这方面的工作,在教学过程中,可以让学生用自己的语言或利用图表概括要点。

对于某些数学知识,按照认识论的方法,用简练的话语进行概括,不仅有益于记忆,还可以通过这种训练,提高学生的概括能力。如"解三角形"这一章节的基本内容可概括为两个定理(正弦定理、余弦定理),四类问题(已知三边解三角形、已知两边和其夹角解三角形、已知两边和其中一边所对角解三角形、已知两角和一边解三角形)。再如,关于函数的研究,一般顺序可概括为:定义—对应法则—定义域—值域—图像—性质—应用;而研究三角函数的图形和性质可概括为图像、定义域、值域、奇偶性、单调性、周期性、对称中心和对称轴、渐进线。这一概括将不同函数的研究方法的共性揭示出来了,既有利于理解所学的各类函数,还有利于学生学习新函数。

将一些相近的知识采用列表的方法进行概括,突出它们的异同点,从而把握知识之间的联系和区别。如方程和函数的比较表,见表4-3。

表4-3　方程和函数的比较

特点	名称	方程 $f(x,y)$	函数 $y=f(x)$
字母意义		x 和 y 表示未知数	x 和 y 表示变量
字母地位		x 和 y 地位平等	x 和 y 地位不平等;x 是自变量,y 是因变量
研究重点		主要问题是求解、研究解的存在性、唯一性	主要问题研究定义域、解析式、值域、图像、性质
几何意义		方程的曲线表示满足方程的所有解对应的点 (x,y) 的集合	函数的图像反映因变量 y 随自变量 x 变化而变化的规律

这种概括总结的方法是按照某个基本特征将若干相近知识列表概括、比较异同点，从多个角度来揭示知识之间的联系与区别，从而形成一个整体，有利于将知识系统化，加深对概念的理解和本质把握，提高学生概括能力的深刻性和广阔性。

七、利用研究性学习发展高中生数学概括思维能力

研究性学习是指学生基于自身兴趣，在教师指导下，从自然、社会和学生自身生活中选择和确定研究专题，主动地获取知识、应用知识、解决问题。研究性学习强调学生通过实践，增强探究和创新意识。学习科学研究的方法，发展综合应用知识的能力，形成一种积极的、主动的、自主合作探究的学习方式。其主要分课题研究和项目设计两大类，可以由学生自行确定主题或项目，也可以由教师提供选题或项目，结合学生已有知识基础和生活经验，重视学习和社会生活实际的联系，引导他们从自然、社会、自我等方面提出感兴趣的问题进行探究。

《高中数学新课程标准》明确提出，一个学期至少安排一次较为完整的数学探究活动或数学建模活动。在教学中，要求结合有关教学内容，设计一些与学科内容相对一致或跨学科的数学探究活动或建模活动，并将这些学习方式贯穿于整个高中课程，渗透于各模块和专题的学习之中。

研究性课题的教学目标是学会提出问题和明确探究方向，培养创新精神和应用能力，以研究报告或论文的形式，反映研究成果，进行交流。因此，无论是从教学内容，还是从教学形式、教学方法上讲，研究性课题都是对常规课堂教学的补充与提高，是培养学生抽象概括能力的有效策略。

(一)研究性学习的选题原则

1. 适应性原则

研究课题的选择要与学生现有的知识水平相适应，太难或太容易的问题都不宜。选题时，要充分考虑学生所学知识，使学生通过对某个问题的深入研究，加深对所学知识的掌握和应用。

2. 问题性原则

选题时,要深入研究教材,从教材、案例和背景材料中选择需要进一步学习的数学问题进行探究。

3. 开放性原则

建构主义学习理论强调学习者是能动的,是信息加工的主体,是意义的主动建构者。数学研究性学习要求学生通过多种形式的学习,有甄别地收集相关的资料或信息,根据材料和问题选用适当的研究方法,得出结论,对个性特长和才能的发挥提供足够的空间,具有开放性。

4. 社会性原则

选题时,应关注与社会生活密切相关的数学问题,使学生通过课题的研究学习,学会发现问题的方法,培养创新意识和能力。

5. 实践性原则

数学研究性学习需要学生亲自参与信息的收集、分析、整理和结论的表述、验证等实践活动,获取亲身参与、体验、探究的过程,形成善于质疑、勇于探究的科学态度,激发学生的学习兴趣,培养学生的抽象概括能力和创新意识。

(二)研究性学习的实施过程

研究性学习的实施一般可分为三个阶段:选题阶段、研究阶段和汇报阶段。在学习过程中,这三个阶段是相互交迭、交互推进的。

1. 选题阶段

本阶段的任务是引发探究动机,在学生现有知识和经验的基础上,经过讨论、协商,提出核心问题,确定研究范围或研究题目。

2. 研究阶段

在确定要研究的问题后,学生通过实践形成观念,掌握相应的方法;学会理性地整理资料,发现信息间的内在关联;最后通过判断、归纳,综合提炼问题解决的思路,得出结论并反思。

3. 汇报阶段

学生将取得的结论反思后,进行归纳总结,以书面材料或口头报告的形式,进行小组交流研讨,经过客观地分析、辩证地思考后,将结论以书面形式报审结题。

按照研究性学习的实施过程,组织学生研究了"概率"一章中蕴含的数学思想。通过研究性学习,学生了解了科学研究的基本思想和一般步骤,加深了对所学知识在更高层次上的抽象概括,提高了学生的数学抽象概括能力和数学知识的应用能力,培养学生的数学个性思维品质,增强学生的数学素质和综合素养,为创造性思维及创新能力的培养打下坚实的理论基础。

在教学中,教师要创设一种民主、和谐、生动、活泼的教学氛围,以学生活动为主,教师只需启发、引导学生积极、主动参与学习新知识,查阅、整理文献,指导学生通过不断分析、讨论、多次抽象概括,创造性地构建出实际问题的数学模型,从而培养学生的数学抽象概括能力和团结协作精神。

第五章　高中生数学空间想象能力的培养

空间想象能力是数学思维能力的重要组成部分,提高高中生的空间想象能力是高中课程标准对学生思维能力的要求之一,能促进学生数学素养的提升。因此,研究空间想象能力的培养问题,是提高高中数学教学质量、培养学生数学思维能力和应用能力的需要。

第一节　空间想象能力概述及理论基础

空间想象能力是学生综合素质评定的一项重要内容,高中阶段是个体培养空间想象能力的关键时期。如果这一时期对高中生进行相关科学有效的策略培养,可以积极促进学生空间思维能力的提高,从而具备促进个体心理素质的功能。同时,空间想象能力是高中生建构数学知识体系的重要能力基础。在掌握良好的空间想象能力之后,高中生可以进行数学知识的内化与学习,有助于学生建构完善的数学知识体系。

一、空间想象能力概述

(一)空间想象能力的含义

高中数学课程注重的是培养学生的数学思维能力，这也是数学教育的重要目标之一。高中学生拥有固定的数学思维模式，其中包括直觉猜想、空间想象、抽象概括、推理运算、数据处理等很多方面，以上这些思维模式在学生形成理性的思维过程中发挥了独特的作用，能够帮助学生思考和判断现实生活中所蕴涵的数学问题。由此可见，空间想象能力是人们必须具备的基本能力之一。

在生产和生活当中，空间想象能力可以帮助人们规划路线、制作模型、设计图纸，以及创造艺术作品。从个人方面来讲，空间想象能力可以帮助人们形成科学的世界观，完善思维模式和生活习惯。而高中课程的立体几何部分可以很好地培养学生的空间想象能力，其中《普通高中数学课程标准(实验稿)》中提出，"立体几何部分的教学重点是培养学生的空间想象能力，几何学研究的是现实世界中物体的大小、形状以及位置关系的一门学科。人们认识和探索几何图形的方式主要有直观感知、思辨论证、操作确认以及推理运算等。人类生活的世界是一个三维空间，认识空间图形，培养和发展学生的空间想象能力、推理论证能力、运用图形语言进行交流的能力和几何直观能力，这些都是高中阶段数学必修系列课程的基本要求"。由此可见，高中阶段数学课程的主要任务之一就是培养学生的空间想象能力，这需要引起人们的高度关注。

吴宪芳等人认为，"中学阶段，空间想象能力是指人们对现实生活中事物的空间形式进行观察、分析、抽象思考以及构造创新的能力。也就是说，对物体的形状、大小、结构和位置关系进行想象的能力"；Linn(林恩)和Petersen(彼得森)两人的观点是，"空间想象能力是以深度知觉为基础的，通过深度知觉来认识空间图形，把空间图形转化为直观图形，然后在平面上表示出来，通过大脑的思考形成空间立体图形的能力"；Gardner(加德纳)等人通过对空间想象能力的本质进行讨论得出："空间想象能力的任务是精确的感知现实世界，对最原始的感知进行修正。当相关的物理刺激不出现时,对先前的形象经验进行再创造"。由此可知,Gardner(加德纳)强调空间形象的再创造。

刘益民、张旭东、程甫等人认为,"空间想象能力是人们通过分析、观察现实事物的空间形式(如大小、结构、位置等),对大脑中原有事物的经验所形成的空间表象进行加工、改造,进而形成新思想和新形象的能力"。其中,"表象指的是当事物不在眼前时在人的头脑中所出现的事物的形象"。

空间想象能力是对客观事物进行观察、分析和抽象的能力,主要表现有识图、画图和对图形的想象。识图指的是观察和分析图形中基本元素之间的关系;画图指的是将文字语言和数学符号语言转化成图形语言,以及对图形添加辅助线或者对图形进行变换;对图形进行想象主要包括有图想象和无图想象两种,这都是高层次的空间想象能力。

综上所述,空间想象能力是对事物的位置、大小、形状、结构等形成表象,并对这个形成的表象进行加工、改造、创新和创造,是顺利正确地处理几何图形,发现其特征所必须具备的一种空间能力,而表象是人们在头脑中能够出现那些不在眼前的事物的形象。

(二)空间想象能力的分类

空间想象能力是空间能力的要素之一,是人们智力的一种表现形式,空间想象能力的形成和发展需要人们进行观察和记忆。因为各个学科研究的领域不同,所以对空间想象能力的理解也不同。

1. 心理学对空间想象能力的理解

心理学上关于空间想象能力的观点有两种:一种认为空间想象能力是空间想象和空间思维这两种大脑活动的习惯,总称为大脑的活动观;另一种认为空间想象能力是一种复杂的操作过程,又称为心理操作观。

2. 数学上的空间想象能力

数学领域对空间想象能力的研究比较早,特别是对中学生的空间想象能力的研究,到今天为止,无论是理论上还是实践中都已经相当完善。当前,数学界对空间想象能力的理解包括两种:一种认为空间想象注重形的想象;另一种认为空间想象不仅注重形的想象,还注重量的想象。数学领域认为空间想象能力是以尝试知觉为基础的,是以观察和分析事物的空间形象、结构、大小和位置关系等来认识几何实物的,在这样的过程中,大脑经历了抽象和重新建构的过程,从而在头脑中形成新的立体图形。因此,空间想象能力是指空间事物在二维和三维之间的转化能力;空间表象的构成要素指的是事物的形状、大小、位置关系等;空间想象的思维过程包括观察、分析、抽象和创新。

3. 制图领域中的空间想象能力

通过对空间想象能力以及对原有的制图进行查阅可以得出，大多数学者都认同空间想象能力就是投影,一般是指平面与空间形体建立的相互对应的关系。制图学则认为,空间想象能力是对物体的结构形状和几何要素的有形表象,在二维与三维之间进行转换的能力,也就是实物与图形之间、平面与立体之间在某一投影的角度上进行转换的能力。

比如, 杨海燕认为,"制图课的主要任务是培养学生绘制和阅读图形的能力"。在这个领域内进行画图,就是要画空间实物的投影图,能够正确地利用投影来表达空间形体。所谓看图,就是根据已有的投影图来想象对应的空间实物。画图实际上是把三维实物转化为二维图形的降维过程, 看图则是由二维图形想象三维实物的升维过程。可见,培养学生的空间想象能力是提高学生画图和看图能力的关键。故制图学中的空间想象能力,就是人们通过投影的方法,建立起空间实物和平面图形之间关系的思维能力。

(三)空间想象能力的层次

1. 第一层次:空间观念的建立

空间观念的建立主要包括对空间简单图形的再现、识记与思考和对事物进行几何化的能力。而空间想象能力又包含以下三层含义。

（1）空间感

空间感是指能在人的大脑中形成空间表象，并对事物的位置、大小、形状等属性的直接认识；能比较物体的面积、体积、长度、宽度、高度和大小；能分辨出不同物体的特性，如能描述出排球与豆腐块的不同。

（2）实物的几何化

抽象化的几何图形是空间想象的主要对象，认识具体的事物也可以通过几何图形的研究，在现实生活中也可以利用几何图形的性质，这些都要求学生学会正确的归纳和总结，如把篮球和纸盒画成直观图。

（3）依照几何图形想象实物

用二维图形的方法来表示空间图形，也就是立体图形直观化，这个层次要求较高，因难度比较大，属于纯几何的范畴。比如，根据长方体的平面图形在大脑中建立起一个长方体的形象。

2. 第二层次：建立几何表象的能力

建立几何表象的能力是指在文字和符号语言的作用下，在头脑中出现符合要求的几何图形的能力。它的缺点是利用符号语言和空间概念建立起的几何体比较模糊，它的整体性较好，但是表象操作的成分却很差。比如，教师讲解空间中的两个垂直平面时，就会在学生的大脑中出现两个垂直面的表象。

3. 第三层次：对几何表象操作的能力

对几何表象操作的能力是指通过对大脑中已经形成的表象进行加工和整合来建立新表象的能力。这里的表象既包括语言文字和符号文字刺激下的表象，也包括直观图形形成的表象，还可以是二者结合形成的表象。主体能够把复杂的表象外显，还可以给出具体的图形，但此时被操作和变换的对象则有可能是原来表象的一部分，我们需要经常进行的变换有平移、翻折、旋转和分解等。

空间观念是空间想象能力发展的基础（如图5-1所示），建构表象是表象操作的基础，如果没有空间作为基础就没有任何表象和操作，也很难培养出高层次的空间想象能力，所以空间想象能力的培养需要长期地、分层次地、有步骤地、有计划地进行。其中，第一层次空间观念的建立又包括实物的几何化对空间基本图形的识记、再现和思考等。简单来说,就是三个方面:空间知觉、实物几何化、几何图形想象实物。而由《义务教育数学课程标准》可知,第一层次空间观念的建立是初中数学教学的目标,它为后两个层次水平的达成奠定基础。而第二层次建构几何表象的能力是指能在文字语言的刺激下,在大脑中想象出符合要求的图形的能力。它强调所建立的表象仅是语言文字所描述的,是几何体模糊而抽象的类似物。第三层次几何表象的操作能力是指对头脑中建立的表象进行加工或操作,以便建立新表象的能力。而此时的表象可以是语言文字指导下的内部表象，也可以是直观图形刺激下的表象,或是二者的有机结合体。其中,操作的表象可能仅是原来复杂表象的一部分。对几何表象的操作可能是空间上的平移、折叠、旋转、翻折、分解、拆取等。这样的层次划分很大一部分是从心理学的角度对空间想象能力层次划分，其中高中学生空间想象能力的层次要求是在空间观念的基础上建立几何表象,对几何表象进行操作。此理论不适合作为检测学生空间想象能力的划分依据，主要是因为其第二层次水平太易达到,而第三层次水平又已经是最高水平,后面两个层次不具体。但是,此结构符合学生发展的一般规律。

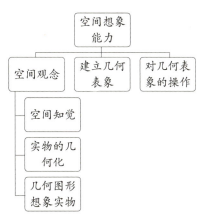

图 5-1　空间想象能力的层次

由上述研究可知,空间想象能力的发展始终贯穿于空间想象能力的不同层次。也就是说,空间想象能力的五个主要因素都存在于空间想象能力的三个层次当中,只不过是不同层次中的比例不同,如幼儿时期,空间知觉能力较强。

(四)空间想象能力的重要性

1. 认识现实世界空间形式不可缺少的能力因素

人类劳动和动物本能的根本区别在于借助想象能力产生预期的表象。任何劳动过程必然包括想象。它是艺术、设计、科学、文学、音乐,以及任何创造活动的一个必要方面。而空间想象能力是想象力的一个方面,是人的创造活动的一个必要因素。空间想象能力能对空间事物的空间关系进行感知,是处理空间信息和工程技术、几何、美术及各种设计问题的必备基本能力。比如,用手工做一张普通的桌子,事先应想象桌子是什么样子,多高、多长、多宽,桌腿怎样固定等,这个劳动过程中就运用了空间想象。空间想象能力强的人能迅速看懂几何图形,能深刻理解立体图形的特征,善于识别物体在空间运动中的联系、位置关系等。随着科学技术的发展,必然要求每个社会成员具备比较丰富的空间想象能力。因此,空间想象能力是人们认识客观世界和改造客观世界不可缺少的能力之一,其重要性不言而喻。

2. 促进创造性思维的形成和发展

能力的核心是创造性思维,而创造性思维源于丰富的想象力。因此,如何培养和发展学生的想象力,已成为当前重要科研课题之一。爱因斯坦指出,"想象力比知识更重要,因为知识是有限的,而想象力概括着世界上的一切,推动着进步,并且是知识进化的源泉。严格地说,想象力是科学研究中的实在因素"。爱因斯坦《论科学》对想象的科学研究是培养和发展创造力的基础和先导。什么是想象呢?"想象是指人脑对已有表象进行加工改造、重新组合,产生新的综合性形象的心理过程",是一种特殊的思维活动。它带有生动形象性和间接概括认识的特点。人们只有正确地理解一定数量和质量的表象,才能有一定广度和深度的想象。空间想象能力作为想象的一个方面,同样具有以上特点。所以,锻炼空间想象力能促进人的思维发展,激活其创造力。

3. 有助于学生理解科学知识,提高数学应用能力

教学大纲在第九章"直线、平面、简单几何体"中提出的教学目标就是:通过空间图形的各种位置关系间的教学,培养空间想象能力。所以,培养学生空间想象能力符合数学学科的培养目标。随着空间想象能力的提高,学生能更深刻地理解数学的有关概念,并能与现实生活相联系,提高解决问题的能力。中学生在学习期间对于理解各种科学知识都需要空间想象能力,如各种物质形态、物质结构等理化知识,关于地球自转、大陆漂移、气团等地理现象,乃至绘画、雕塑等无一不需要具备空间想象能力。

(五)空间想象能力研究及培养现状

1. 在空间认知方面

McGee(麦吉)、Fennema(芬尼马)、Guay(盖伊)强调,"在空间想象任务中的心理操作是其最重要的方面,解决空间想象任务时,将问题所描述的空间现象输入大脑暂时储存,而后大脑将进行一系列复杂的心理操作,使问题得以解决"。另一些研究者强调,"需要对空间表达的复杂多步骤进行分析,以促进学生对几何图形的理解和操作"。

周珍对中学生空间图形认知能力进行研究,考察中学生对空间图形的折叠、展开、旋转,以及图形推理能力的发展特征,空间能力已达到的发展水平,并提出"初中阶段是空间表征能力发展的关键时期,教学上要适应儿童心理发展的这一飞跃时期来进行适当的教育""学习成绩好的学生和学习成绩差的学生在空间认知发展水平、发展速度及发展的关键时期等均存在不一致的差异性"。

郑翔、徐群飞在几何教学与学生空间想象能力关系的调查研究中指出,"几何教育对学生的折叠能力、展开能力和心理旋转能力的发展影响较为显著,但对学生图形识别能力影响较弱"。

2. 在空间想象能力差异方面

从学生主体而言,生活经验、观察能力是影响其对空间元素理解的一些因素。

但随着经验的积累、推理能力和空间能力的发展,他们对各种图形的思维就不再完全由刺激物的表面特点所决定,而是上升到概念水平,这样就能很快地找到解决问题的正确途径。此时,学生的天资对数学概念理解能力的强弱又成为测试成绩好坏的因素之一。

造成空间想象能力差异的原因是多方面的。孙璐、马颖、刘电芝提出,"脑神经基础、知觉经验和思维、语言、教育训练是影响空间表象能力发展的因素,而视空间表象能力是空间能力的重要指标之一"。

综上所述,影响空间想象能力的因素主要有以下两个方面。

第一,个体内因:脑神经基础;观察能力和知觉经验的缺乏,导致对几何图形的感知不全面;对数学内容的理解不深,语言描述能力差,在信息加工过程中易产生错误;平面定势,造成错误的知识经验。

第二,个体外因:年龄与性别差异;教育的关键期;空间表象刺激物的外在特点。

3. 在培养学生空间想象能力方面

华亦雄在《论培养学生的空间想象力》指出,"在展示设计教学中,利用软件来培养学生的空间想象力,引导学生观察大量模型来培养学生的观察能力,分析空间模型的时候,展现的不再是片段静态的画面,而是一个动态的空间过程,学生能够非常清晰地观察到一个空间造型在不同位置时的不同形态。这样不仅能够很好地培养学生的观察力,而且能让整个授课过程变得更加轻松,课堂气氛更加活跃,从而提高学生的学习兴趣和学习效率"。刘建明培养学生数学空间想象能力的策略包括:扩大感知觉,培养观察力;正确画好图形;认真记图,丰富蕴积表象。所谓一个学生具有较强的空间想象能力,是指在识图、画图、识符与画符及图形与符号之间相互转化,即数形结合四方面达到较高水平。

刘晓牛认为,"空间想象能力的培养策略为教具演示、强化图形的立体感、多做比较分析、重视平面图形与空间图形的互相转化、多做整体与部分的想象"。江越指出,"空间想象能力的策略为:模型演示;观察比较;采用多媒体辅助教学,有效提高空间想象力;教给学生正确的识图、绘图规律和方法;图形的转化;提高课堂教学的学生参与程度"。而代勇侧重实践活动,提出"恰当地运用模型,培养几何直观能力;创设实践活动的机会,拓展空间认知能力;适当运用多媒体演示,培养空间想象能力,重视三种语言互译,培养空间问题的表述能力"。

李小琴认为,"空间想象能力的培养是一个循序渐进的过程，可以划分为如下四个阶段:基础阶段,激发学生兴趣;初级阶段,直观教学法;发展阶段,鼓励学生动手制作模型;提高和总结阶段,三视图——轴测图训练"。笔者认为,"空间想象能力的培养关键在于培养学生的各种思维能力，使学生在平时的学习中养成善于思考的习惯"。

马献时在《开发想象力》中指出,"提高学生的空间想象力,有四种方法:注重学习相关的理论,从而掌握事物的本质;注重感性知识,增加实际体验;多进行再现想象训练,积累成功的经验;加强主观调控,在进行再现想象时要积极动脑"。笔者认为,"学生不仅要多做练习,而且要加强思维的锻炼,每学好一个知识点,都应该加以总结,生成知识链"。奚旗文指出,"在初步建立空间概念的过程中应该多提供实物、模型等教具及幻灯片、动画等多媒体课件;对比相同、相似的物体或不同的物体所对应图形的特征,在概括与归纳的基础上对事物的普遍性、特征性进行有针对性的记忆;教学过程中,尽量加强实践和实训环节;教学过程中,采用先进的、符合认知规律的教学方法;让学生多做一些有针对性、有规律的习题"。他强调创设情境是这些教学法的一个关键环节,是决定教学能否成功的一个主要步骤。因此,在学习前和学习的过程中有机会时,要让学生多到实习基地去参观,积累基本形体、简单零件、常见形体的表象材料。

最近,国外的研究指出,"诗歌对于培养空间想象力效果显著"。例如,有些教授认为,"地理学家、诗人和剧作家写相似的事情:在某一时间和地点,人们和他们的生活"。很多学者认为,"诗一样的语言容易引起人们的想象,如果用诗一样的语言来表达地理事物,显然会带给学生无限的遐想,从而激发学生想象的动机"。

不同的学习阶段、不同的学科形成了不同的研究角度,使学生对空间想象力的理解形成不同的观点,但大多数只是一线教师教学后的一点心得,各侧重于某一方面,还没有比较系统的研究,也没有经过实验研究与检测。

二、空间想象能力培养的理论基础

(一)范希尔(Van Hiele)的几何思维水平理论

几何思维也是空间想象能力的重要组成部分,西方学者在这方面对儿童进行了许多研究,其中最著名的是范希尔夫妇的研究。他们两人提出了关于几何思维的五个不同水平,如果能对这五个水平加深理解,则会对我们的教学产生深远的影响。

0——水平:直观阶段。本阶段的特征是学生借助直观能力笼统地从外表、整体上接受图形和概念,但是不理解其构造和它们之间的关系,也不会进行比较。比如,他们可以画出长方形、长方体,但是他们认为这些图形是相互独立的,并不存在任何联系。

1——水平:抽象阶段。本阶段的特征是学生形成了抽象的定义,能够建立图形概念和性质之间的逻辑关系,但还不能抓住演绎的实质性含义,也没有理解公理和定理的作用。比如,他们知道椭圆的定义,也可以利用椭圆的性质进行推导,还知道圆是特殊的椭圆。

2——水平:描述阶段。本阶段的特征是学生利用几何性质来认识一些几何图形。在本阶段,学生会运用几何图形的组成部分来分析几何图形,学生会运用已有的经验来确立图形的性质,并解决问题。

3——水平:演绎阶段。本阶段的特征是学生掌握了整个演绎体系,能在以基本关系和公理为基础的数学体系内进行推理,理解构造和发展整个体系的逻辑结构,能理解和分析相互之间的逻辑关系。比如,他们会从不同的定义出发来研究长方体的所有特征,从而构成一个系统。

4——水平:严密阶段。本阶段的特征是能够领会现代公理的严密性,对于几何关系的具体含义和几何对象的具体性质都可以不做解释，但是可以完全抽象地建立一般化的几何理解论，这其实已经将几何运用到了一个十分广泛的领域。比如，他们能够运用各种不同的公理体系，并且能在不用几何模型的情况下研究几何学。

一般情况下，在前一个水平上进行的组织活动会成为下一个水平的研究对象，通过重新组织会提高到一个新的水平。在这样不断提高水平的过程当中，学生的几何思维水平会得到锻炼和提高。

范希尔夫妇曾经指出，"学生几何思维的发展主要依赖于教学的性质"。也正因如此，他们在对教学工作给予了高度关注的基础上提出了教学阶段的划分：

阶段1——信息：在这一阶段，学生开始熟悉相关内容，教师可以对学生所接触的内容做出必要的说明，可以通过讨论来了解学生是怎么理解这些词语的，从而引导学生从事有目的的行动来获取相关的认知。

阶段2——定向指导：本阶段的目的是培养学生主动探索的兴趣，通过裁剪测量等让他们接触到将要形成的关系网络，教师则是在安排活动中起主导作用，借助活动引导学生进行探索。

阶段3——解释：在这一阶段，学生开始认识到学习内容与学习内容之间的联系，是一个清醒的认识和使用自己语言的过程，教师的任务则是引导学生通过使用自己的语言来讨论这个问题，让学生获得对知识的清醒认识。此外，如果学生对学习的知识有一个清晰的认识，并且会使用自己的语言进行描述，那么此时教师应该给他们介绍与此相关的数学术语。

阶段4——自由定位：在此阶段，学生会遇到需要全面运用前面的概念进行求解的问题，教师的责任则是来选择合适的主体物质和几何问题为教学提供不同的解决方案，以鼓励学生反思他们自己的解决方案，并根据需要引入相关的数学术语、概念和解决问题的方法。

阶段5——整合：学生在这个阶段要总结他们所学到的东西，并把它们放到一个容易理解的网络当中，而这个网络是可以用数学的语言和概念来进行描述的，教师应鼓励学生反思和整合已经学习过的知识，并突出强调数学结构，也就是将所学到的知识纳入形式数学的结构中去,并做出适当的总结。

范希尔夫妇认为,"学生在教师的指导下通过以上各个阶段才能获得更多的经验,才能不断地超越自己,从而达到一个新的水平"。同时,范希尔夫妇指出,"就他们所学习的题材来说,在完成阶段之后思维就会达到一个新的水平"。

最后,需要指出范希尔夫妇主要是从逻辑的角度对几何思维水平进行分类。显然,几何思维的全部内涵不应该被看作是逻辑。特别指出的是,我们还要清醒地认识到发展学生空间想象能力的重要性,这才是几何的重要价值。

（二）心理学基础

想象是在这个过程中建立的一个特殊思维活动的空间感。心理学认为,人的大脑是基于图像思维活动之上创建感性形象的过程。记忆和感知是想象的基础,想象的素材是一种介于感知与思维的中间环节,想象是一个改组和重建记忆表象的过程。

正是因为记忆表象是想象的素材,所以我们想要获取更多的知识必须走出单一的生活圈,通过对大脑中已有的记忆表象进行加工和改造以便形成一个全新的记忆表象,也可称为再造想象。与此同时,我们还可以利用再造想象的基础性在头脑中形成创造想象,如我们可以通过唐代诗人李白的诗句"日照香炉生紫烟,遥看瀑布挂前川。飞流直下三千尺,疑似银河落九天",从而在头脑中形成庐山瀑布那雄伟壮观的形象。

想象和思维是密不可分的,预见性是它们的共同点,均由个体的需要推动,均产生于问题情景中,都属于高级的认识过程。如果事物拥有很多不确定性因素,那么此时想象的力量就可以充分显示出来,它可以改变事物的客观特点,把客体的属性、品质与其他事物的特点联系起来形成特殊的形象操作,以便更利于掌握。

在心理学中,想象的操作有三种情况,即想象的联想操作,想象的黏合操作和想象的典型化操作。想象的联想操作,顾名思义就是由一类事物联想到另一类事物或者由一种情况联想到另一种情况,在立体几何中的表现就是对几何图形进行旋转和折叠,使立体与平面之间实现转化。想象的黏合操作,就是把两种或两种以上事物的一些特征属性和关系在大脑中黏合在一起形成新的形象,反映在立体几何中就是把复杂的图形进行割补,以得到简单的图形。想象的典型化操作,就是把一类事物的共同特征和属性集中到某一个事物上形成新形象的操作,想象产生的目的是为了解决一些特定的任务,在思维的参与和配合下,通过对已有的表象进行分析与综合,得出事物的主要特性。

几何中的空间想象能力是对事物的大小、形状、结构、位置关系的想象力,它和一般的想象力有相同点也有不同点。由于记忆表象是想象的素材,反映到数学中就是要求学生有空间形式的扎实知识,如公式、公理、定义和原理等,它们不仅是用文字和符号语言描述的再造想象,也是用来获取新的空间想象的理论基础。

第二节　高中生数学空间想象能力与立体几何教学

数学是一门逻辑性、系统性、严谨性"三强"的学科,学生往往通过推导、归纳和总结数学中的公式定理来培养自身的数学能力。

那么,在立体几何教学中主要培养的又是学生的什么数学能力呢? 由于计算能力在每个学段的数学学习中都能得到培养,而空间想象能力在其他数学内容中并没有专门性的训练和培养,所以立体几何教学对培养学生的空间想象能力有着重要的作用。因此,在立体几何教学中,主要是对学生空间想象能力的培养。

一、高中生空间想象能力与立体几何教学

(一)立体几何教学内容

在数学教育改革历程中,几何课程与教学的改革一直成为争论的焦点。在以往

的立体几何教学内容中,重视图形的位置关系以及逻辑推理证明,更多关注从位置角度解释图形性质关系。在理解空间概念和图形画法的基础上,提高演绎推理能力和图形抽象的能力,发展学生分析客观事物以及实际现象蕴含的几何事实和关系。在课程改革之后,立体几何内容发生了方向性的改变,通过教学理念的指导,重视学生数学能力的获得,突出几何问题的实质,理解过程性教学。通过增加空间向量的相关内容,降低度量计算,突出空间观念,体现空间问题代数化的教学理念,从多渠道、多角度解决空间问题。同时,视图和直观图为载体,直观认识图形中的线线、线面、面面问题,通过设计操作活动解决学生动态性问题。例如,平面图形的折叠、展开等问题,关注学生观察空间体的活动过程,探究教学重点与难点问题。有学者指出,"立体几何教学内容的改变,最核心的是教学理念的改变与几何教育价值观的改变"。教学内容中重视学生数学活动经验的积累与应用,利用立体几何模型载体,强调图形应用水平和思维能力的提高。

(二)立体几何中画图、识图、用图研究

在立体几何的学习过程中,正确画出立体图形的直观图,判断图形元素的位置关系,恰当处理几何图形,并且能够运用几何图形解决相关问题,对于培养学生的空间想象能力至关重要。有学者曾经对立体几何中画图、识图、用图做出调查与反思,通过调查发现,学生中普遍存在以下三个问题:第一,基本的作图能力较差。很多学生不能进行标准作图,从而影响图形的立体感,使学生不能进行正确的观察与分析。第二,数学语言转换能力薄弱。学生在文字语言、图形语言及符号语言之间的转换存在问题。第三,识图和用图的能力欠佳。在遇到复杂图形时,不能很快地利用基本几何体进行分析,确定各元素之间的位置关系。在此基础上,提出以下四条建议:第一,重视学生的作图能为培养;第二,强化立体几何概念的学习;第三,重视图形之间的转换与处理;第四,加强数学思想方法的渗透。

有学者曾指出,"立体几何教学是分层次、有步骤的,分别为借助直观、增强抽象、动变结合三个层次,三个步骤分别对应画图、识图、用图阶段,并提出应重视画图,如何画才能更有立体感,通过读图进行直观想象,最后通过变换图形位置、所处环境及运动变化进行强化"。

(三)立体结合课程与学生发展

我国心理学家林崇德曾在《学生与发展》中指出,"几何课程与学生空间想象能力的发展密切相关,它使我们可利用空间的图形处理以及语言转换来训练学生的空间想象能力"。林崇德认为,"由于中学生的空间想象能力与其解释图形信息的能力有关,即对图形、图表等使用的空间语言有关,因此它与学生几何课程内容的学习掌握有关"。李淑文、史宁中教授曾在《中日两国中学生空间想象能力的比较研究》中对学生的折叠能力、展开能力、图形旋转能力,以及图形识别能力进行测试比较,通过测试发现,日本学生的各项空间心理表征能力较强,其中我国学生在心理折叠能力及心理展开方面差距较大。据此,分析比较几何课程中空间图形内容及空间图形习题难度。

有学者曾对高中学生的空间想象能为与性别差异之间做过调查研究,结果表明,女生的空间想象能力普遍低于男生的空间想象能力,通过训练补偿,可对其产生影响与提高,但一旦间断这种训练,女生依然存在较大困难。也有学者从生理以及环境分别分析了不同性别对于感知事物能力的差异,并且利用建构主义观点,分析生活经验对于学生培养空间想象能力及立体几何学习的重要性。

(四)空间想象能力在立体几何教学中的作用

随着国内外教育理念在"加强基础教育,培养学生数学能力"方面达成共识,高中数学空间想象能力的内容得到不断更新,同时在教学上也不断完善。传统的空间想象能力被定义为,"对物体(即客观存在的空间形式)的形状、结构、度量及位置关系的想象"。由于人们发现大脑生理结构与学科思维之间的相互关系,为了平衡学习者质与量的协调发展,因此在空间想象能力中增加对"空间形式符号的想象与再造想象",并且揭示空间想象能力与运算能力、逻辑思维能力之间的内在关系,注重三种能力的促进发展。

研究证明,立体几何的教与学,即图形的形状、性质、结构中基本元素的相互位置关系,这其中都必须运用空间想象能力。实践证明,空间想象能力的最佳载体为抽象的空间形式结构,通过处理、探明几何结构的表象特征,增强空间感与几何表象的建构能力,从而达到对几何对象的操作处理,完成几何教学的学习任务,认识现实的几何空间——学会运用几何思维方法,逐渐培养学生的空间想象能力与逻辑推理能力。但是,随着几何代数化以及空间向量的快速发展,几何教学对逻辑推理能力的要求日益降低,增加了合情推理与逻辑推理的平衡发展。但是,立体几何对空间想象能力培养的责任并没有降低。随着信息教育技术的应用,立体几何的图形素材不断地丰富与直观化,空间观念的直观性教学逐渐受到人们的重视,增强学生的实际操作与自身体验,建构立体几何的知识网络。

通过近几年的研究发现,通过建立空间想象的模型支架,关注学生在"折叠能力""展开能力""旋转能力""图形识别能力"的水平发展,通过增加三视图与直观图的相互联系,提高学生识图、理解图形及应用图形的整体能力,注意符号语言、文字语言、图形语言间的相互转化,将抽象的几何图形模型化、生活化,加强立体几何与实际应用问题的结合,突出直观想象,注重学生图形运用能力与思维能力,从而有目的、有层次地实现空间想象能力的培养与提高。

二、高中生空间想象能力与立体几何教学中的向量

(一)高中立体几何向量的内容

在向量早就成为众多发达国家中学数学教学基本内容的今天,我国直到进入21世纪,数学新课程改革才在高中阶段几何教学中增设了向量与变换的内容。

在高中新课程标准中,数学分必修和选修。必修课程由5个模块组成,是每个学生都必须学习的数学内容;选修课程有4个系列,学生可以根据自己的兴趣和对未来发展的愿望进行选择。

例如,"平面向量"在高中新课程标准中与三角函数设计在同一模块必修4中,

主要是为了通过向量沟通代数、几何与三角函数的联系,体现向量在处理三角函数问题的工具作用。

"空间向量"作为选修内容出现在选修系列 2 模块 1 中,即强调了让学生经历由平面向空间推广的过程,让学生体会数学的类比与归纳的思想方法,体验数学在结构上的和谐性与在推广过程中存在的问题,以及如何解决这些问题;也强调了利用向量解决立体几何问题, 让学生体会向量的思想方法, 以及如何用向量来表示点、线、面及其位置关系,使学生学会灵活选择运用向量方法与综合方法,从不同的角度解决立体几何问题。

"空间向量"内容可分为"空间向量及运算"与"空间向量的应用"这两个模块。

空间向量及其运算包括:经历向量及其运算由平面向空间推广的过程;理解空间向量的概念,掌握向量的加法、减法、数乘及坐标表示,了解空间向量基本定理及意义;掌握空间坐标系,能将空间向量用坐标轴上的单位向量线性表示,掌握空间向量的坐标表示;掌握空间向量的数量积及其坐标表示,能运用向量的数量积判断向量的共线和垂直。

空间向量的应用,包括理解直线的方向向量、平面的法向量、向量在平面内的射影等概念;能用向量语言表述线线、线面、面面的垂直、平行关系;能用向量法证明有关线、面位置关系的一些定理;能用空间坐标系与向量方法解决夹角与距离的计算问题,体会向量法在研究几何问题中的作用。

(二)向量进入高中立体几何教学的意义

1. 引进向量,革新了高中立体几何传统内容的处理方法

在中学阶段,学生一直采用"形到形"的几何推理方法学习立体几何,对大多数学生来说是比较困难的。正如陈素在《中学生对截面的理解》一文中谈到的,"在立体几何学习中,学生掌握的基本解题工具主要是全等三角形和相似三角形,但在许多问题里面的图形并不包含这些,要用上它们,往往要做辅助线。可怎样做辅助线呢?学生觉得这是要靠'直觉'的,如果没有'直觉',往往就束手无策。"另一方面,体

积法、面积法、割补法等是立体几何中常见的解题技巧，但这些技巧难度很大，学生在解题时往往不确定应该选择哪种方法，而一旦选择错误的方法，不但解题步骤烦琐，计算量增大，而且很难得到正确的答案。因此，许多学生往往觉得花了很大力气学立体几何，还是学不好，没感觉。然而，空间向量的引入，可以说给学生带来一个便捷的工具、一种多样的选择。正如戴建坤在《试论空间向量在立几教学中的重要性》一文中指出，"利用向量处理问题，能减少人们对空间形式的依赖和想象，缩短繁难的推理过程"。同时，空间向量的引入也充分关注到了不同学生在数学上的不同需求，激发了学生的学习兴趣，以满足二期课改所提出的"使不同学生在数学上能得到不同发展"的要求，体现了立体几何课程对全体学生的适应性，也是培养新时代新人才的需要。

2. 引进向量，更新了学生对空间形式的思维方式

立体几何一直被世界各国视为重点，传统几何对数学思维的培养是借助实物表象，利用几何法来局部考虑几何图形性质而实现的。但长久以来的实践证明，此种方式由于相当繁难，不利于学生将解决问题的各种方法一一消化并灵活应用。但利用几何教学培养学生思维又不可替代，那么如何解决这个问题呢？

钟载硕在《发挥向量在立几中的工具性作用》一文中指出，"对中学生较为有效的方法是向量几何，这是由于向量几何首先把几何中最基本的量'两点的相对位置位移'进行了代数化，引入了向量的概念。然后引入了向量的加法、数乘向量和内积三个运算用来解决常见的几何表象操作，如平移、翻折、拉伸、旋转等，这样学生就可以方便应用向量及其代数运算来解决空间图形的位置关系和度量关系"。由于向量运算体系与代数运算体系非常接近，因此学生可以在他们原有认知结构的基础上掌握空间图形的性质，符合其认知规律。综上，借助向量研究几何问题，完全更新了人们对空间问题的思维方法，学生的数学思维也在不断"以数释形"的过程中得到充分的培养。

另外，这种将向量及其运算在直角坐标系中用数量反映的思维模式也体现了现代数学发展的方向，有利于学生进入大学的进一步学习，有利于学生养成良好的

思维方式,以适应信息时代数字化的需要。

3. 引进向量,进一步强化了高中数学对应用科学的基础性作用

弗赖登塔尔曾说:"数学源于现实,也必须寓于现实,并用于现实。"可见,强调数学与现实的联系,是当前国际数学教育改革的共同趋势。因此,要正确理解向量的本质,就要加强向量与现实生活的联系。向量作为连接数学与物理等自然学科的桥梁,有助于学生创造精神的培养。同时,新课标把数学建模能力列为学生学习数学需完成的知识,因此学生可以借助向量工具建立数学知识与物理知识的联系,通过把物理问题转化为数学问题,再利用数学模型解释物理现象的过程,培养建模能力。

另外,随着信息技术的不断发展,很多现实中的问题抽象成数学问题后需要用计算机辅助处理。有关几何图形的问题,计算机是无法直接处理的,只有将几何图形"翻译"成代数语言,再编写程序,才能达到处理几何图形的目的。向量法就是一种有效的处理几何图形的方法,在高中阶段掌握这一方法对学生来说是非常有益的。当然,更重要的是通过向量教学,还能使学生了解到向量在生活中的数学价值。这样,学生会自发对数学产生浓烈的兴趣,从而激励他们在生活中养成"用数学思维"的良好习惯。

(三)空间向量对空间想象能力影响的思考

新数学课程改革强调对"运算能力、空间想象能力、逻辑思维能力"三大能力的培养,并将向量内容纳入高中数学课程。在传统立体几何教学对空间想象能力的培养作用得到充分肯定时,将向量引入立体几何,会对学生空间想象能力的形成与提高产生怎样的影响呢?

欧氏几何就是研究空间与图形的长度、角度、垂直、面积、体积,以及全等与相似等,采取公理化的手法(或所谓的综合法)来研究几何。由于其不能施展代数演算,所以难以长久发展。直到 17 世纪,笛卡尔与费马发明了解析几何,引入了坐标系,将平面上的 P 与实数对(x,y)对应起来,使得几何图形与方程式之间可以互相

转化,沟通了几何和代数的关系。不过,这种转换方法有其局限性,就是点 $P(x,y)$ 无法做运算。

几何的"向量代数化"解决了几何代数演算的问题,其整个构思相当单纯,只包括:一个概念(即向量),以及四种演算(即向量的加法、系数乘法、内积与外积)。对于三维空间的情形要将空间向量化很容易:将点 $P=(x,y)$ 看作从原点 O 到点 P 的位置向量就可以了。

吴文俊先生在《数学通报》1995 年 2 月期的《数学教育现代化问题》一文中明确指出,"数学教育现代化问题就是机械化问题"。吴文俊先生说:"现代化就是机械化……我想谈的主要是中学范围里的数学现代化,或者照我的看法,所谓数学机械化的问题。"关于传统几何的改革,吴文俊先生说:"对欧几里得几何应该怎么看,我说明一下我的看法,我有点倾向于恩格斯的数学关系。数学研究数量关系与空间形式,简单讲就是形与数,欧几里得几何体系的特点是排除了数量关系""……对于几何,对于研究空间形式,你要真正的腾飞,不通过数量关系,我想不出有什么好办法"。吴文俊先生明确指出,"为了使中学几何腾飞,必须采取'数量化'的方法",也就是代数化几何的处理方法。不难发现,向量几何具有一定的机械化。几何的向量代数化使几何问题转变为数的运算问题,其解决也就变成"机械化",避免了较为复杂的空间想象过程,这种"简化"过程是否会对空间想象能力的培养产生阻碍呢?

空间向量作为"数与形"的结合体,当它以"形"存在时,就是一个立体的实体,具有空间的方位和长度,对其理解需要经历三维到二维再到三维的空间想象过程。

因此,空间向量教学在一定程度上能够起到培养学生空间想象能力的作用。"空间向量"作为空间"几何体",可以培养学生的空间想象能力,因而对学生空间想象能力的提高有促进作用;空间向量对学生空间想象能力提高的影响与学生已有的知识水平和数学能力有关;对具有一定数学水平的学生,空间向量的学习可以激发他们学习数学的兴趣和自信心,进而促进他们学习成绩和空间想象能力的提高。

三、高中生立体几何学习障碍

(一)高中生立体几何学习障碍的分类

1. 认知障碍

认识的活动因素包括感知、理解、记忆、思维和注意等。认识障碍表现为上述一个或者多个因素出现困难或异常。高中生立体几何学习的认识障碍表现为以下四个方面。

(1)对立体图形感知困难

感知困难主要表现在识别图像困难，识别图像困难表示不能正确认识题目中的几何图形的空间关系，或者对空间图形的空间关系认识不全面、不正确而导致在头脑中形成错误的表象。

(2)对数学知识的理解障碍

理解障碍主要表现在对文字、基本概念、公理定理的理解肤浅。

数学语言是简约而又抽象严谨的，而有些学生对于数学语言的认识仅仅停留在表面，没有深入理解。理解基本概念是数学学习的基础,由于立体几何本身的抽象性,基本概念的理解显得尤为重要。在平常的学习中,学生经常会混淆正四面体和正三棱锥,外心、内心和重心等概念。对数学公式定理的理解是立体几何有关线线、线面平行或垂直的判定证明的基础,尤其是性质定理和判定定理的区分和联系。

(3)对数学知识的记忆障碍

记忆障碍主要表现为无法清楚地识记、清晰地保持以及正确地回忆或者再现立体几何的相关知识,包括立概念、定理和公式等。学生对于公式的记忆大多都是直接背诵,他们认为只用记住即可,但是当相似的公式越来越多后就会产生混淆。

(4)思维定式

思维定式的意思是指人们喜欢用由于生活经验而形成的一些思维方式和方法去解决问题,这种思维方法和方式既有正面的作用,也有负面的作用。在立体几何的学习中,初中的平面几何知识在一定程度上对与立体几何的学习有消极的作用。因为初中平面几何中的大部分性质和定理都可以通过直接观察得到,而高中的立体几何是三维的空间关系。

2. 操作障碍

(1)语言表达障碍

在立体几何的学习过程中,数学的三种语言发挥着不同的功能,但是它们之间又存在着互相补充、互相理解的作用。因此,想要建立良好的空间观念,对它们意义的深刻理解、对它们之间转化的融会贯通,以及对它们运用的灵活熟练是必不可少的。通过对调查的分析我们发现,许多学生更善于理解和运用文字语言,如果把文字抽象为符号语言后或者把符号语言转化为空间图形后,显然学生存在很多困难,有思路去解题但是在叙述的时候却模糊不清,常常出错,表达能力较差。可见,语言表达是制约立体几何学习的一个障碍。

(2)空间想象能力缺乏

前面认识障碍已经说明了识别图形困难,这里主要强调操作障碍中的构造图形困难。在解决立体几何问题时,很多时候需要学生在头脑中形成几何模型,构造出错误的模型自然也就误导解题。而学生在把文字语言和符号语言转化成图形语言方面存在困难,其实就是构造图形困难。

(3)推理论证能力缺乏

一是重结论,轻过程。证明过程本身不仅体现了定理的内涵,还对学生进行基本的推理论证能力和证明思想的培养,同时涉及规范的数学语言叙述。而学生往往为了得到结论,忽视过程。

二是重模仿,轻理解。正如调查问卷的结果显示,很多学生在立体几何证明题中习惯边看答案边做题,看懂了别人的证明思路,不代表自己会做。

3. 情感障碍

情感是人们内心对外界事物所持的肯定或否定态度的体现。立体几何学习的情感障碍表现为以下四个方面。

第一,兴趣不足。学生普遍对立体几何不感兴趣,但同时学生们大多认可立体几何的价值和重要性,认知和情感的矛盾应该引起重视。

第二,畏难情绪。遇到难题就放弃或者想一会就放弃的现象,在立体几何学习中屡见不鲜。作为青少年,没有克服困难的勇气是他们遇到难题的一大障碍。例如,许多高中生一般碰到球的问题、求角的问题等主观认为自己不会,甚至有的学生都不会去审题就直接跳过,畏难情绪明显。

第三,抵触情绪。抵触情绪不是一天形成的,是学生在立体几何的学习中产生问题而又不能得到很好的解决时产生的。从访谈中得知,部分学生花费了大量时间在立体几何的学习上,但是依旧学不好,考试中得分偏低。

第四,主动性差。缺乏主动学习的精神已经成为学习的一大障碍,学生在立体几何学习中体现在不主动参与交流,不主动预习复习,不主动归纳总结。几何证明方法错综复杂,学生甚少主动分享自己的想法,缺乏交流。

(二)造成高中生立体几何学习障碍的原因

1. 平面几何对立体几何学习的负迁移

通过初中的学习,以及平常生活中对图形的直观认识,使平面几何的知识理论体系在高中学生头脑中根深蒂固。但是,这对立体几何的学习并非完全是好事,而在某个程度上对立体几何的学习将产生一个负迁移影响。平面几何大量直观的图形和几何概念,对初中学生学习几何的入门,以及直观思维和形象思维的培养,都起着不可低估的作用,以至于在初中平面几何里所研究的图形的性质绝大部分可以通过观察实验得到。例如,等腰三角形的性质,勾股定理等教学就充分地利用了几何的直观性。但高中的立体几何学习,几何体系中的基本元素由"点、线"增加为"点、线、面",从平面图形上升为空间图形,从"二维空间"变为"三维空间",产生了与学生原有知识结构的认知冲突,反映在以下两个方面。

(1)识图与画图——"用平面的眼光看立体的问题"

表现在"看到的与想到的不一样"。例如,在"水平放置的平面图形的直观图画法"中,正方形、矩形在水平放置后呈平行四边形,以及在图中看上去明显不垂直的两条线段却偏要证明他们互相垂直等,此时初中平面几何的直观思维往往或多或少地起了负迁移的作用。

(2)平面几何的概念和定理形成定式

平面几何的概念和定理在立体几何中的正确性的再认识与辨析。在平面几何中,一些学生熟悉的、常用的直观、正确的概念和定理,在立体几何中却不成立。例如,在平面几何中,内错角相等,两直线平行。而在立体几何中却并不成立。再如,在平面几何中,过线外一点有且只有一条直线与已知直线垂直,但在立体几何中过一点却有无数条直线与已知直线垂直。因而,平面几何中的概念和定理不是信手拈来就能在立体几何中应用的。而往往学生在证明判断中却以初中平面几何的惯性思维来考虑立体几何问题,这正反映了平面几何知识的负迁移影响。这种负迁移影响常体现在立体几何教学的入门难上,如果这一关过不好,将影响后面的深入学习。不过,随着立体几何学习的深入会略有所减。因此,在"空间直线与平面"教学中,提倡放慢进度,在到"三垂线定理"之前尽量出示直观模型,运用直观手段,通过感性认识完成对知识的描述,并帮助学生逐步形成空间概念,有意识地培养和提高学生的空间想象能力,尽量搞好初高中知识的衔接。

2. 空间想象能力欠缺

在数学教学中,培养学生空间想象能力的重点放在立体几何的教学上。但培养空间想象能力,首先要使学生学好有关空间形式的数学知识,这些不仅是立体几何方面的,还应包括初中平面几何、数形结合方面的内容,如数轴、平面图形的画法等。但在实际学习中,学生往往不易建立空间概念,在头脑中难以形成较为准确、直观的几何模型,从而反映在做题时不会画图或画出图来也不易辨认,甚至做出错误的图形来,误导了解题且不易查错,从而影响了解题。

因此,在培养空间想象能力方面,特别是在立体几何入门教学中应重视"水平放置的平面图形的直观图的画法"一节的教学,因为这里已经开始体现出平面几何作图与立体几何作图的区别和特点。在教学中,通过展示模型和教师制作的几何课件，引导学生观察作图，进而在正确作图的基础上引导学生从不同的角度观察作图，并学会分析由此产生的不同视觉效果及对解题的帮助程度。同时，教师也要逐步培养学生"看图、想图、辩图"的能力，即根据已知要求，脱离实际模型，也会在二维的纸上正确合理地画出三维的空间图形，并根据平面图形来分析相关的点、线、面之间的各种位置关系，这是立体几何教学中的难点，也是入门教学中须过好的一关。

3. 逻辑思维能力欠缺

培养逻辑思维能力，首先是牢固掌握数学的基础知识，其次掌握必要的逻辑知识和逻辑思维。当然，培养逻辑思维能力还要加强推理论证的训练和纠正学生易犯的逻辑错误。

（1）基本概念不明确

概念明确是正确思维的首要条件。而所谓明确概念，就是清晰而精确地界定概念的内涵和外延，否则就会犯"内涵过浅""内涵过深""外延过小"和"外延过大"等逻辑错误。数学概念是数学知识体系的两大组成部分之一，理解与掌握数学概念是学好数学，提高数学能力的关键。但由于部分教师的教学原因或学生的学习习惯，使学生对基本概念的理解仅仅停留在机械的识记上，而不注意分析概念的内涵和外延，以及易混概念间的区别和联系，以为记住了概念就掌握了概念。这在立体几何"简单多面体与球"部分的学习中显得尤为突出，本章节中涉及大量的基本概念，在教学中应使学生理解，掌握概念的合理性、严谨性，并会辨析相近易混的概念。例如，正四面体与正三棱锥、长方体与直平行六面体、轴截面与直截面、球面与球等概念的区别和联系。

（2）灵活应用能力差

对数学的公理、定理的理解和应用，突出反映在题目的证明和计算上。学生在具体的向量对学生空间想象能力的影响证明中常常出现逻辑推理不严密，运用定理、公理、法则时言非有据，或以主观臆断代替严密的科学论证，书写格式不合理，层次不清，数学符号语言使用不当，不合乎习惯等。

①重结论,轻过程

定理本身的证明思路具有示范性、典型性,它体现了基本的逻辑推理知识和基本的证明思想的培养,以及规范的书写格式的养成。在教学中,教师应引导学生以高度的重视,并对他们进行严格的训练,做到不仅会分析定理的条件和结论,而且能掌握定理的内容,证明的思想方法,以及适用范围和表达形式。特别是进入高中学习以后,所涉及的一些新的证题的思想方法,如立体几何例题:"连接平面内一点与平面外一点的直线,和这个平面内不经过此点的直线是异面直线"。此定理的证明就采用了反证法,那么教师在这里就应该结合此题向学生重点介绍反证法的证题思想、一般步骤、书写格式、注意要点等,并配以适当的训练,以初步掌握应用反证法证明立体几何题。

②重模仿,轻理解

学生"一听就会,一做就错(或无从下手)"表现在有关直线与直线、直线与平面、平面与平面的位置关系的判定和证明,以及空间角和距离的确定计算等多方面。原因:一是学生理解、掌握、记忆定理不牢,定理与定理之间,定理与其他知识间的联系和知识的系统化薄弱,甚至于学过的定理是性质定理还是判定定理都模糊不清;二是教师在教学中缺少有意识地培养学生的应用能力,有针对性地进行定理应用的练习,导致学生不会应用所学的定义、定理来分析、综合理解题意,进而解决问题,并在应用中加深对定理的理解。这个问题值得每个数学教师思索,特别是近年来数学应用意识大为加强,应用题的解决和研究已经成为一个热点,这在高考中已屡见不鲜。

第三节　发展高中生数学空间想象能力的策略

鉴于学生的认知水平和方式、思维发展水平、生理特点与心理因素等方面的原因,学生在学习知识和发展能力的过程中必然会遇到许多障碍,这就不可避免地产生一些问题,所以教师不仅要注重知识的传授,更应该注重培养学生解决问题的能力。为此,从结合数学成绩和分析学生入手,研究符合学生的数学教学策略,提高学生的数学成绩和空间想象能力,丰富和完善立体几何的教学体系,必须制定出一套有用的教学策略。

一、注重基础能力和空间图形的基础知识掌握

（一）正确画好立体图形,培养学生空间想象能力

从空间想象能力的概念来看,要求学生能对客观事物的空间形式进行观察、分析、抽象和思考。而这四个方面的要求都是以正确的画图能力为基础,因此教师在教学中应重视、加强对学生的画图训练。

1. 重视作图课教学

在高中数学必修的第一章立体几何初步这章,有直观图课的教学。而有的教师认为高考中不会出画直观图的题目,因此有些教师只是简单地介绍一下就过了。但笔者却认为这是一个培养学生空间想象能力的大好机会,教师应该要求学生不但要很好地掌握画法,而且要能画出最准确、最美的直观图。另外,还要强调并告知学生学习画直观图的重要性,虽然它只是立体几何学习的准备知识,但是她对于帮助我们解决较复杂的立体几何问题有很大的益处,同时也可以很好地培养自己的空

187

间想象能力。

2. 教给学生正确的画图规律和方法

在立体几何教学中,除专门安排直观图外,带有画图内容的课也有很多,为了使同学们能画好图形,教师应该注意教给学生正确的画图规律和方法。例如,在教授"直线和平面的位置关系"时,针对画法,教师可以这样强调,"当直线包含在平面内时,先画一个平行四边形来表示平面,再在平行四边形内画一条无端点的线段来表示直线;当直线与平面相交时,先画平行四边形来表示平面,再画一条一部分在平行四边形外的线段表示直线,并且交点画在表示平面的平行四边形内;当直线与平面平行时,同样先画一个平行四边形来表示平面,然后画一条与平行四边形一边平行的线段来表示直线"。在画法和规律讲明白的前提下,经过对学生的强化训练,对于平面与直线的位置关系同学们更加深刻掌握了。

再如,学生在画空间四边形时,常常画成平面图形(如图 5-2 所示),这是初学立体几何时学生易犯的毛病。如果能告诉学生先画一个辅助平面 α,然后再画立体图形,效果会更好。

具体画法:先画一个平行四边形来表示辅助平面 α,然后在辅助平面 α 上画出三点 B、C、D 在平面,最后在平面 α 外画一点 A,并且连接线段 AB、BC、CD、DA,四边形 $ABCD$(如图 5-3 所示)即为所要画的空间四边形。因为有辅助平面的衬托,所以画图的立体感更强。

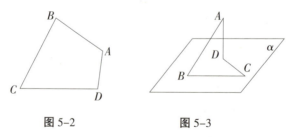

图 5-2   图 5-3

最后,建议教师在教授立体几何时,不要为了方便或为了赶进度,不画图或课前画在小黑板上,因为他们会不知道怎么画出来,而且会让学生失去一次模仿你画图的机会。

(二)加强识图教学

不能完全凭直观去识别空间图形，因为空间图形的几何实体不可能完全真实地在平面内的直观图中表示出来，有时候只能看到基本元素之间的位置关系，如平行、相交、垂直等关系，而对垂直、线段的长度、各角的角度往往很难从直观图中看到。然而，学生往往直观地凭借图形中所看到的一些线段或角的不等，从而否认相等的事实。因此，必须加强学生识图的教学和训练。

例如，经常利用多媒体或挂图给学生展示一些标准的立体图形，让学生观察模型或者实物，并且找出垂直、平行、等边和等角等基本元素之间的关系，正确认识图形与实体之间的关系，渐渐地积累识别立体几何直观图的经验；根据题意和已有的知识，进行分析、思考和想象，去判断图形中各种基本元素之间的关系。

(三)重视训练学生三种语言的互译能力

一般的想象力与数学中的空间想象力既有区别又有联系。数学有三种基本语言：文字语言、图形语言和符号语言。高中数学必修系列的基本要求之一就是培养和发展学生运用这三种语言表述的能力。在数学教学中，教师应培养学生认识到图形语言的不可替代性，获得文字语言自然性，以及符号语言的准确性。

例如，一张展开的平整的纸(代表平面)边缘平放着一支笔(代表直线)，让学生画出图形并且分别用符号语言、文字语言来描述。符号语言：直线 a//平面 α；文字语言叙述：直线 a 与平面 α 平行。具体如图 5-4 所示。

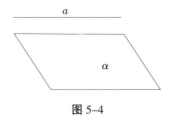

图 5-4

通过这一环节的教学，不仅有效地解决了学生对这一块知识学习的难点："数学符号多且抽象，准确的语言表达、立体感强的图形语言"，而且还训练了学生的直观形象思维、抽象逻辑思维等，既提高了学生的语言表达能力，又培养了学生的空间想象能力。

(四)使学生牢固掌握有关空间形式的数学基础知识

不要认为初中几何与空间想象能力毫无关系，其实它对培养学生的空间想象能力非常重要。因为高中的空间立体几何是以初中的平面几何为基础的，如直角坐标系、函数图像、几何量的度量与计算等基本知识是数量关系想象空间形式的基础；三视图的基本知识又是识别和绘制空间图形的基础。因此，学生和教师都应该重视初中几何基础知识的学习和教学，因为这是培养学生空间想象能力必备的先决条件和基本途径。

比如，在初中，我们在解决某些问题时，经常用到"数形结合"的方法。数形结合有效地结合了感知与思维、直观与抽象，而结合的过程需要学生具有一定的空间想象能力。其实它的本质就是要求有效地将表达空间形状、大小、位置关系的语言或式子与其具体形状、位置关系结合起来，相互补充，以利于问题的解决，从而达到培养学生空间想象能力的目的。

二、借助教学资源，培养高中生空间想象能力

(一)借助实物模型，进行直观教学

教学中的实物模型不要局限于教学常用的三角板、直尺、正方体、三棱锥等几何教具，还可以用更普遍、更常见、每个学生都比较熟悉的、都有的课本、桌面、地面、手掌等来代表平面；手指、笔、天花板上的灯管等来表示直线；翻开的课本、打开的门、折叠的纸来代表二面角；教室的一个墙角来表示三条相交于一点两两互相垂直的直线或者两两互相垂直的三个平面；粉笔盒、铅笔盒、牛奶盒等表示长方体等。在解题过程中，如果运用这些现成的模型，就会使图形更加直观，问题更加容易解决。下面，介绍两个相关实例。

案例一:

二面角 $\alpha\text{-}l\text{-}\beta$ 的大小为 θ,二面角 $\alpha_1\text{-}l_1\text{-}\beta_1$ 的大小为 θ_1,其中 $\alpha\perp\alpha_1$,$\beta\perp\beta_1$,问:θ 与 θ_1 的大小关系是什么?

此题作图较难,满足条件的图形是可以画几个出来,但是它只是其中的某几个位置,是不会运动的,要画出各种情形的图形,很浪费时间,且各种位置的图形也比较难画。因此,接下来学生只能想象了,这就有比较大的难度。正确的做法是:这道题只要用两本翻开的课本按条件摆放几下,就可以很快观察出结论。通过学生亲自动手演示实验就会使其深刻地体会到用这种现成的模型解答这一类题目非常的形象、直观,而且还提升了学生学习立体几何的信心和兴趣,也会使他们的空间想象力得到更快提高。

案例二:

高中学生在学习空间直线的位置关系时最难理解异面直线,这个时候教师可以借助长方体模型,或在教室寻找现有的异面直线,使学生能够更加感性地认识异面直线;接着,让学生脱离实物,想象异面直线在空间中的位置关系是怎样的。最后,引导学生画出异面直线的直观图(如图 5-5 所示)。他们会发现,要体现异面直线可以借助一个平面,也可以借助两个平面。这样一节课下来,学生既理解了异面直线,又掌握了异面直线的画法,同时也培养了他们的空间想象能力。

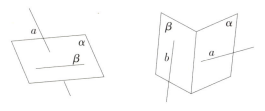

图 5-5

如果在立体几何的教学中经常借助实物模型进行直观教学,可以直观形象化学生的空间形式、空间观念。渐渐地,学生也可以在脱离实物模型的情况下进行空间形式的思考,使学生的空间想象能力更加的具体化、形象化,然后慢慢形成空间想象能力。所以,借助实物模型进行直观教学训练了学生的形象思维、想象思维等,有助于培养学生的空间想象能力。

(二)充分利用多媒体辅助教学,培养空间想象能力

1. 多媒体技术对立体几何教学产生的影响

人类社会进入 21 世纪以后,正在经历着一场深刻的变革,支持当前这场变革的核心技术是信息技术。信息技术的广泛应用不仅改变着人类的生产和生活方式,也改变着人类的思维和学习方式。更为明显的是,信息技术在教育中的应用促使教育的改革向着网络化、虚拟化、国际化和个性化的方向发展,这对中世纪以来一直实行的传统教育提出了严峻的挑战。

对传统教育进行改革,既是信息技术的广泛应用对教育提出的紧迫要求,也是教育自身在信息时代里发展的必然结果。众所周知,以计算机为中心的多媒体技术是信息技术在教学中的主要体现形式,它为改革传统的数学课堂教学特别是立体几何教学提供了新的前景。多媒体技术具有色彩鲜明、生动具体的特点,能够形象地再现数学知识的形成过程,有利于解决数学中亟待解决的重点、难点问题,能起到普通讲课方式或常规电教手段所无法替代的作用。

在信息时代里,以计算机和网络为核心的现代技术不断发展,正在越来越深刻地改变着我们的生活。在中学立体几何教学中,多媒体技术的合理运用使立体几何课堂教学的改革获得了生机。多媒体技术以形象具体的“图、文、声、像”来创设教学的情景,使抽象的教学内容具体化、清晰化,使学生的思维活跃;还能使学生重视实践操作,科学地记忆知识,并且有助于学生发挥学习的主动性,使教师以教为主变成学生以学为主,从而优化教学过程,提高教学质量,增强教学效果。

2. 运用多媒体技术培养学生空间想象能力的策略

由空间想象能力的层次结构可知,空间想象能力的培养应从空间观念开始,应加强几何教学同实际的联系,使学生体验的现实空间与所学习的几何概念协调起来,以发展空间观念。例如,让学生剪开一些图形,再拼摆成其他图形,让学生判断

平面图形能否变成立体图形,以动手操作来发展学生的空间观念。5~8年级的课程标准中有"对几何空间认识的描述、比较和分类;观察和表示几何图形以发展空间观念;考察几何图形的变换"等发展表象操作能力。

1989年日本公布的课程标准中,中学第一学年的几何内容就包括平行移动、对称移动和旋转移动及立体几何的若干内容:空间的线、面间的相互位置关系;平面图形的移动形成空间图形;空间图形的截断、投影和展开;第二、三学年才较系统地讲授三角形全等和相似性。这种课程编排有利于培养学生的空间观念和空间想象力。

英国5~16岁数学教学大纲中规定,应达到的目标及其学习水平中的"形体和空间"目标的水平一有"对二维图形和三维图形进行区分和分类""制作三维立体图形,画出二维图形并描述它们"等的要求;水平二有"识别各种常见形体并描述它们,识别二维和三维图形中的直角,识别直线运动(平移)、旋转运动(转动)等形式的运动"等要求。这些规定都有利于培养学生一定的空间观念及表象操作能力。

在我国,众所周知,传统几何教学仅以静态方式展开,不利于几何表象操作能力的培养。因此,教学要坚持以动促静的原则,即在综合几何体系上,我们可以通过图形"运动"来渗透变换思想,这有利于许多几何性质和规律的处理,使知识更直观、简练、易理解,又利于较高层次的空间想象能力(表象的操作能力)的训练。

(1)扩大感性知觉,培养观察力

现在的高中生没有生活经验,缺乏感性认识,要培养他们的空间想象能力,首先必须扩大学生的感性认识,培养观察力。教师可以有意识地通过大量教具、挂图、多媒体技术等直观教学扩大学生的感性认识,有意识地培养学生的观察力。这种直截了当的教与学不但可大大增加学生的感知,更能提高学生的学习兴趣,增强学生学习的主动性。在具体的教学中,教师既可利用现成的模型讲解,也可引导学生自主动手完成,经常进行动手练习,可大大激发学生的想象热情。

(2)运用对比的方法培养学生的空间想象能力

希尔伯特说过:"我认为数学科学是一个不可分割的有机整体,它的生命力在于各个部分之间的联系,尽管数学知识千差万别,我们仍清楚地意识到,在作为整体的数学中,使用着相同的逻辑工具,存在着概念的亲缘关系,同时在它的不同部分之间也有大量的相似之处。"对比的方法能把对象间的异同明显地表示出来,给人以明确的印象。立体几何是平面几何的发展,讲立体几何时联系平面几何,不仅能够加深巩固平面几何的知识,而且对发展学生数学空间想象能力有很大的作用,常用的对比有形状的对比、性质的对比等,这样就可以达到举一反三、融会贯通的目的。

(3)创造性想象的训练

学生对空间形式的创造性想象是较困难的。也就是说,在想象过程中不依靠模型、直观图的帮助,而能根据需要在头脑里对空间形式进行加工,创造出新的空间形状是不易的,这是对空间想象力的较高要求。有关这方面的训练,可在识图、画图有一些基本训练后,与前两种训练交叉、配合进行。也就是说,在立体几何教学的初始阶段侧重前两种训练,但第三种训练也应该开始考虑,到教学的最后阶段应侧重第三种训练,这个阶段不但对空间想象能力的要求高了,而且在知识的运用和逻辑思维能力上均有较高的要求。因此,为培养创造性想象所采用的例题,要尽量避免烦琐的计算,在对空间图形的想象上开始时一般应给出有所借鉴的图形,然后通过简单想象即可解决的例题开始,进而再做要求想象力较高的题目。

总之,在立体几何教学中培养学生数学空间想象能力的主要途径是抓好双基教学,加强对空间图形的画、看、做、想四方面的训练,同时处理好逻辑思维能力和空间想象能力之间的联系。

(4)激发学生学习兴趣

"现代教学有很多现代化的教学手段,如幻灯、投影仪、录像、多媒体等都可以使教学内容更加直观、生动活泼。这对于提高教学质量、改进教学方式、激发学生学习动机与学习兴趣都很有效"。"兴趣是最好的老师",学生的学习兴趣是影响教学质量的重要因素。多媒体技术图文并茂、声像并举、能动会变、形象直观的特点可有效地刺激学生的多个感官,为学生创设各种情境,调动学生强烈的学习欲望,激发学生的学习动机和兴趣。

教师可以运用多媒体技术导入新课，创设学习情景。好的开头等于成功的一半，一堂课巧妙成功的开头，能使学生的注意力很快集中到课堂教学的内容上去，能激发学生浓厚的学习兴趣和强烈的求知欲，并能创设良好的学习情境，使学生的学习状态由被动变为主动，使学生在轻松愉悦的氛围中学到知识。例如，在讲授"球与平面的位置关系"这一知识点时，设计多媒体辅助教学手段，以"日出东方海平面"的动画情境为切入点，引出课题，把太阳与海平面的几种位置关系用数学的定义加以概括，学生可以很直观地得出球与平面"相交""相切""相离"的三种位置关系。

此外，教师也可以利用多媒体技术调整学生的学习情绪，激发学生的学习兴趣。根据高中学生的心理规律和学习特点，有意注意持续的时间有差异，加之课堂思维活动比较紧张，时间一长，学生极易感到疲倦，就很容易出现注意力不集中、学习效率下降等情况。这时，可以适当地选用合适的多媒体方式来刺激学生、吸引学生，创设新的兴奋点，激发学生思维动力，以使学生继续保持最佳学习状态。

三、用对比和对照方法，促进学生建立空间观念

平面几何与立体几何之间的联系是很密切的，如果学生没有学习过平面几何，那么他们肯定也学不好立体几何。可以说，立体几何与空间几何是密切联系的。通过归纳和总结，可以使学生的平面几何知识向立体几何方向发生正迁移，要重视剖析，防止平面几何知识向立体几何方向发生负迁移。另外，要学会把平面几何知识与立体几何知识有效地结合起来。知识是很重要的，但并不是说掌握的知识越多问题的解决能力就越强，要想学好数学，必须建立一个良好的学习认知结构，由浅入深、由易入难、循序渐进，帮助学生一步步完善空间观念，逐步提高他们的空间想象能力。

要让学生熟练地建立已知图形和需要构造的图形、平面图形和空间图形的对应关系，教师应该采用对比和对照的方法进行教学，这样有益于培养学生的空间想

象能力。例如,在立体图形的视图教学中,可以通过实物模型、幻灯片与视图进行对比,分析视图的性质;在平面几何的基本图形及其组合图形中,对照所需的图形构造辅助线及辅助图形;对比空间图形和平面图形的性质, 以及解析几何中的数与形,以此使学生理解各种曲线的性质等,最后能提高学生的空间想象能力。再如,在证明梯形的中位线定理时,可以对照类似的已学过的三角形中位线定理,因而启发学生在梯形中,需要构造出一个与它有公用中位线的三角形,进而可试探添加辅助线,转化为已知图形,最后分析梯形中位线与梯形上、下底之间的等量关系,从而使问题得以解决(如图 5-6 所示)。

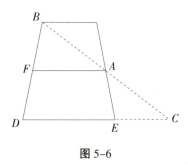

图 5-6

同样,在证明 n 边形内角和定理时,如果引导学生利用三角形内角和定理,在 n 边形的图形中,设法在 n 边形中构造三角形,这样就转化为求多个三角形内角和的问题,从而很容易推理出 n 边形内角和定理(如图 5-7 所示)。

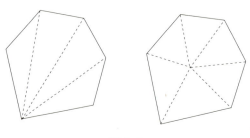

图 5-7

四、通过图形的运动变化,培养学生的空间想象能力

学生能够想象出空间图形的运动和变化是对学生空间想象能力的较高要求,

这对培养学生的空间想象能力有极大的帮助。因此,通过图形的运动和变化也是培养学生空间想象能力的重要途径之一。

通过对课本中的一些运动变化素材进行挖掘来培养和发展学生的空间想象能力,学生在数学知识的学习过程中可以自发地形成和发展数学能力。当然,空间想象能力也不例外。在进行立体几何教学时,教师应该主动把数学的教学过程当成数学思维活动的培养过程,把学生的主体地位充分地体现出来,并利用多媒体技术手段制作动画,引导学生归纳总结课本中图形运动变化的素材。通过对运动图形的变化素材进行分析、总结,不仅能让学生认识、理解知识形成和发展的过程,还能够运用运动的观点来解决和分析问题,有利于培养学生的空间思维能力,能够引起学生的注意,激发学生的学习兴趣。

比如,在讲解两条异面直线所成角的时候,两条异面直线所成的角是通过平移把两条异面直线转化成平面相交直线,然后判断这两条相交直线的夹角,我们可以制作动画来演示这个过程,近而培养学生的空间想象能力。课本中有许多运动变化的例子,如把一个长方形纸片对折成直二面角;把正方体沿它的某条棱展开,或者是某个空间图形的旋转和翻折等,这里的旋转、翻折、展开都是“图形运动和变化”的例子。

从某种意义上来讲,几何图形仅仅是一种视觉符号,它与表象的形成密切相关。通过增加学生图形运动变化的训练,能够有效地提高学生理解和认识空间图形的本质,还能减少因图形的运动带来的思维障碍。因此,增加对图形的运动、旋转、翻折的训练,可以培养学生的空间想象能力。

五、适时组织课外探索活动,培养学生的兴趣

高中生空间想象能力的培养不仅有赖于课堂教学模式,而且应该积极将这一训练拓展到课外。为此,教师应该建立课内外一体化的训练模式,让学生不仅在课堂中接受空间想象能力训练,而且能够在课外探索活动中得到学习。

（一）组织学生开展此类实践活动，培养学生的热情

必要的学习热情可以为学生克服训练困难，提高自身解决问题的能力，以及提供强大的精神支持。为此，教师除了在课堂教学活动过程中树立以学生为本的教育理念之外，还需要结合课程的教学内容，让学生在日常生活中进行实践训练，将训练活动拓展到课堂之外，从而在更多的范围促进学生空间想象能力的提高。在安排空间想象能力训练实践活动时，要充分考虑学生的兴趣，根据学生的心理特点与日常对教学活动的反应，确定空间想象能力实践活动的内容，尽量选择学生感兴趣的方向。

在中学教学中，由于时间与条件的限制，利用课外时间开展相关实践活动的机会十分有限，但并不代表此类活动无法进行，师生可以利用现有的或简单的资源来安排相应的活动，这样既可以满足学生的兴趣需要，又简便可行。相应的例子如手工制作活动，教师在完成棱柱结构特征的教学后，可以安排棱柱的制作任务，并让学生在课后进行完成。该任务可以要求学生利用木棍、纸张等材料制作棱柱。此做法强化了数学课堂教学与课后之间的联系，并让学生在棱柱的制作中对这一几何体的结构特征进行准确的把握。这对于提高学生的空间想象能力具有积极的意义。

（二）注重与实际生活的联系，加强学生的应用能力

以往高中教育比较少地将空间想象能力培养的模式延伸到课堂之外，难以更好地提升学生关于知识的认知操作能力，以及发挥空间想象能力的教育效用。空间想象能力的培养原本就是一个漫长且复杂的过程，单纯依靠课堂教学，学生难免会感到知识的枯燥与困难，会阻碍学生学习的自主性。所以，教师在立足课堂教学的基础上，应该积极利用课外生活的资源，为学生提供充分条件，使其在更大的范围内进行空间想象能力的训练。教师可以在完成某个方面内容的教学之后，安排一些与生活相关的课后任务，让学生独立或者合作完成。在他们完成任务的过程中，空间想象能力得到潜意识的训练。例如，教师在完成"三视图"的教学之后，可以让学生在课后想象生活中某一常见实物如汽车，以加深记忆，尝试画它的三视图，并与

身边人分享。在此过程中,学生会不由自主地在头脑中形成某些实体图像,而且相信这些图像具有较大差异性,因为每个同学第一时间联想到的实物大都是不一样的,这也会给训练带来一些未知的乐趣。而且,这种想象不困难,学生也愿意去尝试,它和我们的生活联系很密切。当头脑中经常想象立体图形成为一种良好习惯时,空间想象能力自然有所提高。

学生除了在校学习,更多的时间是在家中度过的,为了加强学生对空间想象能力应用性的理解,教师还可以通过同家长加强联系的方式,积极发挥家校合作的优势。例如,利用家长会的机会,通过和个别家长的沟通,从家庭生活的视角对学生的空间想象能力进行了解,并让家长对此产生初步意识,营造良好的家庭生活环境,为学生此方面能力的提高提供有益的教育平台。

(三)将空间图形与其他学科相联系,增强学生的应变能力

在开发学生空间想象能力的过程中,教师除了依托于数学课堂教学模式对学生进行训练之外,还应该积极加强同其他学科的联系,增强学生的发散思维与应变能力。高中课程结构以分科教学为主,学生需要对语文、物理、地理、化学等学科进行学习,其中大部分学科均与数学中的几何教学有一定的联系,教师可以充分利用这一机会,实现跨学科的训练,突破数学教学范围的限制,在更多的学科范围内为学生搭建能力训练的平台。

应该说,物理学科是众学科中与数学教学联系最为密切的学科,如物理学中的力学问题就需要具备一定的空间想象能力做指导,而物理学科研究的问题大多更贴近生活,学生接触起来可能会更感兴趣。因此,灵活建立学科与学科之间的联系,对学生融会贯通的能力有极大的促进作用,更有助于学生全面的发展。对于一些理科学习能力较差的学生,教师可以借助偏语言类的学科对其进行指导。比如,在介绍视角对于解决空间四边形方面的作用时,教师可以将语文学科与数学学科相互融合,一首"横看成岭侧成峰,远近高低各不同。不识庐山真面目,只缘身在此身中",不仅让学生对视角在数学学习与空间想象能力中的价值进行进一步的关注,

更丰富了课堂的内容,强化了学生的记忆。

(四)引导学生进行相关探索,激发学生创新思维

目前,高中数学新课程理念积极鼓励教师借助探究性课题,引导学生建构数学知识体系。为此,教师在开展空间想象能力的过程中应该充分利用探究性课题的平台。例如,教师可以根据课堂教学内容,设立某个同空间想象能力相关的探究专题,让学生以小组的形式,对某个专题进行训练。这样可以实现课堂教学与课外训练的无缝连接,开展探究性学习,对空间想象能力进行训练,让他们在完成活动的过程中培养探究精神,激发创新思维,对于提高学生的综合素质也具有重要的价值。

值得一提的是,此过程应该是全体学生共同参与的,不能因为空间想象水平存在层次性差异而区别对待,完全可以通过合理分工、量力而行的方法动员每一位学生。

高中生数学逻辑推理思维能力的培养

　　逻辑推理是数学思维的主要形式,是发现、提出数学命题及论证命题正确与否的重要手段,也是构建数学体系的重要方式。逻辑推理核心素养的习得可以使人们的交流合乎逻辑,提高交流的效率和效果,而在数学教学活动中,注重逻辑推理核心素养的培养,有利于学生理解一般结论的来龙去脉,形成举一反三的能力;有利于学生形成有论据、有条理、合乎逻辑的思维习惯和交流能力;有利于学生提高探究事物本源的能力。

第一节　逻辑推理思维能力的内涵和分类

　　理论突破和进步常常取决于学科概念的制定或更新,而逻辑推理素养概念的更新则不能仅限于对原有概念的修修补补,也不能完全脱离原有概念,一个比较合理的办法是在分析逻辑推理素养本质属性的基础上给出逻辑推理素养的定义。因为一个概念的本质属性在于说明与其他概念之间的区别与联系,通过揭示本质属性可以更加明确概念和理解概念,这也是给概念下定义的前提。

一、逻辑推理素养内涵分析

(一)逻辑推理素养本质属性

从国内外逻辑推理素养内涵的演变与发展可以看出，逻辑推理素养的本质属性在于逻辑推理素养具有个体性、外显性、境域性、综合性和生成性等。

1. 逻辑推理素养的个体性

逻辑推理素养的个体性是指逻辑推理素养具有极强的个性特点，同时由于逻辑推理素养构成的个体因素，逻辑推理素养就表现出与数学知识的明显不同，而不同的人由于不同的体验、感悟和反思，从而形成了明显的个体性。

2. 逻辑推理素养的外显性

逻辑推理素养的外显性是指人作为一种社会动物，总处在与他人的不断相互作用过程中，而其逻辑推理素养则需要通过具体行为表现出来。逻辑推理素养是否生成，需要主体通过其外显性来确认，即学生在其现实情境中表现出来的行为特点。也就是说，一个有逻辑推理素养的人，在其现实生活中能表现出具有逻辑推理素养的特征，而且通过观察一个人在真实情景中的行为，可以发现其是否具有逻辑推理素养。因此，无论是国外数学教育研究还是国内数学教育研究，都试图通过各种途径寻求表现逻辑推理素养的行为特征，同时也要求学生在真实情景中表现出自身良好的数学素养。

3. 逻辑推理素养的境域性

所谓境域性是指任何知识都存在于一定的时间、空间、理论范式、价值体系、语言符号等文化因素之中。但是知识的意义不单是由其本身的陈述来表达的，更是由其所处的整个意义系统来表达的，离开这种特定的境域，既不存在任何知识，也不存在任何的认识主体和认识行为。逻辑推理素养更是体现了知识的境域性特点，逻辑推理素养离不开数学知识，无论是逻辑推理素养的形成还是逻辑推理素养的外显，都需要在特定的情境中，没有特定的情境，逻辑推理素养是外显不出来的。

4. 逻辑推理素养的综合性

逻辑推理素养通常是在一个整体上来说的,它是一个系统。从内容方面说,逻辑推理素养包含逻辑推理知识、逻辑推理情感、逻辑推理思维、逻辑推理思想方法,以及科学精神和人文精神,这些内容是有机联系的,并构成一个统一体,各个部分与要素之间相互联系、影响和制约。实际上,逻辑推理素养的个体性使各要素有了生命性,而"生命系统的基本特点之一便是相互作用,在生命系统中,各组成部分不是以相互孤立而是以相互联系及与系统整体的关系的角度来界定的。这是生物学独有的特性之一,这一特性使它更适合作为人类发展模式,并明确地区别于牛顿主义物理学"。

5. 逻辑推理素养的生成性

逻辑推理素养的生成性是相对于数学知识的传授和接受来说的。一般而言,素质都有着自己的基本特点,而这些特点就决定了素质的教学方式必将与单纯知识的教学拥有不同的理念与策略。具体而言,知识可以用"传递—接受"甚至"灌输—记忆"的方式进行教学,而学生素质的培养显然不能用言传口授的方式直接从一个人那里传递给另外一个人。那么,反映到高中数学学习过程中,学生们就不太可能从任课教师那里直接获取现成的素养,助益于自己数学能力的增强。鉴于此,我们可以深刻地了解到,逻辑推理知识与逻辑推理技能可以通过数学教学传授,学生可以通过数学教学接受;而逻辑推理素养只能在学生所经历的逻辑推理活动中产生,并在真实的情境中表现出来。可见,逻辑推理素养的生成依赖于学生在逻辑推理活动中对逻辑推理的体验、感悟和反思。

(二)逻辑推理素养构成要素

从信息社会对逻辑推理素养的需求特征、时代要求的公民,以及"受过教育的人"的特征、我国颁布的科学素养框架、数学课程标准和国内外对逻辑推理素养分析框架的分析可以发现,逻辑推理素养由五个要素构成。

1. 逻辑推理应用素养

知识应用是教育教学的价值追求之一，正如夸美纽斯所认为的，"凡是所教的都应该当作能在日常生活中应用并有一定用途地去教"。也就是说，学生应当懂得自己所学的东西不是从某种乌托邦取来的，而是我们身边的事实之一，而且应当懂得适当地了解自己所学对生活是大有用处的，这样他们的精力和精确性就可以得到长进。逻辑推理应用素养指的是学生在真实情景中应用逻辑推理知识和技能的能力，是最直观地反映逻辑推理素养的重要方面，个体逻辑推理素养的其他方面都是通过现实情境中对逻辑推理的应用体现的。

2. 逻辑推理知识素养

任何素养的产生都离不开知识，逻辑推理素养的产生也离不开逻辑推理知识。逻辑推理知识是逻辑推理的本体性素养，逻辑推理素养只有在学习逻辑推理知识以及应用逻辑推理知识的过程中生成。没有逻辑推理知识，逻辑推理素养就是无源之水、无本之木，只有在逻辑推理知识素养的基础上才会拓展形成其他素养，这一点是国内外逻辑推理素养研究者的一致观点。

3. 逻辑推理思想方法素养

逻辑推理思想方法素养表现为学生对逻辑推理中蕴含的科学方法、逻辑推理特有方法的掌握和在真实情景中对这些方法的实际应用。在义务教育阶段，逻辑推理能力主要包括判断真假是非的能力、抽象概括的能力、论证反驳的能力、理解识别的能力、形式推理的能力和比较类比的能力等。

4. 逻辑推理精神素养

在逻辑推理教育中，逻辑推理教育精神素养的生成是逻辑推理素养的最高层次。但是，逻辑推理精神的生成是逻辑推理教学中最容易被忽视的部分，同时在我们的逻辑推理教学中，对逻辑推理精神的教育与研究尚未引起应有的重视，相当多的教师不懂得什么是逻辑推理精神，更谈不上用逻辑推理精神铸造学生高尚的人格。因此，很大一部分学生在数学学习中都是会解题、能考试，却缺乏理性精神；唯书、唯师、唯上，却缺乏求真与创新精神；有追求、敢实践，却不知反思和自省。由以上现实情况可知，在数学工具论指导下的形式主义数学教学既影响了学生们综合素质的养成与逐步提升，也对他们专业水平的提高形成了一定的阻碍作用。

二、逻辑推理思维能力的分类

对高中生们的逻辑推理思维能力进行具体分析可知，其可以细分为不同的类别，以下将从三个方面进行详细分析。

(一)数学类比推理

1. 类比及类比推理界定

类比是根据两个或两类事物具有某些相同或相似的属性，其中一个(类)事物已知还具有另一属性，从而推出另一个(类)事物也可能具有这一相同属性或相似属性。可见，类比是用以进行推理的一种思维方法，用这样的思维方法进行推理就叫类比推理，有时简称类比或类推。类比是理性思维的一种本能，它使人预感到经验所发现的某种事物具有某种特性，以此可以推断同类别的事物也具有同样的特性。因此，类比是一种从已知到未知，探求和发现新知识的富有成效的思维方法。正如贝弗里奇说："独创性常常在于发现原来认为没有关系的两个或两个以上的研究对象或设想之间的联系或相似之点，据此可以了解到科学上许多重要学说、重大发现和创造发明或是由类比推理提出，或是由类比思维提供了线索。"因此，在数学教学中，有意识地培养甚至强化学生的类比思维能力，使他们体验到发现和创新的快乐，对于发展他们的智能、激发他们学习数学的兴趣无疑是非常有意义的。

类比推理又称类比法，是指根据两事物在某些属性上的相似性而断定它们在另一些属性上也相似的推理形式。类比推理遵循如下基本推理规则：A 具有性质 a, b, c, d；A' 具有性质 a', b', c', d'。所以，A' 具有性质 d'，其中 a, b, c, d 分别与 a', b', c', d' 相似。类比推理的思想最早可追溯到古希腊的亚里士多德，亚里士多德称类比推理为例证，并在《前分析篇》中这样解释："当大项通过一个相似于第三个词项的词项被证明属于中项时，我们就获得了一个例证。一个例证所代表的不是部分与整体或整体与部分的联系，而是一个部分与另一个部分的联系。它与归纳不相同，归纳是从对全部个别情况的考虑表明大项属于中项,并不把结论与小项相联系在一起;相反,例证与它相联系,也并不使用所有个别情况来证明。"他还指出,"在哲学中正确的做法通常是考虑相似的东西,虽然这些东西彼此相距甚远"。类比推理的应用非常广泛,正如波利亚所说:"在我们的思维、日常谈话、一般结论以及艺术表演方法和最高科学成就中无不充满了类比。"类比可在不同的水平使用。人们常常使用含糊不清的、夸大的、不完全的或没有完全弄清楚的类比,但类比也可以达到数学精确性的水平。例如,我们平常所言"金无足赤,人无完人""路遥知马力,日久见人心""良药苦口利于病,忠言逆耳利于行""老吾老以及人之老,幼无幼以及人之幼",其实用的就是类比。类比推理是数学创造性思维活动的重要方法,诚如波利亚所说:"类比是一个伟大的引路人。"对数学猜想而言,类比推理的意义就在于旁敲侧击、触类旁通,它提供了数学发现和数学求解的线索,有利于探微索隐。

具体分析类比推理的性质可知,类比推理结论的似真程度取决于两类对象的相似属性,以及它们之间的相关程度。如果相似属性与相关程度越高,那么类比推理结论的似真程度就越高。类比推理是信息从模型向原型的转移,以对一个系统的研究作为获得关于另一个系统信息的手段,这在数学中常表现为思路方法的转移,如抽象空间中的距离和初等代数中实数的绝对值、复数的模的概念,两者从实质上讲是一致的。类比推理源于观察,只有善于观察事物的特点,注意从不同事物身上发现它们的共同或相似之处,才可能做出类比推理。类比需要联想,只有善于联想,从一事物联想到性质相似的其他事物,从一种方式、方法联想到与其作用类似的其他方式、方法,才能丰富类比。类比是寻求问题解决思路的好办法,正如波利亚所说:"类比是一个伟大的引路人。"求解立体几何问题往往有赖于平面几何中的类比问题。类比是富有创造性的方法之一。正如开普勒所说:"我珍视类比胜过任何别的东西,它是我最可信赖的老师,它能揭示自然界的秘密,在几何中它应该是最不容忽视的。"

2. 类比推理的分类

(1)概念类比

用类比法引入新概念,可以使学生更好地理解新概念的内涵与外延。数学中的许多概念、知识点之间都有着类似的地方,在新概念提出以及新知识讲授过程中,运用类比的方法可以使学生更容易理解和掌握这些数学内容,从而有效地培养学生的探究能力。

(2)运算关系类比

对"+,-,×,÷"及新定义的运算进行类比,并以此来研究其性质的方法,即可称为运算关系类比。

(3)升维类比

将平面(二维)中的问题升级到空间(三维)问题的方法,即为升维类比。常见的有:将线类比到面、将三角形类比到四面体、将平面角类比到二面角等。为了保证类比得到的空间中的结论一定是正确的,就有必要深入了解平面中的结论是如何得到的。

(4)思想与方法的类比

思想、方法类比,即有些问题的处理思想、方法具有可类比性,我们可以结合知识的迁移将此类思想、方法用于解决其他的问题,但前提是我们必须要真正清楚原问题的处理思想、方法是什么,这样才能更好地应用于其他问题之上。

3. 类比推理相关理论基础

第一,差异理论。差异理论主要是作为智力理论而不是类比推理的理论来进行阐述的。由心理测量学家们提出的差异理论以被试在类比推理测验中表现出的个别差异为依据,他们认为了解类比推理要依据特殊因素或者与类比推理测验成绩高度相关的那些智力因素。因此,他们将类比推理能力作为智力因素的一部分加以研究,而对类比推理本身的功能目的却很少注意,除了斯皮尔曼之外。在这类理论中,吉尔福特的智力理论对类比推理阐述的较完好,他提出类比推理中至少包含了两种运算:对关系的认知和关系的辐合产品,在某种情况下,还可以包括对一个单元的认知和发散产品的过程。

第二,实用类比迁移理论。美国一名心理学家霍利约克在 1985 年独立发表了《实用类比迁移理论》一文,比较全面地论述了从实用理论框架出现之后关于类比的综合观点,以及关于类比的特殊假设和研究问题等。

实用类比理论的基本观点:其一,理论所关注的核心问题,即人们需要一定的情境作为基础才能注意到类比,并且合适地使用它。其二,就一般意义来说,使用类比是想产生新的法则,这些法则可以使人们从更好理解的类比源领域通过迁移而适用到一个新的目标领域。类比源领域和目标领域的所有相似性都可以在一个两端分别是世俗的和比喻的连续体中发生很大的变化。其三,类比的功能对论证一个从不熟悉情境的心理模型由源类比中派生出的新法则提供了一种机制。其四,类比问题解决涉及以下四个基本步骤:一是对类比源和目标建构心理进行表征;二是选择类比源作为能类比到目标上的潜在相关物;三是对类比源和目标之间的各种要素进行匹配;四是把这种匹配扩展到能产生对目标的理解。其五,类比涉及二次模拟,即一种目标问题的模型是通过在类比源问题中使用"对模型进行模拟"之后建构起来的,把源问题的模型用为目标问题的模型,生成一个能用于新情境的新模型。其六,模型发展的加工一直持续到创建出一种合适的目标模型,或者达到某个该类比开始终止点的时候为止。所谓类比的终止,是指在类比推理过程中达到了对某种关系的匹配。

(二)数学合情推理

1. 合情推理的由来与界定

"合情推理"一词最早出自美国数学教育家波利亚的《数学与猜想》一书中。不过,在此之前人们一直在不自觉地运用合情推理的各种方式进行思维活动,而且早在开普勒、高斯、康托等人的文献中就已经介绍了关于归纳、类比、一般化与特殊化等合情推理的方法。但是波利亚在其《数学与猜想》一书中正式对合情推理进行了相关的描述,具体讨论了合情推理的特征、作用、范例、模式,以及合情推理的教学意义和教学方法。这样就开辟了一条与传统方式截然不同的新路径:数学知识的形成过程犹如其他众多学科一样,都是人类从客观世界中抽象出来,从零散的猜想、不断的试误中逐步摸索形成,在这个猜想、试误的过程中归纳、类比、验证等非逻辑的思维方式起着巨大的作用,而这种思维方式就是合情推理。波利亚提出的合情推理理论大大拓宽了数学推理的范围,但是对合情推理概念的界定却比较模糊和不完全,他曾经提出,"说得直截了当一点,合情推理就是猜想"。但是,后人对这一推理的概念始终都没有一个比较统一且明确的说法。

纵观教育理论界,对合情推理的内涵有如下表述:①基本技能观认为,"有效地应用合情推理是一种实际技能,它像别的实际技能一样,要通过模仿与实践来学习它"。②数学方法观认为,"合情推理是科学发现的方法,观察、实验、归纳、类比、联想、猜测、直觉等一系列科学发现手段都归于合情推理范畴"。可见,合情推理就是运用观察、实验、归纳、类比、推广、限定、直觉、猜想、确证等一套自然科学中常用的探索式方法进行的推理。③思维过程观认为,"观察、类比、归纳、猜想、直觉、灵感、想象等可看作合情推理过程中的思维形式",即合情推理就是运用观察、比较、类比、不完全归纳、猜想、直觉、灵感、想象等思维形式进行的一种探索性的思维过程。此外,在波利亚的猜想观中还把"猜想"做动词理解,同时也可以将其认作一种思维过程。④心理活动观认为,"合情推理与主体的经验、感觉等非智力因素息息相关",即合情推理是一种可能性推理,是根据人们的经验、知识等直观感觉得到的一种可能性结论推理。

纵观对合情推理的各种表述可以看出,上文主要是从四个角度进行考虑的,大大扩宽了合情推理内涵的外延,对波利亚的思想做了继承和发展。基于以上认识,数学教育可以把合情推理看作一种思维过程,即合情推理的定义可以描述为:基于已有的知识或经验,运用观察、实验、不完全归纳、类比、联想、直觉、猜想等思维形式构造出客体的、合乎情理的、结论不一定正确的探索性判断思维过程。

2. 合情推理的特征

合情推理就是从已有的事实经验出发,通过观察、实验、归纳、类比、联想等手段进行的一种推理。根据此定义可知,合情推理是有着自己特征的。

第一,合情推理具有似真性。合情推理的结论并非空穴来风、天马行空的想象,它是从已有的经验事实出发,凭借已有的知识和直觉做出的合乎情理的探索性判断,所以合情推理所得到的结论虽然有一定的真实性和可靠性,但同时也可知合情推理得到的结论与前提并无必然性的联系,结论可真可假,即结论具有或然性、似真性。因此,通过合情推理得出的结论还须经过理论与实践的证明和检验。

第二,合情推理具有创新性。合情推理的创新性是指合情推理的过程或思路具有新颖性和突破性,这种创新性主要源于合情推理过程中的灵感和直觉。创新能力含有合情推理的成分,同时合情推理教学也有利于培养学生的创新能力。传统的课堂教学基本上沿用了凯诺夫和夸美纽斯所倡导的课堂教学五环节,即"组织教学—复习旧课—讲授新课—巩固新课—布置作业",这种教学模式始终贯穿"教师中心""知识中心"的理念,因此在教学实践过程中就较容易出现"满堂灌""注入式"的情况,从而将学生的头脑看作储存知识的仓库,大大弱化了学生对新知的探索兴趣,并极大地扼杀了学生创新能力的发展。G.波利亚指出,"用那些缺乏推动力,得不到什么收获的、乏味的证明塞满教本的第一页,会给最好的学生带来最坏的印象"。因此,根据素质教育和新课改的要求,数学教学中应充分发挥合情推理的作用,培养出更多具有创新能力的人才。

第三,合情推理具有主观性。由合情推理界定可知,在合情推理的过程中,推理者个人认知方式的不同,原有知识和经验的差异及爱好、情绪等主观因素的不同,往往会导致推理结果的不同, 这些都充分体现出合情推理所得的结论具有很强的主观性。所以,在数学教学中,既要让学生大胆猜想,培养他们合情推理的能力,更要注意不能让学生把猜想的结论当作真理使用, 使学生明白猜想的结论要进行严格的证明。

(三)数学归纳推理

1. 归纳推理概念界定

归纳推理是"由个别的事物或现象推出该类事物或现象的普遍性规律的推理"。详细地说,就是通过观察、实验、比较、分析、抽象与概括等方法,对一些个别事物进行探讨,从中获得一般结论的推理。归纳推理从观察开始,基于经验,根据归纳推理得到的结论本身可以分为两种情况：一种是结论可能是必然的，一种是结论已知是或然的。前者的思维过程是：通过观察得知一类事物中元素具有某一性质，进而推断这类中所有元素都有这个性质。也就是说，命题的结论是必然成立的，但是命题本身是否成立可能不是必然的。后者是在推断之前已经知道某一特定的结果不会发生，即命题的结论本身就是或然的，常用来预测事件发生可能性的大小，在数学统计推断中经常会用。

国内外关于归纳推理的研究已有不少，其中在国外最具影响力的是美国数学教育家波利亚教授，他认为"数学知识的发现与创造与其他学科一样，在证实一个命题之前，我们都需要先探索证明这个命题的思路，也需要先把观察到的结果加以综合处理并进行归纳，只要在数学的学习过程中能够稍微反映数学发明的过程，我们就应该重视猜测、合情推理的作用，并将其放在一个合适的位置"。与此同时，波利亚的著作《数学与猜想》对归纳的内涵、特点、模式等进行了系列阐述，他认为归纳常常从观察开始，基于一个人的经验与信念，但由特殊事例观察、猜测到的结论未必可靠，所以我们需要通过一些特例去验证结论。如果验证结果和归纳的结论一致，只能说明归纳的结论可靠性多一点；相反，如果这个特例与归纳的结论矛盾，我们就可以直接否定归纳结论的正确性。虽然由归纳得到的结论具有一定的或然性，但是它在整个数学的发展中起着不可估量的作用，如哥德巴赫猜想、费马猜想、凸多面体欧拉公式的发现就受到了归纳思维的影响。在国内，关于归纳推理研究较多的是史宁中教授。他在《数学思想概论——数学中的归纳推理》一书中系统地介绍了归纳推理，认为"归纳推理是命题范围由小到大的推理，本质上是从经验的东西推断未曾体验过的东西，从事物的过去和现在推断事物的未来，或者从事物的现在推断事物的过去"。更确切地说，就是从经验和概念出发，按照某些法则所进行的前提和结论之间有或然联系的推理。归纳推理是基于"事实"的推理，追求"实用"，推理过程中的"概念或法则"不需要严格地定义或规定。对数学而言，归纳推理是为了探索新思路，演绎推理是为了证明结论的正确性，二者并行不悖，共同构成了数学的推理全过程：归纳推理一般从条件出发推测出结果的可能性，从而为解题提供思路;演绎推理则以它严密的逻辑性来论证数学结果的正确性。

2. 归纳推理的分类

基于所概括事物或对象的完全性，归纳推理可分为完全归纳推理和不完全归纳推理。

首先，所谓完全归纳推理是根据某类事物每一对象都具有的某种属性，从而推出该类事物都具有该种属性的结论。完全归纳推理的特点是:在前提中考察一类事物的全部对象,结论没有超出前提所断定的知识范围,因此其前提和结论之间的联系是必然的。运用完全归纳推理要获得正确的结论,必须满足两条要求:在前提中考察一类事物的全部对象;在前提中对该类事物的每一对象所做的断定都是真的。完全归纳推理有两方面的作用:第一,认知作用。完全归纳推理根据某类事物每一对象都具有的某种属性,推出该类事物都具有该种属性,使人们的认识从个别上升到一般。第二,论证作用。因为完全归纳推理的前提和结论之间的联系是必然的,所以常被用作强有力的论证方法。归纳推理在数学教学中也是重要的推理形式,是学生应该掌握的认识事物的方法。

其次，所谓不完全归纳推理是根据某类事物部分对象都具有某种属性，从而推出该类事物都具有该种属性的结论，即从若干个关于某类事物的单称命题推出一个关于该类事物的全称命题。简单地说,就是从若干个别性陈述到普遍性陈述的思维过程,因此也叫全称归纳法或全称概括。不完全归纳推理又包括枚举归纳推理、科学归纳推理两种形式。枚举归纳推理又称枚举法,它是在经验认识基础上考察一类事物的部分对象,发现它们都有(或没有)某种属性,并且没有遇到矛盾情况,从而推出该类的全部对象有(或没有)某种属性的归纳推理。对于人类来说,枚举归纳法的历史与人类生存的历史一样久远;对于一个人来说,归纳推理在某种意义上是一种与生俱来的能力。曼德勒认为,"归纳推理的发生基于某种先天机制,归纳推理是人类通过进化而得的一种先天能力"。枚举归纳法是归纳推理的初级形式,常常借助于事物外部的、表面的联系做出一般性结论,缺少对事物本质的、必然的科学分析。科学归纳法是由英国哲学家、思想家和科学家培根创立的经验方法,恩格斯称之为经验归纳法。在《哲学大辞典》中是这样解释科学归纳推理的：科学归纳推理亦称科学归纳法。根据某类事物中部分对象与其属性之间的必然联系，推出该类事物的全部对象都具有该属性的不完全归纳推理。例如，观察到金、银、铜等金属加热后体积膨胀的事实后研究其原因，发现这些金属加热后会引起分子凝聚力减弱，相应的分子之间的距离就会增大，于是金属的体积便会发生膨胀现象。当人们认识了加热与金属体积膨胀之间的必然联系时，他们就可得出一个一般性的结论：所有金属加热后体积都要膨胀。因此，科学归纳法是比枚举归纳法更高级别形态的归纳推理，是枚举归纳法的必然发展。

第二节 高中生数学逻辑推理思维能力培养现状及影响因素

逻辑推理作为思维的一种基本方式，在学生的学习过程中起到了不可替代的作用，能够使学生的思维能力以及独立性逐步增强，同时还能激发学生的学习兴趣，使他们带着极大的热情投入到学科知识学习当中。因此，在平时学科教育教学之余，高中数学教师还需要致力于学生数学逻辑推理思维能力的培养研究，以为最终高质量完成教学目的奠定坚实的理论基础。

一、高中生数学思维能力现状评价

(一)高中生判断选择思维能力特点

数学思维材料是数学思维的对象和载体，学生在学习中对数学材料进行加工处理的方式会影响学生解决数学问题时的判断与选择。高中生在加工数学材料时，呈现出以下思维特点。

1. 具有较强的元认知

数学研究的是数量与图形,依照数学材料不同,学生在处理数学材料时可能会表现出代数思维和几何思维两种不同的思维特点。对代数思维的研究,比较有名的是以色列数学教育家斯法德所进行的研究, 他指出,"代数中许多概念既表现为一种过程操作又表现为对象"。思维由"过程"向"对象"的转化,称为"凝聚","凝聚"是代数思维的一个基本形式。在数学概念的"过程"阶段,一些旧的思维"对象"重新建构上升到新的层面,形成新的概念结构。新的概念结构又会在更高层面的"过程"中去经历数学操作,完成螺旋上升的循环。代数思维由过程到对象的认知顺序,决定了学生在理解数学知识时数学思维的二重性。当学生将数学概念理解为过程时,数学思维是建构型的;当学生将数学概念理解为对象时,数学思维是符号型的。据现实情况可知,许多学生已经掌握了一套适合自己的学习模式,能够有意识地利用自己的优势思维去加工数学思维材料。例如,学生对概念的理解不准确时就会采用适合自己的补救方式,有些学生会将课本上的概念命题重新看一遍,了解概念的符号学意义,而另外一些学生则会尝试着做习题,熟悉概念操作流程,形成概念图式。

2. 运用归因策略将陌生问题转化为熟悉情境

几何图形是特殊的数学语言,是一种可以"帮助记忆的符号",是"图像化的公式","采用几何符号作为严格证明的一种手段,是以理解和掌握这些由图像构成的公理为前提的。为了使这些几何图像融入数学符号宝库,就必须对它们的直观内容进行严格的公理化训练"。对几何的"心理表征"并不是一件容易的事,在这个过程中,学生需要抽象出几何对象的具体特征和含义,去识别相应的几何定理,将几何图形从表象性表征上升到原理性表征, 从几何抽象演绎体系上去理解几何定理的内容和逻辑结构,并在这个系统中进行逻辑推理。解析几何创始人笛卡尔认为,"任何数学问题转化为代数问题,任何代数问题划归为单个方程的求解"。高中生求解平面解析几何习题是将数与形结合起来,将平面曲线与方程联系起来,这种求解几何题的方法克服了几何证法中技巧随题而异、不易驾驭的难关,可以视作一种通法。正因如此,高中生在学习立体几何时,通常将三维转化为二维;在证明立体空间中的线段位置关系、数量关系时,也借用向量法将几何问题转化为代数问题,使空间结构代数化。

3. 有意识地选择合理的材料加工方式

代数思维的产物是一种"构思性对象",表现为符号型;几何抽象的产物是"感知性对象",心理表征主要表现为图像型。但它们有一个共同特点,即都已经超越原来的朴素内涵过渡到了关系性、结构性的理解。几何思维水平较高阶段表现为逻辑推理与符号抽象的统一,以及运用概念进行逻辑关系的判断和推理。高中生经过十几年数学学习形成了独特的数学气质,有些学生是代数型,有些学生是几何型,高中生数学气质不同,面对同一数学材料时加工方式也会有所不同。课程标准对函数图像的平移与对称是这样说的:"学会运用函数图像理解和研究函数的性质",运用平移和对称解题不仅在课本后面的三角函数中屡屡涉及,在高考中也经常碰到。因此,教学过程中,教师需将对称相关知识拓展延伸,变成学生需要掌握的新命题。这种由课本基础知识拓展衍生的新命题,并没有脱离学生数学实际,依然在课程标准知识范畴之内,但它又是教师解题经验技巧的总结,具有高超的艺术性与启发性,对学生的思维能力要求更高。对于同样的问题,不同学生对公式的加工方式是不同的,数学气质为分析型的学生会选择用代数法去推理论证,而数学气质为几何型的学生则更愿意去领悟这个几何图形。

(二)高中生抽象概括思维能力特点

思维是主体对客观事物的概括认识,具有间接性。学生年龄特征不同,思维发展水平也就不同。以概念为例,学生认知结构不同,概念在学生知识体系中演绎与构造的层次、学生的概念理解深度及抽象概括水平也不相同。具体而言,高中生数学抽象概括能力呈现以下特点。

1. 能对知识进行原理性抽象,深入领会知识的逻辑形式

张乃达认为,"数学在抽象层次上可以分为三种水平,分别是表征性抽象、原理性抽象和理想化抽象"。高中生有大量具体知识与生活经验,在数学活动中有具体

经验支持,能发现事物本质属性,抽象概括出事物的共同属性以形成概念。但高中生的思维已经超越经验型形象逻辑思维阶段进入了抽象逻辑思维主导阶段,因而在加工数学材料时,高中生们就能从具体上升到理论,运用形式抽象逻辑思维加工数学材料,采用归纳和演绎思维方法去获得具体知识,逐步上升到理论型的抽象逻辑思维阶段。

2. 对原理的抽象还不够精确,复杂情境下会出现偏差

数学抽象概括能力非常重要,它贯穿于数学问题的方方面面,但是高中生对数学概念的抽象概括并不精确,在复杂情境下可能会产生错误。例如,利用换元法求解题目时,对于新旧元自变量的取值范围,学生们就有可能混淆。基于现实情况可知,高中生对换元法的操作并不陌生,换元法在高中也是一种常用的数学方法,而且平时学生在解题的过程中也很少出现失误,但这并不是绝对的,高中生们在某些情况下还是不可避免地会出现一定的错误。那么,用换元法求解时出现问题的原因就可能是学生并不能够精确地理解"换元法"概念及运用等,因此当题目难度增加时,学生们就较容易在映射新旧元关系时出现错误。与此同时,很多学生在利用某一数学原理求解时都很容易精确理解原理的适应条件,忽视新题与数学原理之间的不同,直接将头脑中已有的解题模式套入情境类似的新题中,造成解题失败。

在数学学习中,如果引导个体经过思维的操作、过程和对象等几个阶段后,个体就能在建构、反思的基础上把数学概念组成图式,从而厘清问题情境,顺利解决问题。与此同时,这四个阶段是循序渐进而不能逾越的。在操作阶段,学生具体直观感觉,感受理解概念;在过程阶段,学生反思活动,思维内化概括,抽象出概念特有的性质;对象阶段,赋予概念以符号及形式化的定义;图式阶段,概念建立起与其他规则图形的联系。数学的抽象并非来自操作对象,而是来自操作本身,这是数学抽象的基础。现代数学论也主张,"要让学生动手做科学,而不是用耳朵听科学"。学生动手操作是数学抽象的起点,概念是思维的细胞。顾泠沅先生在大量调研的基础上将学生数学概念理解水平分为以下四个层次:计算——操作性记忆水平;概念——概念性记忆水平;领会——说明性理解水平;分析——探究性理解水平。那

些会操作而没有理解概念的学生对概念的理解水平正处于前两个阶段，这也说明高中生对数学概念的抽象与概括并不是一次性完成的，学生需要经历"操作—理解—再操作—再理解"的过程。遗憾的是，很多数学教师并不明白这一点。数学概念的二重性分析表明，过程操作是概念形成的第一步。长期以来，数学教师在概念教学时不区分概念属性，无论是过程性概念还是构造性概念，都笼统采用奥苏贝尔的认知同化理论。首先给出概念的定义、名称和符号，然后揭示数学概念的内涵和外延，最后再巩固练习等，没有让学生经历数学家那样"顿悟发现概念"的思维过程，忽视了学生的操作学习。正因如此，高中生在抽象概括概念或原理时会出现不精确的情况。

（三）高中生逻辑推理思维能力特点

著名数学家、数学教育家玻利亚明确将数学推理概括为证明推理与合情推理。证明推理也称为必真推理，即在前提正确无误的情况下，能够推理导出正确的结论；合情推理就是合乎情理的推理，是学生根据已有事实进行观察、分析、比较、联想，然后再进行归纳、类比以推理出结论，而结论正确与否则需要经过证明推理。高中生数学推理能力主要表现为以下两个特点。

1. 高中生必真推理能力表现良好

高中生在解决封闭式数学问题时，数学推理能力会有四个层次水平：一是直接对条件，套公式，写结论；二是变化条件套用公式，写结论；三是分析题设和结论之后，反复推敲，迂回推理；四是综合性推理，数理逻辑演绎化，推理过程简练严谨，其中几何材料被认为是最好的演绎推理材料。

目前，数学教育家斯托利亚尔和荷兰的范希尔夫妇所提的几何思维层次理论在国内有着较大影响力，斯托利亚尔将几何思维分为五个不同层次：一是形象思维阶段；二是从形象思维到经验型抽象思维的过渡阶段；三是经验型抽象思维阶段；四是理论型抽象思维阶段；五是思维发展到辩证思维阶段。

2. 高中生合情推理能力有了很大进步，但仍有待提高

美国玻利亚在《数学与猜想》一书中最早提及合情推理。通常而言，大多数学家

创造性的工作成果都是通过论证推理,即证明来获得的,而这个证明过程通常需要通过合情推理的辅助作用,并有效地借助猜想的力量。因此,只要数学学习过程稍微反映出数学发明的过程,那么就应当让猜测、合情推理占有适当的位置。当然,合情推理不仅对数学家很重要,对高中生的数学证明活动也很重要。长期以来,我国众多数学教师都过于强调数学的逻辑性和严谨性,过于注重学生演绎推理能力培养,从而忽视了学生合情推理能力的发展,但是随着新课程改革的推进与发展,这一情况得到了有效的改善,即数学合情推理能力逐渐成了高中数学教育教学的培养目标。新课程标准注重学生在教师的指导或引导下,通过观察、实验、归纳、类比、抽象概括等活动,用数学的思想去发现或猜测数学概念或结论,经历"数学化"和"创造化"的过程。同时,在高中生的数学活动中,学生需要广泛地运用实验、类比等合情推理能力去加工数学材料。例如,椭圆与双曲线,定义和性质高度类似,学生类比这两个概念有助于提高学习效率。再如,学生在运用数学归纳法之前,也要先经历观察、实验、类比等合情猜想,然后再进行严谨证明。在这种背景之下,高中生的合情推理能力就可以得到极大提升,学生在解决问题过程中也会从不同角度去观察、猜测,做出假设,并依此制定出解决问题的最佳方案。例如,用特殊元素法将题目中的条件特殊化,然后再猜测数量关系;用数形结合法将抽象的数学语言与具体的数学图形有效结合,让隐含的数学关系直观化等。但在现实情况中,很多高中生在求解开放题目时思维都还没有完全打开,合情猜想能力仍然有待提高。

二、逻辑推理素养现状的定性分析

首先,从逻辑推理素养的综合性来看,注重数学知识的教学,忽视学生数学素养,特别是逻辑推理素养的全面生成。数学知识是逻辑推理素养的主要内容之一,但不是逻辑推理素养的全部。学生们一般在再忆型问题上的解答好于联系型和反思型问题,再忆型问题要求学生再忆已有的数学知识与技能,执行常规的运算,对数学公式及其性质进行回忆等,而联系型和反思型问题能表明学生的数学思想方法素养、数学的思维素养和数学精神素养。联系型要求学生从数学的角度理解,要求学生解释和说明做出与情境紧密联系的数学表征，实际上就体现了数学的思维素养及数学的思想方法素养，而反思型能力也反映了学生具有的数学思维、数学思想方法素养及数学精神素养。从三种能力问题的处理上可以看出，我国学生对数学知识地再忆明显好于对数学知识与现实情境的联系及反思等。而且，从数学美体验、数学的思想方法问题上可以看出，学生比较缺乏数学美及数学思想方法的知识。如果没有数学美的知识，那么欣赏数学美就是一句空话。然而在现实情况中，大多数学教师都缺乏数学思想方法和数学美的知识，而且从数学知识领域来看，学生在不同数学知识领域之间的能力水平差距不大。由此可知，我国教育十分注重数学知识的教学，却对数学素养有所忽视，特别是逻辑推理素养的全面生成。

其次，从逻辑推理素养的生成过程来看，注重数学问题的解决，忽视学生问题解决以及数学体验、感悟、反思和表现能力的培养。逻辑推理素养的生成依赖于数学教学过程，从数学学习结果的反思中可以看出，我国数学教学注重数学知识的变式训练，而没有帮助学生对数学形成良好的体验、感悟和反思。我国学生缺少良好的数学体验，缺乏对问题解决过程的理性反思和感悟能力，学生不能很好地从数学的角度有根据地解释和说明自己的判断。这一结果与蔡金法的研究是一致的，蔡金法对学生数学的思维特征研究发现，中国学生在计算阶段要胜过美国学生，但在意义赋予阶段却不如美国学生。此外，中国学生在计算阶段的成功率要明显高于他们在意义赋予阶段的成功率。

再次，从逻辑推理素养的境域性来看，注重数学知识与技能的常规应用，忽视在真实的、多样化的、开放性问题情境中的应用。逻辑推理素养的境域性强调逻辑推理素养生成中情境的重要性。新一轮基础教育课程改革强调知识与现实生活的紧密联系，在数学教学中也引进了大量的数学应用题目，从一定程度上加强了学生数学应用素养的提高。但是从一些问题的处理上可以看出，我国学生比较擅长数学知识与技能的常规应用，但不擅长在真实的、开放的多样化问题情境中进行良好表现。

最后，从逻辑推理素养生成的课程资源来看，注重课堂教学，忽视社会生活中应用数学的引导。逻辑推理素养的表现需要学生走出课堂，不局限于教材。从"使用数学经历"的问题中可以看出，学生举出的使用数学的例子基本上来自教材，来自现实生活中的数学例子较为缺乏。逻辑推理素养要求学生在真实情景中表现出具有逻辑推理素养的行为，而学生只有走入现实社会生活，才能找到具有真实情境的问题。

三、高中生数学推理能力培养问题分析

（一）忽视对推理能力认识的培养

数学推理能力是数学严谨性的体现。数学之所以能够迅速发展并形成通用的数学语言，与其极强的严谨性是分不开的，数学的数字化、符号化是数学严谨性的表现。而数学理论的建立及数学分支的形成都是以逻辑为主线，借由推理系统来展开的。数学推理能力的有效提升能够极大地促进数学概念、命题、定义的理解与论证。此外，数学推理能力的提升还能够很好地锻炼学生的思维，培养学生的学习兴趣。由此可见，培养学生的推理能力是多么重要。因此，教师要帮助学生对数学推理形成正确的认识。

（二）教学中推理能力渗透不足

在日常教学中，很多数学教师都过于强调对数学结论的讲解，忽视了数学概念公式的形成过程以及推导过程；过于注重结果的正误，忽略了数学证明规范性的训练，学生不能准确地运用数学语言、文字语言来准确地表述自己的结论；过于注重知识的传授，忽视了学生兴趣的培养。这些都会导致学生推理能力弱化，思维水平降低，从而就要求教师们在具体教学过程中注重引导学生领会知识的发生发展过程、探究推导定理公式的出处、用规范准确的数学语言简明严谨地阐述结论，最终使学生们用自己的语言描述结论的推导过程，进而能自行总结并应用结论。

(三)学生数学推理能力有所不同但男女生差异较小

在数学推理能力方面,尽管男女生无显著差异,但总体来看还是男生个体差异较明显,离散程度较高,女生对推理能力有着清晰的认识,但理性思维却稍弱,需要多注重学生的群体差异,有的放矢地进行教学,从而促进学生的发展。学生个别差异明显是因为教师重视表现优异的学生,导致学困生自暴自弃,因此在具体教学过程中,教师需要关注每一个学生,不让任何学生掉队,促进学生数学推理能力的发展,帮助学生意识到推理能力对数学学习的促进作用。

高中是个体素养和能力形成的关键时期,就数学方面而言,推理能力的培养可以在学生的数学学习中发挥至关重要的作用,使其初步形成良好的学习能力和辩证的思维方式。新课程标准把逻辑推理列入数学核心素养之一,数学逻辑推理是我们得到数学结论、建构数学体系的基本方式,也是数学严谨性的保障。

(四)合情推理能力发展要强于演绎推理

随着年级升高,学生们的演绎推理能力得到发展,合情推理能力有所下降,综合运用合情推理与演绎推理的能力逐步提高,但高中生总体综合运用表现却较差。数学推理能力能够帮助学生们理解数学定义命题之间的逻辑关系,建立体会规则的意义,通过具体实际发展合情推理,运用精确的演绎论证结论做出正确的判断。就数学学习而言,演绎推理可在证明数学结论、建立数学体系过程当中发挥重要作用,但数学结论、证明思路与灵感则需要靠合情推理。因此,只有合情推理与演绎推理相得益彰,才能更好地促进学生们的数学学习。

四、影响逻辑推理素养生成的因素分析

尽管数学教学不是促进逻辑推理素养生成的唯一因素,但是学校教育中逻辑推理素养的生成离不开教学。当然,逻辑推理素养的生成更离不开学生本身。笔者将从学习数学知识的动机、态度和方法,教师所起到的作用和帮助,师生关系和学习风气等角度分析这些因素与逻辑推理素养的关系,以期有助于构建逻辑推理素

养生成的教学策略。

第一,学习数学动机对逻辑推理素养的影响。学习数学的动机包括学习数学的兴趣和使用数学的动机。大量的研究证实,动机对学习有推动作用。一般来说,具有高动机水平的学生,其学习成绩就好;反过来,好的成绩导致高动机水平。根据现实情况可知,学生在学习过程中采用逻辑推理方式的概率较小,这就使学生不能充分了解逻辑推理的本质作用。因此,教师可以致力于提升学生的学习兴趣,将其当作一种激励学生的学习动机,同时从中明确是否可以对逻辑推理素养起到促进生成作用。

第二,师生关系、教师帮助及学习风气对逻辑推理素养的影响。师生关系、教师帮助及学习风气一直是学生学习数学的重要影响因素。具体而言,民主的师生关系和良好的学习风气是学习成绩的促进剂。同时,学生的数学学习更离不开教师的帮助。研究表明,逻辑推理素养的生成与教师的帮助呈现负相关,而与师生关系和学习风气呈正相关,特别是与学习风气呈显著的正相关。

第三,学习数学策略对逻辑推理素养的影响。学生的学习策略包括记忆策略、加工策略、控制策略等。记忆策略主要指学生将数学知识与一些过程储存于长时记忆或短时记忆的策略;加工策略是指建立新旧知识联系的策略;控制策略是指学生对自身学习过程的调控和计划。研究表明,逻辑推理素养与记忆策略呈现负相关,而与加工策略和控制策略呈现正相关,特别是与控制策略呈显著的正相关,这也表明逻辑推理素养的生成不是通过记忆。所以,改进学生的记忆策略,引导学生加工和自我监控的能力,值得教师在逻辑推理素养生成的教学过程中予以较多关注。

第四,数学学习态度和信念对逻辑推理素养的影响。学习数学的态度和信念包括数学自我效能感、数学自我概念和数学焦虑。研究表明,提高学生的自我概念水平有助于提高学生的学业成绩,学业自我概念可以通过一系列干预方法加以改变。所以,高中数学教师有必要考虑如何增强学生的数学自我效能感和数学自我概念,以减轻学生的数学焦虑。

第五,数学学习方式对逻辑推理素养的影响。按照学习过程中的组织方式,学习数学的方式可分为合作性学习和独立学习或者竞争性学习，不同的学习方式对学生有不同的影响，所以对数学学习方式与逻辑推理素养关系的考察就显得很有必要了。研究表明，逻辑推理素养与竞争性学习呈正相关，而与合作性学习呈负相关，但是与它们的相关性不具有显著性。所以，逻辑推理素养的生成中应该注重两种学习方式的共同引导。

第三节　发展高中生数学逻辑推理思维能力的策略

逻辑推理通常来说就是指从事实和命题出发，根据逻辑的相关要求推出命题思维。逻辑推理主要包括两个方面：一是从小范围的角度成立命题，再从此命题推理到更大范围，通过推理得出相关的结论；二是大范围成立命题，再从大命题范围向小范围的命题推理，这种情况叫作演绎推理。命题是数学结论的主要形式，也是数学交流的主要内容。因此，逻辑推理是数学交流的基本品质，可以使数学交流具有逻辑性。

一、高中生数学类比推理能力培养策略

(一)分类别探讨培养策略

首先，从运算关系类比来探讨高中生数学类比推理能力的培养。运算关系类比就是对"+，−，×，÷"及新定义的运算进行类比，以此来研究其性质的方法。虽然高中生接受过多年的数学教育，从小就学习"+，−，×，÷"运算、运算法则及分配律、结合律等，但对于新定义的运算关系常常缺乏有意识的、自觉的类比推理，主要表现在不能认识到先前学习的运算法则、规律（类比物），有助于有关眼前学习的运算关

系;不能有效地寻找适当的运算规律(即类比物)来帮助学习新的运算;不能准确确认旧运算规律(类比物)与新运算(目标物)之间在属性、特征等方面的相似性,即不能有效地提取新旧运算之间相似的表面信息和深层信息;不能成功地将已掌握的旧运算关系上的有效信息转移到新运算关系的学习上去;不能正确地认识到类比的局限性而做出机械类比,以致对新运算的学习产生负面影响。再加上此类新定义的题型多数属于探索性和开放性问题,在现今的教学模式下,学生的创新、探索能力比较差,故不能进行正确求解。

那么,在教学过程中应该如何培养高中生的运算关系类比能力呢?可从以下三个方面进行培养:第一,运算关系类比题型主要是探索性、开放性的问题,教师自身应该善于钻研、乐于发现、勤于总结新旧运算关系间的联系与区别,提高自身对运算关系类比方法的理解,在课堂上创设活跃的气氛,调动学生的积极性,鼓励学生动手、动脑,重视培养学生的运算关系、类比能力和创新能力。第二,教师应该就高中生在运算关系类比上的困难对症下药。在求解运算关系类型题目时,可引导学生认真回顾已学过的运算法则和规律,逐步认识到已学习的运算法则和规律有助于问题的解决;帮助学生有效自主地寻找合适的法则解决新的运算关系问题;帮助学生准确确认新旧运算关系在属性、特征等方面的相似性,以有效地提取新旧运算关系之间相似的表面信息和深层信息,成功将已掌握的旧运算关系上的有效信息转移到新运算关系的学习上;帮助学生真正理解运算关系类比解决问题的思路、局限性和作用等。第三,学生也应该在教师的指引下对已学过的运算关系、法则、规律进行自主总结、归纳,以形成知识网络,在新定义的运算关系题型中,就更易找到类似的规律进行类比。另外,也要养成积极思考、勤于发现、善于联想、自主探究的好习惯,以提高自身的类比推理能力及创新能力。

其次,从思想、方法类比来探讨高中生数学类比推理能力的培养。思想、方法类比即有些问题的处理思想、方法具有可类比性,教师可以结合知识的迁移将此类思想、方法用于解决其他问题,但前提是必须要清楚原问题的处理思想、方法是什么,这样才能更好地应用于其他问题之上。从对高中生数学类比推理能力的调查来看,高中生的思想方法类比能力普遍较低，只有少数同学能够正确类比进行求解。虽然高中生已经系统地学习了数列及排列组合的知识，但大多数学生对于推导等差数列前项和公式的倒序相加法这一思想方法并没有理解透彻，或者有少部分学生已理解透彻，但还不能灵活运用该思想方法，以求解其他类型的问题；对于题中已给的排列组合思想大多数学生并不能正确理解题中的思想方法，导致不能类比简化所给表达式，进行正确求解。

那么，在教学过程中应该如何培养高中生的思想方法类比能力呢？可从以下三个方面进行培养：第一，教师自身应该注重对思想方法的学习，认真领悟思想方法的精髓及其本质。在教学过程中，应时刻注意思想方法的渗透及如何更好地渗透思想方法，让学生对思想方法有更深的认识及理解，以灵活运用所学思想方法，重视培养学生的数学思想方法类比能力。第二，教师应该就高中生在思想方法类比上的困难对症下药，引导学生逐步认识到思想方法的重要性，并在平时的学习过程中加深对思想方法的理解，并能灵活运用某一思想方法进行合理正确的类比，以有效解决另一问题。另外，要不断提高学生其他的数学学习素养，如阅读理解、分析问题、解决问题的能力。第三，学生一方面应该对所学的思想方法加以巩固，以理解透彻，能够灵活运用所学思想方法；另一方面，应该养成积极思考、肯于钻研、勤于发现、善于联想、自主探究的好习惯，不断提高自己的数学素养，合理、正确地运用思想方法类比来更有效地解决其他问题，从而提高自身的类比推理能力。

再次，从同构类比来探讨高中生数学类比推理能力的培养。同构类比就是某些待解决的问题没有现成的类比物，但可通过观察，凭借结构的相似性等寻找类比问题，然后通过适当的代换将原问题化为类比问题来解决。常见的同构类比有数形结合、函数与图像、代数与解析几何等。从对高中生数学类比推理能力的调查来看，虽然高中生已经系统地学习了代数式的简化、平面几何两点间的距离公式、函数最值问题的求解方法及数形结合的思想方法，但是很多高中生在平时的学习过程中不善于总结，只会就题解题、就题论题，没有反思、总结的习惯，对所学知识没有一个整体的认识，也就无法对结构相似的问题进行类比。

　　那么,在教学过程中应该如何来培养高中生的思想方法类比能力呢?可从以下三个方面来进行培养:第一,教师自身应该在平时的教学过程中注重引导学生对所学内容进行总结,不断反思以形成知识脉络,不要就题论题,要有全局观念,重视培养学生的分析、总结、反思能力,进而提高学生的同构类比能力。第二,教师应该就高中生在同构类比上的困难对症下药,引导学生逐步认识到若某些待解决的问题没有现成的类比物,则可通过观察,凭借结构的相似性来寻找类比问题,然后通过适当的代换将原问题化为类比问题进行解决。此外,引导学生要多角度思考问题,一题多解,发散思维,对不同的方法进行比较、分析和总结,然后得出更适用的方法,以更巧妙地解决问题,从而提高学生分析问题、解决问题的能力。第三,学生一方面应该对所学的知识、思想方法加以比较、分析和总结,以对所学知识的整体脉络了如指掌,并对各自的结构、适用的范围加以研究,以对陌生问题进行更恰当的类比,更巧妙地解决问题;另一方面,应该养成积极思考、肯于钻研、善于探索、勤于总结的好习惯,不断地提高自己的数学素养,合理、正确地运用同构类比来更有效地解决其他问题,以提高自身的类比推理能力。

　　最后,从升维类比来探讨高中生数学类比推理能力的培养。升维类比就是将平面(二维)问题升级到空间(三维)问题。常见的有:将线类比到面,将三角形类比到四面体,将平面角类比到二面角等。从对高中生数学类比推理能力的调查来看,高中生在之前系统地学习了平面几何的内容,但平面几何的概念、原理、定理、公式等内容并不能简单地升维到空间几何,类比后的结论还需要进行进一步仔细验证,以确认结论的合理。高中生在空间几何的学习过程中常常缺乏有意识的、自觉的类比推理,主要表现在:不能认识到可以通过先前学习的平面几何的内容(类比物)来学习空间几何的内容;不能从平面几何中有效地寻找适当的内容(即类比物),来帮助学习空间几何;不能准确确认平面几何与空间几何之间在属性、特征等方面的相似性,即不能有效地提取平面几何与空间几何知识之间相似的表面信息和深层信息;不能成功地将已掌握的平面几何上的有效信息转移到空间几何的学习上去;不能正确地认识到类比的局限性,常常做出机械类比,以致对空间几何的学习产生负面影响。

那么,在教学过程中应该如何来培养高中生的概念类比能力呢?可从以下三个方面进行培养:第一,教师自身应该肯于钻研平面几何与空间几何的内容,乐于发现平面与空间中相关概念、定理、公理、公式、法则间的联系与区别。在空间几何的教学过程中,善于运用类比,激发学生的学习兴趣,巩固所学的知识,重视培养学生的升维类比能力。第二,教师应该就高中生在升维类比上的困难对症下药,在空间几何的教学过程中引导学生逐步认识到平面几何的知识, 能够有助于空间几何的学习;以学生原有的平面几何知识水平为基础,帮助学生有效地自主寻找平面几何知识来学习空间几何;帮助学生准确认识平面几何、空间几何知识间在属性、特征等方面的相似性,有效地提取新旧知识之间相似的表面信息和深层信息,成功将已掌握的旧知识的有效信息转移到新知识的学习上, 帮助学生真正理解升维类比的思路、局限性和作用等。第三,一方面,学生应该加深对所学平面几何知识的认识与理解。只有这样,在空间几何知识的学习过程中,才能更好地、灵活地运用类比将平面几何中的结论正确合理地类比到空间几何,以更好地学习空间几何知识;另一方面,应该养成积极思考、肯于钻研、勤于发现、善于联想、自主探究的好习惯,合理、正确地运用升维类比方法来更有效地学习空间几何知识, 从而提高自身的类比推理能力。

(二)从影响因素方面探讨培养策略

首先,从教师方面探讨高中生数学类比推理能力的培养。教师对于高中生数学类比推理能力的培养起着至关重要的作用, 那么教师可以下三个方面培养高中生数学类比推理能力:第一,数学课程标准强调发展学生的合情推理能力,培养学生探索、发现和猜测的能力,提高学生的创新能力。由于类比推理是合情推理的一个重要方面,高中生的类比推理能力发展水平直接影响着其合情推理能力的发展,影响着高中生的创新能力。因此,教师应该在平时的教学过程中加强对学生类比推理能力的培养,改变传统的教学方式,创设问题情境,鼓励学生大胆动手、动脑,勤于思考,敢于探索、猜测,乐于发现,激发学生的学习兴趣,在探索发现的过程中体会学习数学的乐趣,欣赏到数学的美,从而提高提出问题、分析问题、解决问题的能力。第二,要培养学生的类比推理能力,教师必须对类比推理有一个全面而又深刻的认识。对类比推理的相关理论、类比推理的常见分类、类比推理在数学教育中的重要性、类比推理的心理学研究等都要清楚,理解透彻,只有对所教内容了如指掌,才能在教学中熟练把握、灵活处理,从而有效地培养学生的类比推理能力。第三,教师需要时刻重视培养学生的类比推理能力,只有思想上足够重视,在教学过程中才会有所体现:可根据教材特点在传授新知识时,有意识地引导学生通过类比得出新的知识,逐步学会类比推理的方法;巧设例题,联系日常生活知识,让学生体会并认识类比推理在数学中的作用,激发学生的推理思维;巧设例题,联系前面知识,潜移默化地进行类比推理能力的培养;在对知识进行复习时,引导学生认真分析、加以总结,对相关的知识进行类比,有效寻找可类比的知识点,培养学生对相关知识进行类比的良好习惯;在解题教学中,通过类比引导学生对数学命题加以推广,或通过类比探求有效的解题途径,深化对知识的认识和理解,以更好地掌握数学思想方法;通过类比来拓展学生的数学能力,提高学生发现问题、提出问题、分析问题和解决问题的能力,提高学生的实践能力和创新精神。教师还可通过不同途径来强化学生的类比推理训练,对训练结果加以分析,并对类比推理训练有目的地进行改进,以帮助学生形成类比推理技能。另外,类比推理能力的教学应贯穿于整个高中教学始终,而非一个章节。

其次,从学生方面来探讨高中生数学类比推理能力的培养。学生作为主体,对于其自身数学类比推理能力的培养起着至关重要的作用。那么,学生可从以下三方面培养自身的数学类比推理能力:第一,"心理学研究表明,学生是学习的主体,所有的新知识只有通过学生自身的再创造活动,才能纳入他们的认知结构中,才可能成为下一个有效的知识。"有意义的学习应是学生以一种积极的心态调动原有的知识和经验来认识新的问题,同化新的知识,并构建他们的意义。学生在学习和接受人类所积累的知识时,需要发挥自身的主观能动性,认识到学习活动不应该仅仅限于对概念、结论和技能的记忆、模仿和积累,而应该着重培养自己动手实践、自主探索、合作交流、阅读自学等学习能力。因此,要培养自身的类比推理能力,学生们首先就需要改变传统的学习方式,在教师的引导下自主学习、勤于动手实践、乐于探索发现、合作交流,以培养良好的学习习惯。第二,学生类比推理能力的高低与学习能力的强弱有很密切的联系,因此他们要提高自身的类比推理能力,就应该在学习的过程中不断提高自身的学习能力。第三,学生在教师引导下展开具体学习过程,首先需要在思想上给予发展自身类比推理能力足够的重视, 也只有思想上足够重视,在学习过程中才会有所体现、有所侧重。在教师讲授类比推理内容、运用类比推理进行教学时,学生们应仔细学习、认真分析,加深对类比推理思想的认识,彻底掌握、理解类比推理思想,力争在平时的学习过程中正确运用类比推理;在新知识学习中,学生应有意识地自主尝试通过类比得出新的知识,并逐步学会类比推理的方法;在例题学习中,学生可结合自身的日常生活知识联系前面已学习过的知识,体会并认识类比推理在数学中的作用, 加深对类比推理的认识; 在对知识进行复习时,学生可对知识点认真分析、加以比较、及时总结,对相关的知识进行类比,以有效寻找可类比的知识点,养成对相关知识进行类比的良好习惯;在解题时,学生可以尝试通过类比对数学命题加以推广,或通过类比探求有效的解题途径,深化对知识的认识和理解,以更好地掌握数学思想方法;学生还需要通过类比来拓展自身的数学能力,提高自身发现问题、提出问题、分析问题和解决问题的能力。学生还可有意识地自主尝试进行类比推理训练,并对训练结果加以分析,及时反馈,有效改进,以提高自身的类比推理技能。另外,类比推理能力的学习应贯穿于整个高中学习的始终,而非一个章节,同时在学习过程中不断改进、不断提升。

最后,从课程资源来探讨高中生类比推理能力的培养。从对高中数学一线教师数学类比推理教学情况的调查情况可知,类比推理方面必要的课程资源比较缺乏,教师在教学过程中比较难把握类比推理方面的内容, 学生也很难系统地掌握类比推理方面的知识,这直接影响着对高中生类比推理能力的培养。因此,要有效地培养高中生的类比推理能力,可从以下两个方面加以改善:第一,普通高中课程标准实验教科书中关于类比推理课程内容素材的选取，首先要有助于反映类比推理的本质，有助于学生对类比推理的认识和理解，激发学生学习类比推理的兴趣，充分考虑学生的心理特征和认知水平。素材应具有基础性、时代性、典型性、多样性和可接受性。教材应注意创设情境，从具体实例出发，展现类比推理知识的发生、发展过程，使学生能够从中发现问题、提出问题，经历数学的发现与创造过程，了解类比推理知识的来龙去脉。与此同时，数学教材仍需通过设置具有启发性、挑战性的问题来激发学生进行思考的兴趣，鼓励学生进行自主探索，并在独立思考的基础上与同学展开合作交流，进而在思考、探索和交流的过程中获得对类比推理较为全面的体验和理解。教材应在不同章节、相似内容的编排上体现类比推理思想，加强相关、类似内容的联系，以帮助学生全面地理解和认识类比推理思想。教师应根据学生特点、地方特色选择性地运用教材，合理利用现有资源并有效地开发课程资源，有效地进行类比推理教学。第二，由于类比推理方面的课程资源比较缺乏，一方面教育研究人员、教材编写者可以就类比推理的思想、内容进行深层次的研究，提供一些具有针对性的培养高中生类比推理能力的教育教学方法、参考书、辅导资料等；另一方面，教师自身也可针对类比推理方面的教学实践进行仔细研究、深入探讨、合作交流，以更好地进行类比推理方面的教学，从而更有效地培养学生的类比推理能力。

二、高中生数学合情推理能力培养策略

(一)数学合情推理教学探讨

通过数学合情推理教学可以有效地提高学生的数学思维水平，笔者将对合情推理教学与数学直觉思维、数学形象思维的关系进行详细探讨与分析。

1. 合情推理教学与数学直觉思维

直觉思维是指对一个问题未经严密地分析，仅仅依据内因的感知却能迅速地对问题答案做出判断、设想或是猜想，又或是对疑难百思不得其解时，突然对问题

有"顿悟"和"灵感",甚至是对未来事物结果的"预感""预言"等。数学直觉思维是直接反映数学对象、关系及结构的一种思维活动,而数学直觉经过大脑合情推理产生的数学命题就可称为数学猜想。

一般来说,数学猜想是人们对数学直觉合情推理的产物。合情推理本身是一种非逻辑的推理方式,它是建立在人对事物的直观认识和直觉思维基础上的一种似然推理方式,是对直觉真伪的最初判定。其主要特点是:推理依据的条件和结论之间的关系不一定具有逻辑性,而仅仅依靠的是直觉。这种推理方式虽然缺乏逻辑论证的依据,但由于直觉以人的经验为基础,所以这种推理往往也能得出合理的结果,甚至产生伟大的发现。合情推理的条件与结论之间是以猜想与联想作为桥梁的,直觉思维是猜想与联想的思维基础。数学合情推理教学培养善于合情推理的思维习惯是形成数学直觉、发展数学思维、获得数学发现的基本素质。因此,在数学教学中,教师既要强调思维的严密性与结果的正确性,也要重视思维的直觉探索性和发现性,即应重视数学合情推理教学的合理性和必要性。

2. 合情推理教学与数学形象思维

数学形象思维是一种凭借事物具体形象和表象的想象进行的思维,它的主要特征是思维材料的形象性。形象思维的基本形式是表象、直感和想象,其中表象是人的大脑对当前没有直接作用于感觉器官的、以前感知过的事物形象的反映;数学表象则是从事物的形体物象中通过形式结构特征的概括而得到的观念性形象,直观性和概括性是它的两个重要特征。数学表象思维的载体是客观实物的原型或模型,以及各种几何图形、代数图式,包括数学符号、图像、图表与公式等形象性的外部材料。直感是运用表象对具体形象直接判别和感知。想象是在头脑中对已有表象经过结合和改造产生新表象的思维过程。数学形象思维的三种基本形式之间存在辩证关系,即数学表象和数学直感是数学想象的基本材料,数学想象是数学直感的形成过程,而数学直感又表现为数学想象的结果。

数学猜想是合情推理最基本的成分,观察与实验、归纳、类比、联想、想象等合情推理的主要特征都倾向于形象推理。所以,加强中学数学合情推理教学可以很好地培养和发展学生的想象力,提高学生的数学形象思维能力。当然,数学形象思维的良好发展也可以促进合情推理能力的逐步提高。

(二)促进高中生数学合情推理能力的发展建议

1. 认真研读课程标准中关于合情推理的要求

在具体高中数学教育教学过程中,大部分任课教师都没有研读数学课程标准的意识,只是凭借自己的经验处理教材,从而也就难以清楚了解课程标准中关于合情推理的具体教学要求。因为教材的编写是符合课程基本精神和要求的,所以教师在备课之前要先研读课标,然后在教材中寻找体现合情推理方法的具体素材,这样才能在教学过程中真正落实课标理念,使培养学生合情推理能力的目标不会成为空谈。

2. 加强对教材中合情推理素材的挖掘

通过对教师进行的现实调查分析可知,虽然大部分教师认为初中数学教材的各个模块有必要加强合情推理的渗透,但还是有相当一部分教师认为现行的教材不利于合情推理的教学。当然,教材是按知识的结构和顺序编排的,没有明确哪些章节或哪些知识可以运用合情推理。"巧妇难为无米之炊",如果教师手头没有现成的合情推理素材,必然难以进行合情推理教学,那么加强对教材的挖掘就显得很有必要了。因此,应重视以下四个方面的要求。

第一,应重视教材中有关图形性质、定理的产生过程。教学过程往往是通过对若干具体图形进行观察以得出结论的过程,教师应充分挖掘类似这样的素材,以发展学生的合情推理能力。第二,重视数学教材中定义、法则、公式等知识的获得过程,即从若干具体例子中找出一定的特点或是规律,进而总结成一定的定义、法则或是公式。这一过程其实充分体现了不完全归纳法的运用,能很好地发展学生的合情推理能力,但同时也不能忽视演绎推理的培养,更不能让学生进入一个误区:通过不完全归纳法得出的结论都是正确的。第三,重视不同章节或章节内部知识之间的联系性。它们在知识的产生背景、运算规律或是学习方式方面都存在一些相似之处,若存在的话将是很好的类比材料。第四,重视特殊的数、点和线,这些往往渗透特殊化素材。

3. 加强数学情境创设的有效性

一个良好的开端等于成功的一半。数学课堂教学的第一个环节一般是创设数学情境,故创设数学情境的好坏将直接影响整堂数学课的质量。通过创设有效的数学情境,一方面可以激发学生的学习兴趣,充分调动其积极性和主动性,从而产生认知内驱力;另一方面,可以激活学生的思维活动,诱发思维、引导思路,掌握思维的策略和方法,进而提高发现问题和解决问题的能力,并发展学生的推理能力。学生的学习情境,即为学生从事学习活动,产生学习行为的一种环境和背景。它是提供给学生思考空间智力背景,带来某种情感体验,进而诱导学生提出问题、解决问题的一种刺激事件或信息材料,同时也是传递信息的载体。数学情境就是从事数学学习活动的环境,是产生数学行为的条件。一般而言,表述数学情境有三种形式:一是以文字语言表达的情境,清晰而明了;二是以数学符号语言表达的情境,简洁而抽象;三是以图形语言表达的情境,形象而直观。创设数学情境,就是要呈现给学生刺激性的数学信息,以引起学生学习数学的兴趣,启迪思维,激起学生的好奇心、发现欲,产生认知冲突,诱发质疑猜想,唤醒学生强烈的问题意识,从而使其发现和提出数学问题,最终解决数学问题。有效数学情境的创设应遵循趣味性、目的性、参与性和探究性等原则。趣味性原则是指数学问题情境的创设和表现形式必须新颖、奇特和生动,对学生要能产生足够的吸引力,从而激起学生的关注和兴趣。目的性原则是指数学情境创设必须有明确的目的,必须能围绕本节课的教学内容和学习任务进行,否则再好的数学情境若不能完成教学任务也是徒劳的。斯苗儿指出,"情境只在为教学服务的时候才能叫作好情境,不能为教学服务,一切都是多余的"。所以,创设数学问题情境的目的性原则应该引起教师的重视。参与性原则是指创设的数学情境活动化,就是让学生亲自投身到"数学情境"活动中,使学生在口说、手动、耳听、眼观、脑想的过程中学习知识,增长智慧,提高能力。探究性原则是指作为数学情境的材料或活动必须具有探究性,能使学生产生强烈的问题意识和探究、创造的动机。为此,教师所创设的数学情境必须具有启发性和可接受性,能充分注意到学生的年龄、知识和身心特点,能为学生鉴别和理解。

4. 提高合情推理理论方面的知识

"要给学生一瓢水,教师自己得要有一桶水"。要发展学生的合情推理能力,教师肯定要对合情推理有相当的认识和理解。在现实数学教学过程中,绝大多数教师虽然对合情推理持肯定态度,但是对合情推理的认识和理解还是不太充足,他们认可合情推理却很少在课堂上用到,或是自己用了却未意识到那就是合情推理方法。针对这些情况,教师可以通过新课程培训、讲座或是研讨等方式补充教师合情推理理论方面的知识。当然,教师也可以通过自己充电的形式进行补充。

三、高中生数学归纳推理能力培养策略

通过课标分析我们可以了解到,培养学生归纳推理能力的素材渗透在数学知识的每个领域,主要是让学生经历从现实情境或具体实例中观察、对比、分析、猜测、归纳、验证,形成一般结论的过程,感受数学的发生、发展过程,体悟数学知识中蕴含的思想方法,培养学生的创新意识和归纳推理能力,使得他们真正学会数学学习,并助益于自己归纳推理能力的逐步增强。

(一)数学归纳推理能力培养要求

1. 知识传授与能力培养相结合

知识是能力的基础,能力只有在掌握知识与运用知识的过程中才能得以发展,离开了知识的学习与运用,能力的培养就成了无源之水、无本之木。同时,能力的高低又反过来制约着知识掌握的速度、深浅和成效。因此,必须寓能力的培养于知识传授之中,知识传授过程中也必须着眼于能力的培养。培养能力与传授知识相统一,既是教学发展规律的反映,又是教学目的和现代社会的要求,它要求解决传授知识与发展能力之间的矛盾,改变过去那种只重视知识传授而忽视能力发展的教学。中学数学中,归纳推理能力的教学不是孤立进行的,要结合教材实际,在相关数

学知识的教学过程中随机进行。

2. 数学活动过程教学

数学活动过程教学的原则就是指在教学过程中展现数学知识的发生、发展过程。斯托利亚尔说："数学教学是数学活动的教学。"《全日制义务教育数学课程标准》也强调，"数学教学是数学活动的教学，是师生之间、学生之间交往互动与共同发展的过程"。数学活动不是一般的活动，而是学生从自己已有的数学知识和经验出发，经过自己的思考，得出有关数学结论并将数学结论应用于现实生活的活动，也就是让学生经历"数学化"过程的活动。这就要求数学教学不仅要涉及数学知识，更要让学生经历数学知识的形成、发展和应用过程，数学结果获得思维过程的价值远比结果本身的价值更大。而能力的发展绝不等于知识与技能的获得，能力的形成是一个缓慢的过程，有其自身的特点和规律，它不是学生"懂"了，也不是学生"会"了，而是学生自己"悟"出了道理、规律和思考方法等。这种"悟"只有在数学活动中才得以进行，因而教学活动必须给学生提供探索、交流的空间，组织、引导学生"经历观察、实验、猜想、证明等数学活动过程"，并把数学归纳能力的培养有机地融合在这样的"过程"之中。因此，任何试图把能力"传授"给学生，试图把能力培养"毕其功于一役"的做法都不可能真正取得好的效果。

(二)课堂教学设计原则分析

1. 教学内容的恰当选择

教学内容是教师与学生活动的媒介，是教师与学生信息交流与传递的载体。由于归纳推理的特点并不是所有的教学内容都适用，所以就要求教师在备课时必须选择恰当的教学内容。这些教学内容一般应具有以下特点：具体的、特殊的例子至少两个以上；这些例子具有相同或相似的性质或规律。只有满足这些特点的教学内容，才能给学生提供更多自主参与的活动空间，以及独立思考的时间，让学生把握住归纳的方向，积累活动经验，锻炼思维，从而提升其归纳推理的能力。

2. 教学目的的根本性

教学的目的是让学生学会知识,学习新的知识,基于学生归纳推理能力培养的教学也不例外。我们主要通过渗透归纳思想的知识教学过程,让学生融入学习之中,并在一系列归纳思维活动中感悟数学知识所蕴含的思想方法,从而完成归纳的目标,学会归纳的思维方式。

第七章 高中生数学解决问题思维能力的培养

在高中阶段,任课教师带领学生们学习数学知识的最终目的不仅限于应对一次次学科考试,更重要的是帮助学生拥有并不断增强自身的数学综合素养,使他们能够运用所学去解决生活中遇到的各种实际问题,其中较关键的一项任务即培养学生相关的思维能力。

第一节 解决问题思维能力的概念、特点及意义

解决问题思维能力作为数学学科综合素养的重要内容,日渐受到人们的极大关注,而在具体的数学课堂教学过程中,很多高中数学教师也开始将其融入自己的教学任务当中。在此之前,高中数学教师需要先充分了解与其相关的概念、特点及意义等内容,为接下来的问题分析和教学策略研究奠定良好的基础。

一、数学解决问题思维能力概念

(一)问题及问题解决含义

在研究解决问题之前,我们首先需要明确的一个概念是"什么是问题"。长期以

来,无论在国内还是国外,人们对问题所进行的探索与研究是很多的,但在此我们主要对伴随人类生产生活和劳动创造而产生的难题进行详细分析。而在对"问题"进行具体理解的过程中,众多数学家和学者都给予了不同的解释和定义。

首先,《牛津大词典》关于"问题"做出了自己的解释,即问题是指那种并非可以立即求解或较困难的问题,那种需要探索、思考和讨论的问题,那种需要积极思维活动的问题。《现代汉语词典》对问题的解释是:要求回答或解释的题目;需要研究讨论并加以解决的矛盾、疑难。《心理学大辞典》对问题的定义是:"在给定状态与目标状态之间存在某些障碍,需要加以克服的任务情境。"其次,美籍匈牙利著名数学教育家波利亚在《数学的发现》一书中对"问题"做了明确的界定,并从数学角度对"问题"进行了分类,他指出"所谓问题就是意味着要去寻找适当的行动,以达到一个可见不立即可及的目标"。教育家波利亚对问题的认识是:问题和困难是相互制约的关系,困难不存在,问题也就不存在。同时,教育家杜威也认为,"当人们遇到困难的时候,问题也会随之出现"。最后,心理学界对问题研究影响比较大的是认知学派。美国纽威尔和西蒙从个体面临问题的操作要素出发,认为问题是"给定信息和目标之间有某些障碍需要被克服的刺激情境",因此,问题具有三个主要组成部分:当前状态(个体经验,已有的有关条件等)、目标状态(期待获得的结果)、达标通路(从当前状态向目标状态转化所需要的一系列操作)。基尔帕特里克认为,"从心理学的角度来看,问题可以定义为一情境,在此情境中个体有一目标要达成,而达成目标的直接途径受阻——亦即问题源于动机者的活动"。由这个定义可以提出构成问题的三个要素:(1)动机—目标。一个情境之所以成为问题乃是由于个体有动机或者有目标。(2)障碍,有目标而能轻易达成,或有现成的捷径可以达成目标,则不构成问题,只是练习。(3)探索活动。既然障碍在前,为克服困难必须分析问题情境、条件和目标,寻求方法以达成目标。罗伯森认为,"问题的一个显著特征是存在着一个你想达到的'目标',而且你还不知道怎样才能达到目标"。维克尔格伦认为,"我们所考虑的所有形式问题都可以认为由三类信息组成:关于已知条件的信息(已知表达式);关于运算的信息,这些运算从一个或多个表达式推导出一个或多个新的表达式;关于目标的信息(目标表达式)"。我国心理学家对问题的定义与上述的描述相似,认为"一个陈述出来的问题要包含三个基本成分:(1)给定,一组已知的关于问题条件的描述,即问题的起始状态的描述;(2)目标,关于构成问题结论的描述,即目标状态的表述;(3)障碍,正确的解决方法不是显而易见的,这就构成了障碍,必须通过思维活动排除阻力,才能达到目标"。总而言之,对问题的理解,简单来说即问题解决者想着重理解并解决的疑难困惑,是主体对问题情境的自我认识,是问题解决者无法简单达到最终目标的情境过程的产物。但不管怎样定义问题,对学生而言,问题都具有三个特征:(1)接受性,学生愿意解决并且具有解决它的知识基础和能力基础;(2)障碍性,学生不能直接看出它的解法和答案,必须经过思考才能解决;(3)探究性,学生不能按照现成的公式或常规的套路去解决,需要进行探索和研究,寻找新的处理方法。

在对问题含义有了充分了解之后,问题解决就成了人们关注的重点,人们需要不断分析探索,从而借助具有科学性以及针对性的有效策略解决自己所遇到的重重问题,最终达成既定目的。据此,针对问题解决相关理论知识展开的深入研究就凸显出其自身的重要性。

首先,从问题解决的含义着眼进行分析。《国际数学教育辞典》指出,"'问题解决'的特性是用新颖的方法组合两个或更多的法则去解决一个问题"。美国数学指导委员会(NCSM)在《21世纪的数学基础》中指出,"问题解决是把前面学到的知识运用到新的和不熟悉的情境中的过程"。而更多的问题解决定义是由心理学家在界定"问题"的基础上进行界定的,他们普遍认为问题解决是一种心理活动,是指向认知过程的心理活动。安德森从认知心理学的角度对问题解决进行了阐述,他把问题解决定义为"任何指向目标的认知操作程序"。安德森认为,"问题解决中的认知成分是问题解决活动的一个本质特点,问题解决可以分为常规的和创造性的两种,需要开发出新步骤的称为创造性的问题解决,用现成步骤的称为常规性的问题解决。问题解决有三个基本特征:目的指向性,任何问题解决总要指向某个特定的目标,试图达到某个特定的终结状态;操作序列,问题解决过程包括一系列心理过程;认知操作,问题解决有一系列认知操作过程的参与"。迈耶总结了问题解决定义的三个方面:其一,问题解决是认知性的,因为它发生在问题解决者的认知系统内部;其二,问题解决是一个过程,因为它包含问题解决者对知识的操作与应用;第三,问题解决是可以指导的,因为问题解决者尝试去达到若干目标。罗伯森认为,"问题解决中,'解决'这个术语有两层含义:其一是找到了问题的最后答案;其二是找到了解决问题的方法(解决问题的步骤)"。美国著名心理学和计算机科学教授西蒙将问题解决看作人类认知三类基本信息加工过程(再认、问题解决、学习)之一。他认为,"一旦某人按照某种方法完成了某项任务,这就意味着他解决了这个问题"。因此,问题解决就是所面对的问题得到解决的认知活动过程,也是问题解决者与任务环境相互作用的过程。我国学者认为,问题解决是以思考为内涵,以问题目标为定向的心理活动或心理过程,是指人们在社会实践和理论学习中面临新情境、新课题,而这些新情境、新课题用已有的知识经验不能直接解决,并且自己又没有现成对策、答案或解决方法时,所引起的寻求处理问题的一种紧张的心理活动。与此同时,我国学者还对问题解决的特征进行了详细归纳:第一,问题解决是指尝试解决遇到的新问题。也就是说,主体必须有解决该问题的意愿,并且是第一次解决这一问题。第二,问题解决是一种进行探究、克服障碍的活动,能使主体陷入一定的认知困惑状态,有别于针对学习内容而设计的操练性问题。第三,导致问题获得解决的已有规则的独特组合往往生成一种更高级的规则或解题策略,因而具有发现与创新的成分。台湾学者则认为,"问题解决是已知到未知的过程,或由初始状态到达目标状态的过程"。也有学者喜欢将问题情境看成一种结构:未解决之前是未发现其结构,发现其结构也就解决了问题。因此,解题就是发现情境因素间的关系或赋予关系以成结构的历程。

其次,对问题解决的一般模式进行分析。美国实用主义教育家杜威认为,"学校中大量的实践和发现活动都与学生的问题解决有关"。早在1910年,他在著作《我们如何思维》中就提出了"问题解决"的五阶段说:开始意识到难题的存在;识别出问题;收集材料并对其分类整理,提出假设;接收和拒绝试探性的假设;形成和评价结论。现代认知学派的代表人物也分别提出了问题解决模式,如奥苏贝尔提出解决问题一般要经历下述四个阶段:呈现问题情境命题;明确问题的目标与已知条件;填补空隙;解答问题之后的检验。纽威尔和西蒙以信息处理系统来说明问题解决的心理过程,接纳者接受由问题产生的刺激,并将信息(包括问题的信息与解决问题标准的信息)传递给处理者,而处理者即为认知系统,它根据人们已有的学习经验或从经验中获得的解决问题的程式或策略对信息进行处理,若需要记忆协助,可以自动求助于记忆系统。在问题解决过程中,处理者从记忆系统中提取信息的过程是往返不停地活动,若现存记忆无法满足所需或因遗忘而无法提取时,处理者要么停止解决问题,要么重新进行学习,以便继续解决问题。这时,作用者将处理者提供的有效解答揭示出来,揭示方式为语言表达或动作表现。基科等人认为"一般性的解决问题的策略包括四个阶段:理解与表征问题,寻求解答,尝试解答,评价",并提出一种有助于一般性问题解决的具体模式。罗斯曼在考察了许多科学家的发明创造过程后,提出问题解决的六阶段论:感到有某种需要,或观察到存在问题;系统地陈述问题;对现有的信息进行普查;批判性地考察各种问题解决办法;系统地形成各种新观念;检验这些新观念,并接受其中经得起检验的新观念。

(二)数学问题概念研究

数学问题与问题的含义相类似,也是一种情境状态,是人类在数学活动中所面对的不能用现有的知识经验和方法直接得到解决的情境状态。因为数学本身具有抽象性,所以数学问题也相对更加复杂,它不仅对学生的认知起到一定的作用,而且对学生数学学习中思维的创造有一定影响。

分析国内外具有代表性的关于数学问题的定义,大致可以归结为以下几种类型:把数学问题理解成一种情境、一个系统、一种集合或一个认知过程。首先,把数学问题定义为一种情境状态,源于波利亚、纽威尔和西蒙等人将"问题"定义为一种情境状态。1988 年,第六届国际数学教育大会(ICME)就将数学问题界定为"一个对人具有智力挑战特征的、没有现成的直接方法、程序或算法的未解决的情境"。也有学者认为，数学问题是一个与数学有关的被意识到但又不能立即达到目的的情境状态，解决问题的过程就是寻找恰当的途径与方法，达到这一被意识到的目的。或者说，数学问题是指不能用现成的数学经验和方法解决的一种情境状态。其次，奥加涅相利用"系统"的概念描述"题"这个概念。系统(S,R)中，S代表某个主体(即"人")，R代表某个构成一个抽象(或具体)系统的集合，就称集合R为"题系统"。如果一个主体接触R后，R中足以使他认定R是一个系统，那些R的全部元素、元素的性质及关系都是他所知道的，那么就称系统R是相对于该主体的稳定系统。如果与R接触的主体对R中哪怕是某一个元素、性质和关系不了解，而这些元素、性质关系对于主体认定R是一个系统是必须的，那么便称系统R是相对于该主体的问题性系统。再次，斯托利亚尔在《数学教育学》中给出了更为抽象的定义：用数学术语记号叙述某一个"对象领域"，这种对象领域可以用一个或几个集合，这几个集合能并成一个全集，与其中规定的谓词(表达这些结合的元素性质或他们之间的关系)构成的问题称为数学问题。这种集合可以被描述得更具体一些。例如，格劳斯对问题的两种不同理解：一是认为"在数学中，问题是那些要求做出解答的任何事物"。从这个定义看，它似乎包含自有数学书面记录起的全部数学作业。二是认为"问题是让人感到费解或困惑的东西"。从这个定义来看，"问题"的外延要大得多，它似乎包括数学中的全部对象。最后，所谓数学问题是指某个给定过程，对对象认识的当前状态与智能主题(包括人与机器)所要求的目标状态之间差距或矛盾的主观反映。

(三)数学问题解决分析

国内外的数学家和学者对数学问题解决的理解多有不同，因此对数学问题解决的界定也不尽相同，而现代数学问题解决的含义早已突破了传统"解题"的含义，在其基础上有了延伸和拓展。传统"解题"注重结果，而"数学问题解决"更注重过程、策略及思维的发展。

1. 把数学问题解决看作心理活动过程

将数学问题解决看作一种心理活动，主要承接于"问题解决"的心理学维度定义。问题解决常常是人们在日常生活和社会实践中面临新情境、新课题,发现它与主客观需要的矛盾而自己却没有现成对策时,所引起的寻求处理办法的一种心理活动。问题解决被看作能动的、不断发展的过程,数学问题解决则是指通过数学思维不断数学化的过程,是一个探索、发现、创新的过程,如有学者认为,"个体将已有知识和思想方法与数学问题匹配,使数学问题解决拥有三个特征:第一,目的指向性。数学问题解决是目的明确的活动,它要到达特定的终结状态。第二,操作序列性。数学问题解决是一个心理活动的序列。第三,认知操作性。数学问题解决的活动必须是认知操作。数学问题解决是利用解题者原数学信息库中的信息,将数学问题输入条件信息进行处理、编码、加工,并采取一定的思维对策,运用运算来改变系统的初始状态,使之转变为目标状态,使系统从不稳定系统状态转化为稳定系统状态的一个思维过程"。还有学者认为,"数学问题解决区别于其他科学领域用数学去解决问题,数学问题解决不但关心问题的结果,而且更关心求得结果的过程,即问题解决的整个思考过程"。所以,数学问题解决指的是按照一定的思维对策进行的一个思维过程,它一步一步地靠近目标,最终达到目标,在数学问题解决的过程中,既运用抽象、归纳、类比、演绎等逻辑思维形式,又运用直接、灵感(顿悟)等非逻辑思维形式探索问题的解决办法。

2. 把数学问题解决看作教学目标

学习数学的主要目的在于问题解决,这是一种普遍的观点。这种观点影响数学课程基调的确定,对课堂教学实践也有指导作用。美国全国数学管理者大会(NSCM)在《21世纪的数学基础》中提出,"学习数学的主要目的在于问题解决"。美国学者西尔弗指出,"20世纪80年代以来,世界上几乎所有的国家都把提高学生的问题解决能力作为数学的主要目的之一"。当问题解决被认为是一个目的时,它就独立于特殊的问题,独立于一般过程或方法以及数学的具体内容,此时学习怎样解决问题就成为学习数学的根本原因。

3. 把数学问题解决看作教学手段

英国数学教育的权威文件《考克罗夫特(Cockcroft)报告》给教师提出了五条建

议,其中第一条就提出"应在教学形式中增加讨论、研究、问题解决和探索等形式,而不应仅仅是讲解、复习、练习、作业",并呼吁"应将问题解决作为课程论的重要组成部分"。把数学问题解决看作教学手段,一方面可以指把"问题解决"从属于具体数学知识的教学,即通过问题引入有关的教学内容,并通过问题解决来达到复习、巩固及检查的目的;另一方面,数学问题解决被理解为"基于问题"的数学教学,衍生出"样例学习、课题学习、项目学习、研究性学习"等多样的数学教学模式。

4. 把数学问题解决看作一种能力

把数学用于各种情况的能力,叫作问题解决。数学教育的主要目的是培养学生的数学能力,而问题解决的能力正是数学能力的核心,是其他基本能力的组合和发展。因此,重视问题解决能力培养、发展问题解决能力的目的之一则是在这个充满疑问的世界里学习生存的本领。数学问题解决是指学生将他们的数学知识综合应用于新的问题情境的能力,它要求学生能识别所遇到的问题,能判断这些问题的条件是否完备,并能根据已知条件构造和选择恰当的策略、综合所学知识去解决所碰到的问题,同时能对解题过程及答案做出评价,判断解题过程和答案的正确性。

5. 把数学问题解决看作一种创造性的活动

随着科学技术的进步和数学教育的发展,对问题解决的理解在不断深化。当今的数学问题解决,即指综合地运用各种数学知识去解决那些非常规问题,包括实际问题和源于数学内部的问题,因此创造性成为数学问题解决的本质特征。从概念上讲,郑毓信等人认为,"数学问题解决是指如何综合地、创造性地运用各种已有的数学知识和方法解决那种非单纯练习式的问题"。刘治和认为,"数学问题解决是指综合地、创造性地运用各种数学知识去解决那种并非单纯练习或考试的问题,包括实际问题和源于数学内部的问题,也可以是最后不一定有终极答案的问题"。这样总能激发学生构建数学模型、寻找基本规律、提出数学概念,乃至创立新的数学分支,故问题解决本质的特征是认知性、创造性和实用性。

（四）数学问题解决能力探析

1. 数学能力

数学能力是一种特殊能力，是与数学活动相适应、保证数学活动顺利完成所必须具有的心理条件。科学出版社 2004 年出版的《数学教学论》指出，"数学能力是在数学学习活动中形成和发展的，并且在此类活动中表现出来的数学能力"。瑞典心理学家魏德林曾给数学学习能力下过这样的定义："数学能力是理解数学的问题、符号、方法和证明本质的能力，是学会它们并在记忆中保持和再现它们的能力，是把它们同其他问题、符号、方法和证明结合起来的能力，也是在解数学的课题时应用它们的能力。"

心理学家克鲁捷茨基根据数学思维的特点，确定数学能力由以下方面组成：概括数学材料的能力；使数学材料形式化的能力；运用数学和其他符号进行运算的能力；"连续而有节奏的逻辑推理"的能力；简缩数学推理过程和相应的运算系统的能力；从正向思维序列转到逆向思维序列的能力；思维的灵活性；对典型的推理的运算模式的概括和记忆能力；形成空间概念的能力；综合性成分，如气质、灵感、洞察力、韧性等。

2. 运算求解能力

数学问题解决能力是指个体在社会生活中遇到数学问题时，运用数学方法分析解决的能力，能够体现主体的逻辑思维、数学思维和综合能力，其中较重要的一项内容即数学运算求解能力。罗增儒等人在《数学教学论》中指出，"运算能力是数学能力中最基本的能力，其中包括计算技能和逻辑思维。计算技能体现在是否记住了数学公式及计算法则，能否运用概念、性质、大量进行有关计算和推导；在进行各种数学运算时，其结果是否准确，过程是否合理，推导是否严密；在计算中，能否进行查表和使用计算器等。逻辑思维体现在是否合理运用公式法则，是否对运算结果进行检查和判断，是否能自我改正运算中的各类错误，能否简化运算过程，能否推理运算等。在中学阶段，运算能力主要表现在根据中学数学法则、公式等进行数学运算的正确、合理、灵活、熟练程度;还表现在理解运算的算理,根据题目条件寻求最合理、最简捷运算途径的水平上。中学阶段的运算能力更注重算法、算理及大量进行的字符运算。数值计算突出准确性和快速性,避免了繁杂和机械地重复计算,重视考查估算和估计的推理运算作用"。

二、数学问题解决思维能力特点

(一)数学问题解决理论基础分析

1. 试误理论

问题解决追根溯源应该是从心理学开始的,其中具有代表性的人物之一是行为派心理学家桑代克,他认为"问题解决是一个尝试错误的过程"。较为著名的联想理论强调,问题解决的过程是通过"刺激—反应"之间相关联系形成的,同时也是一个学习过程。他通过"饿猫走迷笼"的实验,得出猫能够逃出笼子是因为猫经过了不断的尝试和错误以及偶然的成功,从而学会了逃出去的方法。因此,他认为"问题解决的学习是通过多次地尝试错误,由外部刺激和恰当的反应间形成的联结构成的"。不仅如此,桑代克认为,"实验中正是因为猫是饥饿的,它才会在笼子里做出一些动作——尝试出来吃鱼,所以对问题解决而言,动机和内驱力是重要的前提条件,解决者为了将问题解决,达到一定的目的,就会去进行不断的尝试,当偶然成功时就会形成经验,为接下来的问题解决奠定基础"。

2. 顿悟理论

对于问题解决,心理学上还有另一种观点,即认知派提出的顿悟理论,又称格式塔理论。格式塔理论认为,"问题情境的结构对问题的解决是十分重要的",还提出顿悟对问题的解决也会起到一定的作用。认知派心理学家推翻了试误理论对问题解决的影响,认为在问题解决的过程中,解决的办法是靠不断地尝试与错误获得的,而且这个办法是突然在解决者头脑中出现的。在生活中,有时会出现这种现象:一开始对问题毫无头绪,没有思路,不知道怎么解决,某一瞬间突然灵光一闪,办法就有了,问题也就随之解出来了。如若下次再遇到相似的问题时,解决者也不需要重新经历不断尝试与犯错,而是在头脑中已经有了办法,马上就知道如何去解决问题。

3. 建构主义数学教育理论

20 世纪 90 年代,出现了一种新的教育理论——建构主义数学教育理论。建构主义对“知识”的理解有着新的观点,而在建构主义的数学教学中,问题情境的创设在教学设计中占据重要位置,并且问题情境的创设有益于学生问题解决能力的培养。教师在教学中要对相关知识进行选择和整理,从而让学生头脑中形成相应的认知结构,进而将问题情境与新旧知识结合起来,引导学生发现问题,辨析问题。与此同时,教师要指导学生建立起问题解决意识和问题解决动机,这样对学生在数学问题解决过程中的每一步都可以起到促进作用,最终益于学生形成对知识的建构,从而提高问题解决的能力。

(二)数学问题解决能力结构

问题解决既是数学教育的核心问题,也是数学教育所要达到目标的关键所在。因此,目前的数学教育应当以培养学生问题解决能力为重要目标,新课改和相关文件也都确定应当以“问题解决”来取代“解决问题”,因为问题解决不仅包括解决问题,还包括前期的思考、分析,以及后期的评估验证程序。据此,学生数学问题解决能力就被定义为一项综合能力,并具体划分为问题的发现、提出、分析、解决四个部分,而每一项能力又由若干方面构成。对小学数学问题解决能力进行解构分层以后,依照由抽象到具体的标准降序排列,可以使这一问题变得更加清楚,也使操作更加简单容易。此外,要明确一点,即发现问题是基础、分析问题是过渡、解决问题是最终程序,四者之间有固定的逻辑顺序,因此不能将其割裂来看,而应整体对待,并且四者之间固有的客观顺序和逻辑联系也为教案的制订和学生数学能力的提高提供一定的理论基础和改革方向。

三、数学问题解决思维能力的意义

（一）数学问题解决的价值

数学问题解决的过程是一个复杂的心理活动过程，它对学生的学习和发展具有重要作用，学生在做一些经过精心安排的习题时，不仅可以进一步巩固课上所学的数学知识内容，同时也可以使自己的创造性思维能力得到有效锻炼。有的学者将数学问题解决的功能概括为：激发学生的学习兴趣，改变学生的数学观；了解丰富的社会文化信息，加强学生的数学文化修养；展现解题方法的演变；体现深刻的数学思想方法等。也有学者将数学问题解决作用总结为四个方面：使学生成为一个优秀的问题解决者；帮助学生增进对数学的理解；学会数学式思维；帮助学生形成正确的数学信念。但是，无论将数学问题解决的功能价值概括为几个方面，基本都指向了数学知识的掌握、问题解决能力提高、数学意识的提升、数学学习评价四个维度。因此，中学数学教学应当把培养学生解决问题能力作为重要任务，在基础教育课程改革的背景下，也更应当重视其重要作用与价值。

（二）运算求解能力对数学学习的影响

在数学学习中，数学运算必不可少，数学运算求解能力的高低与数学学习密切相关。一些学生反映数学太难，但是在讲授新课时，学生反应很积极，觉得学的内容很简单，也觉得自己已经掌握了这节课的内容，只是一到做题，问题就出来了，总是在运算中出错。一部分原因是学生的运算能力差，这种偏低的运算能力降低了他们对数学的兴趣，他们常常苦恼于那些会做的题还是做错，即使曾经做对的题目，再次遇到有时候也会做错，这极大地挫伤了学生学习数学的积极性。此外，运算速度也对数学学习有着重要的影响，如很多数学运算求解能力差的同学就需要用更多的时间来完成一定量的数学作业，那么他们就会剩下较少的时间来做练习，其运算能力得到训练的机会随之减少，久而久之，学生的数学学习也会受到一定负面影响。与此同时，在数学考试中，运算速度快的同学能在规定时间完成试题，甚者还有时间检查一遍做过的题,而那些运算速度慢的同学,很可能由于运算速度慢而做不完题,直接造成数学成绩偏低。

第二节　高中生数学解决问题思维能力培养问题及原因分析

高中数学课程标准要求学生获得必要的数学基础知识和基本技能,提高空间想象、数据处理等基本能力,提高分析和解决问题的能力,数学表达和交流的能力,发展独立获取数学知识的能力。与此同时,高考数学也对学生的数学解题能力提出了明确的要求,即以考查基础知识为载体,着重考查学生的能力,特别是数学思想、数学方法等方面的素质,以能展现学生的数学素养和个性品质为目标,在注重基础性的同时重视选拔功能,重视试题的层次性和梯度性。但是在现实教育教学中,高中生数学解决问题思维能力培养仍然存在诸多问题,需要教育者给予足够的重视。

一、高中生数学问题解决思维能力影响因素

(一)问题表征

表征是指对某一客观物质的反映形式,也是被加工的客体,相同的问题会有多种多样的表征形式,因此对它的加工也就多种多样。问题表征是指解决问题过程中的阅读问题,对相关信息进行分析,明确问题的性质、已知条件和目标条件,即形成问题空间。问题解决就是解决者阅读问题并对问题进行深入理解分析的过程。当学生面对一个全新的问题时, 基础知识较好的学生对问题性质的辨析和分析是相对准确的,而基础知识比较差的学生对问题分析理解是相对较弱的,更不用说接下来的问题解决了。而有些学生虽然对问题做出了相应的表征,对旧知识进行了提取,

但并没有被利用起来,只是浅显地进行回忆,那么自然而然也就难以完美解决自己所遇到的问题了。由此可知,问题表征影响着数学问题的顺利解决,甚至在一定程度上对问题的成功解决起决定作用。对问题的表征是问题解决的基础,如果学生对问题表征不出来或者表征错误,那么显然问题是解决不了的。然而,大多数学生对数学问题解决有着丰富的经验,这些经验对新问题的解决有一定的帮助作用,学生可以运用这些经验将一个相对复杂的数学问题转变成一个相对容易解决的问题,进而顺利将其解决。

总而言之,在问题解决的过程中,最重要的就是对问题的表征,以及辨析问题的属性。当学生能够对问题进行合理表征时,就自然而然地构建了一个良好的问题结构,使接下来问题的解决拥有一个好的开端,同时也为问题的成功解决打好了基础。相反,若学生无法对问题进行合理表征,那么问题解决就会陷入困境,无法进行,最终导致问题解决的失败。

(二)元认知

元认知是指人对自己认知过程的认识和调控,而一般很多学生在解题过程中都思路清晰、逻辑分明,能采用合适的方法进行解答并得出相应结论,也就是拥有对自己的数学问题解决过程进行反思和监控的能力。由此得出结论,元认知是影响中学生数学问题解决能力的因素之一。元认知在学生问题解决过程中起到调控的作用,帮助学生始终保持冷静清醒,不至于掉入陷阱中不能自拔。当无法运用一种对策解决问题时,有些学生能够及时调整方向、改变方法来解决问题;有些学生会走进死胡同出不来,无法对问题进行重新表征,且想不到解决方法。由此可见,元认知的重要作用是非常突出的,同时在一定程度上决定着问题能否顺利解决。数学问题解决是一个从探索到发现的认知过程,从阅读问题、辨析问题性质到对问题的表征、解决对策的选择实施和对结论的检验,每一步都需要学生不断进行反思和调控,即学生的元认知对问题解决产生了影响。同时,学生的数学问题解决能力不能单单依靠持续的反复练习来提高,还需要更高的心智活动,这是一个曲折的、由模糊到清晰的过程。

（三）认知结构

认知结构是指存在于学生头脑中的相对完整的知识结构框架，是学生现有观念及认识的全部内容。数学问题解决的基本思想是化归思想，当解决者有了一定的基础知识和丰富的数学问题解决经验时，就能将问题进行化归，即将未知问题转化为已知问题，将较难问题转化为较易解决的问题，将非常规的问题转化为常规问题。如若解决者的基础知识匮乏，问题解决的经验不够，那么对问题的化归是较为困难的。由现实数学教学情况分析可知，如果想要帮助学生准确理解掌握将要学习的知识，就要让学生从现实生活中去搜集与问题相关的内容，使学生在现有的相关知识储备和已有的相关经验的基础上建立起对新知识的理解。由此可知，认知结构也是影响数学问题解决能力的因素之一，为问题解决相关方法的选择奠定了基础，指引了方向。数学问题解决与学生的基础知识、运算能力和分析理解能力有着紧密的联系，当新知识进入学生原有的认知结构时，如果学生无法合理有效地运用头脑中的知识，那么新旧知识就无法融会贯通，原有的认知结构就不易被激活；或者新知识与旧知识之间即使建立了联系但也是有漏洞的，原有的认知结构就算被激活，也没有评价和反思的意识。

鉴于以上情况，我们可以得出结论，问题解决过程中的各个环节都与认知结构有着重要的关系。当学生缺乏一定的基础知识时，就很难从问题中找到线索，分析信息。因此，学生的认知结构越完整，新知识与原有知识相互作用层次性越高，问题解决能力也就越好；相反，如果学生认知结构缺失或是杂乱无章，那么问题解决以及培养相应的数学问题解决能力就会极其困难。不仅如此，在数学问题出现时，学生能否将相关知识与原有知识建立联系，能否将相关知识运用到当前的问题情境中，都与学生的认知结构有关。

（四）思维定式

思维定式是一种思维朝着既定方向准备进行的状态，是指思维简单存在，其他因素对其影响不到的情况下,解决者根据自己以往常用的思路或对策去解决问题,是问题解决的一种程序化的固有方向。当新的问题出现时,解决者为了辨析问题中的相关信息,理解问题中的隐藏条件,会将其与以往问题进行对比,使当前的问题情境与已有的经验相联系,以便接下来对问题进行解决。中学阶段,虽然一部分学生在解题过程中思路较为清晰,但在最终下结论时却不可避免地总是出现较为明显的错误,这些错误产生的原因不是学生缺乏这方面的相关知识,而是当出现相似问题时,他们的问题解决思维被框入一种固有形态,变得程序化,这也就导致学生对检验和评价的忽略。由此可见,思维定式也是影响学生数学问题解决能力的因素之一。

迈尔等人在对思维定式的研究中指出,"思维定式具有两面性,有时会对问题的解决有利,有时会对问题的解决有着阻碍作用"。在某些情境下,定式会造成问题解决思维活动的刻板。因此,在数学问题解决中,思维定式有着两方面的影响,一方面能使学生的问题解决速度加快,使学生的问题解决能力得到提高,具有积极效果;另一方面,有些学生会受到思维定式的牵制,学生会无意识地习惯于根据以往常用的思路或对策去解决相似的问题,使学生的思维受到限制,影响思维创造。这种问题解决的方法过于固定,没有创新,思维定式甚至可能会在问题解决过程中导致决定性失误,具有干扰、消极的作用。

(五)个性差异

每个学生具体生活的社会、家庭和学校等环境都是不同的,所以他们当中的每个人都具有不同的个性特点。在社会上,每个学生的成长过程、人际关系等都会对学生的个性有所影响;在家庭中,父母的教导方法、家庭生活的和谐相处、父母的关系和照顾也影响着学生的个性;在学校,教师的照顾、同学的关心、课堂的教育也影响着学生的个性差异;在学习上,每个学生的行为习惯、学习方法、个性特点也都存在很大的不同之处:有的学生习惯在问题解决之后进行检验和反思评价,而有的学生习惯在问题解决的过程中随时进行检验;有的学生喜欢用独立思考的方式去对问题进行解决,不需要他人的协作帮助;而有的学生喜欢和同学相互交流、沟通思路,共同完成对问题的解决。不仅如此,学生自身的情绪和自信心也对数学问题解决能力具有一定的影响作用, 有些学生在面对相对复杂的数学问题时无法调整自己的情绪、较易紧张,会感到有压力和负担,有时甚至没有坚定的信念,认为自己无法面对困难,最终放弃。可见,个性差异使每个学生都拥有自身独有的性格特点,而这些多样的个性又丰富了整个社会。与此同时,个性差异的存在还赋予了每个学生独有的思维方式、知识经验、知识结构和情绪感情等。个性差异的存在是无可避免的,是因人而异的,因此在当前的数学教学中,教师一定要对每个学生的个性特点进行关注,对每个学生的个性做到尊重,对每个学生的个性做到认可。对于某些有偏差或对学生的全面发展有不利影响的个性要帮助学生改正, 形成正面的优秀品质,发挥学生的优点及长处,切实搞好学生的素质教育,最终使学生的个性得到全面发展。

(六)兴趣与动机

高中阶段,大部分学生的数学兴趣和解题动机都是不尽相同的。有些学生比较喜欢做数学题,他们对能解出数学题有很大的自信;有些学生对数学有种消极抵抗心理,交空白答卷或者胡乱解题,他们对问题解决的兴趣和动机相对较低。由此可见,兴趣和动机在数学问题解决的过程中同样有着重要的意义。蒙太格认为,"学生积极向上的学习态度、强烈的问题解决兴趣、对自身问题解决能力的自信等都是问题成功解决的重要条件;相反,问题无法成功解决也与学生对问题的较低动机和低兴趣有关"。因此,数学问题解决是一个较为漫长的过程,在这个过程中,学生要有对数学本身的兴趣或有对数学问题解决的兴趣, 才能使这个过程不至于枯燥和乏味,才能使问题解决能够顺利愉快地开展,这也是提高学生学习积极性,有效提高相关能力的基础。因此,在课堂教学中,新问题的提出要有一定的趣味性和吸引性,这样容易使学生对问题解决更加积极。而且,兴趣与动机是离不开的,有些学生对数学不感兴趣,那么问题解决的动机也就相对较弱;而有些学生喜欢数学,自然问题解决的动机也会相对较强。由此可见,兴趣和动机的培养对数学问题解决能力来说同样重要。

(七)师生之间的互动

在当今的数学教学中,教师的教学不再只是传统的教与听的简单枯燥的方式,而是转变成更为自由灵活的教学活动方式,提倡教师与学生之间的互动。新一轮的课程改革强调要以学生的发展为根本任务,这就要求在课堂教学中教师作为组织者和管理者,要将学生当作教学的中心。通过多种多样的教学方式与学生认真交流,不仅可以传授给学生相关的数学知识,而且可以提高自身相关的教学技能,从而使学生的学习品质得到有效培养,最终助益于学生数学问题解决能力的提升。在课堂教学中,教师和学生的不断互动不仅可以积极调动课堂氛围,还能使学生的问题解决过程更易进行,使他们更容易掌握数学学科的知识。教师与学生之间的互动交流可以拓宽信息传递的广度,加深信息传递的深度,帮助教师明确学生的思路,同时学生也可以了解教师的想法,这在一定层面上大大强化了数学课堂教学过程中的活跃氛围,也提高了学生的参与创造能力,使学生对课堂学习更有兴趣。追根究底,学科教学是使学生学会些什么,而不是教师教授了什么,因此教师与学生之间的互动不仅要引导学生积极参与学习,更要培养学生的创新思维,最终提高学生的数学问题解决能力,以达到促使学生终身发展的目的。

总而言之,问题表征是问题解决能否顺利进行的关键,认知结构是问题解决的基础,思维定式影响问题解决的正反两面,问题解决中的元认知起着一定的反思和调控作用,学生的兴趣与动机以及个性差异都在主观意义上影响着数学问题的解决能力,而教师与学生之间的互动也对学生的数学问题解决能力起着很大的影响作用。

二、高中数学解题教学中的误区

(一)高中数学解题教学误区的界定

数学教学中的问题也叫题,可以分为练习型与研究型两类,练习型的题具有教学性,而研究性的题具有学术性。为了从深层次研究高中数学解题教学中存在的问题,有必要对一些基本概念做一下详细界定。一般情况下,高中数学教学误区指教师在讲解习题的时候传授给学生一些错误的基础知识、基础方法等,但对于这些内容很多高中生都是可以自行甄别的,因而这种认识还不够深刻。在此,我们所说的"误区"主要是指对于数学解题领域中的一些理念,人们在接受时没有经过认真思考,接受以后又很少会对自己是否真正领会了精神实质而做出深刻反思。因此,就很容易出现理解上的片面性与做法上的简单化,这就在一定程度上导致高中数学解题教学过程中误区的产生,这种误区的危害是忽视教育对人成长有正向作用与负向作用的差异,忽视教育对人发展的长期影响与短期影响。如果对这些问题不做深层次的思考,而只是停留于对"数学观念"或"数学解题方法"的强调或解答上,或是满足于学生考试分数的提高、学科竞赛得了什么名次,就很容易陷入追求某种思想方法、理念而忽视其他方面的恶性循环之中。因此,解决误区的策略是教师要明晰教学,既有教会学生学科知识的任务,还要有结合知识育人的目的,学生通过接受教育,在未来发展过程中一方面能够解决已有的数学问题,另一方面也会具备发现问题的意识和能力。但如果只是发现问题,还不足以说明学生数学修养的水平。如果学会利用学习资源,学会用数学的方式表达对问题的理解、表明教师对教学目的的理解,才是深刻的,才是数学教师教学实践中不可或缺的目标。遗憾的是,教师很少会思考这个问题。

　　数学的每一部分内容都有自己的基本问题,这些问题在解决时往往需要结合内容用特殊的方法来解决。因此,在数学教学中,教师更应对解决问题方法的形成予以合理的解释。但是在教学实践过程中,相当多的教师将数学思想方法异化为学生对知识点的掌握,因而教学内容已不再是系统化的数学知识体系,而是肢解后的孤立知识点。在高中数学解题教学实践中,教师可以把一道高中数学题解法的来龙去脉介绍得非常透彻,学生在任何高中阶段的测试中会取得骄人的成绩,这貌似完美的教学却隐含着三个不可思议的问题:第一,学生高中毕业考完大学之后,对高中数学的整体是什么并不清楚;第二,学生在学习的过程中除了强化记忆了解许多与考试有关的知识点,并没有具备获取信息、处理信息的意识;第三,学生为了应付考试记住的知识点,在考试结束后遗忘得所剩无几,即使记住的那一点点知识,面对问题也无法灵活综合运用。

(二)解题教学误区的特点

第一,长期性。解题教学是否走进了误区,短期内是很难发现的。理想的研究情形是能对接受教育的学生进行长期的跟踪、观察和反思,才能有比较深刻的认识,但这并不妨碍对解题教学误区的研究。长期性意味着研究具有发展性,任何人的教学都可能对学生发展产生负面影响,关键是如何做到减少不利于学生发展的教育,尤其是影响学生正确思想观念形成的教育。

第二,层次性。不同知识文化修养水平的人对数学解题教学误区的认识是有差异的。

第三,隐蔽性。任何形式的数学解题教学误区都不是显而易见的,它隐藏在人的思想观念中,人的思想观念反过来影响人的行动。隐蔽性意味着在认识数学解题教学误区时,不应只停留在对具体解题方法技巧的反思上,而应站在数学观的角度认识自己的教学。

第四,发展性。因为解题教学误区具有隐蔽性,这就要求从发展的视角逐渐认识教学实践中的解题误区。教育教学的思想观念随着时代的发展在变化,对教学行为、教学观念正确性与合理性的理解也在不断变化。只有把握解题教学误区的发展性,才能实现教育教学思想观念的与时俱进。

第五,多样性。因为数学解题教学误区具有发展性与层次性,就导致解题教学误区的多样性。

(三)高中数学解题教学误区的主要表现

误区一:在课堂教学实践中,教师认为学生听懂教师讲授的知识内容,然后能模仿教师的讲解以解答类似问题就实现了数学解题教学的目标。但事实上,学生在课堂上听懂了、会模仿只是解题教学的一环,如果学生不对解题思想方法进行揣摩感悟,那么他们课后遇到新问题时便无所适从,再让学生发现问题、提出问题更是不可能了。因此,让学生在学习过程中进行质疑,拥有强烈的探索精神才是教育最终的归宿,缺少质疑探究精神的教育则会把学生培养成应对考试的解题机器。由于教师所举的例题是范例,是启蒙学生思维的训练手段,所以教师不应该只让学生学会题中的知识,更要领悟出其中的解题思路与技巧,使之能够受到蕴藏题目之中的数学思想方法、数学文化与数学史的熏陶。

误区二:教学管理部门经常通过各个级别的教学能力比赛来检验教师的教育教学水平,参加比赛的教师为了获得好的评价,使自己的授课成为"优质课",通常会在课前做大量的准备工作,每一个教学细节都经过精心的考虑与设计,而忽略了教学的实质是发展学生的学习体验, 帮助学生感受艰苦努力探索得到问题结果的过程。事实上,这些"优质课"不是教师日常教学行为的表现。形象地说,是一种表演课,是为了给评委专家看的课,课堂教学流程过于精细而没有任何思维障碍,使学生在教师的"启发"下学会看到某个条件应该联想到什么结论,要证明这个结论需要什么条件等。这是当前高中数学解题教学中习以为常的现象,但却是数学解题教学的误区。因为它们并不能让学生直接面对问题、独立地思考问题以及探究问题,不仅对培养学生的思维没有实质性帮助,长此以往,还会连学生探求知识的热情扼杀掉,而学生的创造性思维培养就更流于空谈了,这样的教学是不利于学生未来发展的。

(四)解题教学误区的危害

受传统文化观的影响, 教师持有的数学观念与在课堂中教授数学的讲述方法密切相关,传递给学生的关于数学及其性质的细微信息会对他们今后的认识数学行为以及数学在他们生活阅历中所起的作用产生影响。因此,只有认清高中数学解题教学误区的危害,才能更有效地开展课堂教学活动。解题教学误区的危害主要表现在以下三个方面。

第一,在长期的教学实践中,解题教学的重点是让学生通过解答大量的数学题目归纳总结不同类型试题的解法，教师解题后的反思回顾较少上升到一定的数学思想观点层面,对解题教学目的认识没有实质性的突破。很多时候,教师传授给学生的只是解题方法的简单罗列或解题技巧的神秘出现,很少关注解题策略或数学思想方法之间的沟通。

第二,在解题教学实践过程中,教师关注"怎样解出答案"的时候较多,很少问"为什么这个题目这样思考更合理",多数教师得到了正确答案之后,不会再反思教学中如何教会学生思考"怎样学会解题",因为在教师的心目中得到正确的结果远比重新回顾思考过程重要。

第三,在数学解题教学过程中,一方面为了让学生考个好分数,教师经常会给出各种类型的习题解法让学生像背课文一样去套用,不在分析题目的条件和结论上下功夫,教师解题教学的中心不是帮助学生学会如何思考、学会批判自己思考过程中的不合理成分,加上学生的学习过程始终受教师的牵引,跟随其思路,这就使得许多学生在课堂上"明白"了教师所讲的内容,然而自己独立去解决问题或解决变式问题时却感到无从下手。从教育的实质上看,学生实际上没有学会学习。解题教学中存在的上述做法不仅对提高学生数学解题能力意义不大,在一定程度上还会扼杀学生的学习潜能。另一方面,教师有时为了彰显自己的教学水平,无原则地把巧妙的解法直白地告诉学生,造成学生学习轻松及思维训练过程消失的后果,阻碍了学生未来自主解决问题能力的发展。因此,教师应该认真系统地进行解题教学研究,通过研究高中数学解题学习理论来指导学生解题,避免走进高中数学解题教学误区。

三、培养学生问题解决思维能力问题原因分析

(一)教师方面存在问题的原因

首先,通过已有的研究实践结果分析来看,有不少一线高中数学教师在相关教育知识方面存在理论空白。究其原因,主要可表现在以下三个方面:其一,大部分教师接受的都是过时的教育理论，并且在长期以来的实践教学过程中形成了落后的

教学方式,很难在短时期内将其纠正;其二,教师进入学校踏上教学岗位以后,后续的培训并没有起到预期的作用,可能是因为培训的时间或机会较少,也有可能是因为培训内容选择不好,没有根据目前小学数学教师实际存在的问题进行内容上的选择;其三,缺乏科学合理的考核机制,学生问题解决能力的培养不能只是喊口号,而是需要通过具体的教学措施对其进行推进,并将实施结果作为考评教师的标准,具有可行性。

其次,受我国计划经济时期工作原则的影响,许多教师即使是在教学活动中,也对学生问题解决能力的培养缺乏充分的积极性和参与性。数学本来就是所有科目中比较难的科目,加之数学问题解决能力培养是一个长期的过程,需要多主体、全方位、持续性进行,并且要在较长一段周期后才能看到成效,得出反馈。因此,许多教师认为这样会耗费校方和教师的诸多精力,还不如直接追求成绩来得直接;再加上受升学压力的影响,教师往往觉得没有必要将精力浪费在培养一些与升学、成绩无关的能力方面。此外,还有一小部分教师并没有将精力较多地投入教学活动中。在一些地区,一些教师以为人民教师就是个铁饭碗,在缺乏有效、严厉的考核机制和奖惩机制的情况下,容易产生惰性思维,忽视了课堂教学的科学性和重要性,只是走形式完成任务般地进行教学活动,这些问题的存在都极大地影响了学生问题解决能力的培养。

再次,知识是能力的基石和源泉,能力是以知识为基础和条件的,能力能够完善和延伸知识,知识又能提高能力。自我国新课改实施以来,全方位培养学生能力的观点逐渐开始为人们所接受,新课程标准也曾明确提出要提高学生运用数学方法和数学思维解决问题的能力。然而,受传统教学观点的影响,一些教师认为完成知识目标就是教学的内容本身,从而忽视了学生能力的培养。为了顺利完成教学任务,使学生们取得优异的成绩,很多高中教师往往都没有进行足够的能力培养,这就在一定程度上禁锢了学生创新力、创造力、逻辑推理能力和思考思维等能力的发展,不符合现代教育中数学教育的目的。因此,尽管培养学生的数学问题解决能力显得尤为重要,但教师普遍关注知识目标、重分数而忽视能力培养的过程也会阻碍这一目标的实现。

最后,众所周知,每一项科技的进步背后都与问题的发现、提出紧密相关,因此学生问题发现和问题提出的能力不仅对学生阶段的学习有用,对其今后的工作和生活也具有举足轻重的作用。而问题解决的基础是学生能够自主发现、提出问题,因为问题的发现与提出是后续分析问题和解决问题的重要前提条件,因此要培养学生的问题解决能力,就必须着重培养学生的问题发现和问题提出能力。但从已有的调查研究来看,大部分教师都忽视了问题发现和问题提出能力的培养,也没有在课堂上或课后作业中对这一项技能进行专项训练。一方面是教师意识不足,另一方面是教师受其他如升学等方面因素的影响,不注重这方面能力的培养,但这方面专项训练与培养的缺位致使学生问题解决能力不能得到有效提升。

(二)学生方面存在问题的原因

诚如大家所知,解题通常包括题意的理解、公式套用和基本运算三个主要部分。题意理解是第一步,大量研究表明,题意理解不准确或不能理解题意是不能正确解题的关键原因。但在现实做题过程中,学生往往基于多方面的原因不能正确理解题意,有的学生是因为粗心读漏或读错题面中的关键信息,导致题意理解错误;有的学生是因为缺乏耐性,在第一次未读懂题意之后就放弃读题并随之放弃这一道题的解答;有的是本来可以读懂,但寄希望于教师或其他人的帮助,具有惰性思维;还有的是过于自信,如看到较为熟悉的题目,没有完整阅读其中的关键信息便着手解题,最终还是因为读题错误而导致解题出错;还有的是简单运算错误,如进十位的遗漏、依赖错误记忆等都会导致运算错误;最后,还有一种类型是对于题目较长、设问较多的题目,学生惯性地认为这是难度较高的题目,自愿放弃题目的理解和作答,但很有可能其中的题目并不难,只是学生基于畏难情绪而放弃答题。

总之,学生缺乏耐心,以致惰于读题或者错误理解题意等都是学生数学问题解决能力发展受限的重要原因,所以要培养学生的数学问题解决能力,加强其在读题方面的能力训练是十分关键且重要的。

第三节　提高高中生数学解决问题思维能力的策略

分析和解决问题的能力是指能阅读、理解相关问题的陈述材料,并运用所学的数学知识、思想和方法解决问题的能力。与此同时,数学问题解决思维能力又是逻辑思维能力、运算能力及空间想象能力等相关数学能力的综合体现,在一定程度上决定着学生数学综合素养的长久发展与不断提升。因此, 在平时的学科教学过程中,高中阶段的数学教师需要不断探索科学的教学策略以及有效的教学实施方案,以促使学生数学解决问题思维能力迅速提升。

一、高中生数学问题解决思维能力提升策略

(一)注重数学基础知识教学

分析现实情况可知,学生基础知识不扎实是影响解题思维的一大重要原因,而造成学生基础知识不扎实的原因主要在于: 高中数学知识比较抽象, 学生不易理解,以致多数学生对课本上的公式、概念只能靠死记硬背来学习,不求甚解,不能很好地掌握这些概念的内涵和外延。另外,多数学生没有找到适合自己的学习方法,不预习、不复习,不能有效地把握自己对所学知识的掌握情况;很多高中学生自学能力还比较差, 对所学知识不能及时地进行归纳总结, 将其融入自己的知识体系中,导致知识框架零散,运用困难。基于学生基础知识掌握的现状,教师在往后的教学中应更加重视基础知识的教学,具体可以从以下四点进行改进。

第一,教师应充分了解和掌握现阶段学生基础知识的掌握情况,从学生的基本经验以及认知水平实际出发进行教学。在传授新知识的同时,弥补学生知识的不足

缺憾,完善学生原有的知识结构。

第二,根据高中知识抽象性特点,教师可以具体实例创设情境,向学生展示概念、定理的形成过程,引导学生经历从具体到抽象的思维变化,让学生深刻理解概念、定理的内涵,同时强调这些概念定理的使用范围和成立的条件,让学生明确外延。比如,在为学生讲解"充分条件与必要条件"这一部分相关数学知识时,由于学生在解题中容易混淆充分条件和必要条件,教师在讲完定义后应再次剖析概念,分析其实质,帮助学生深刻理解概念。又由于这两个概念比较抽象,教师可以从生活实例出发进行分析,如人生存是氧气的充分条件,引导学生分析人生存一定有氧气,但是人不能生存也可能有氧气,氧气是人生存的必要条件,也就是没有氧气人一定不能生存,但是有了氧气人也不一定能生存。然后,引导学生从具体到抽象,根据人生存与氧气的关系含义进一步总结出充分条件与必要条件的实质, 即 p 是 q 的充分条件,其实质可以理解为有 p 一定有 q,没有 p 未必没有 q;q 是 p 的必要条件,其实质可以理解为没有 q 一定没有 p,有 q 未必有 p。

第三,对于基础知识的教学,如果新旧知识间没有本质性差别,只是对旧知识进行延伸或拓展的知识点,教师可以采用以旧引新的方法,不仅可以帮助学生巩固旧知识,更好地理解新知识,而且可以寻找新旧知识之间的联系,加强学生对数学知识的系统性认识。而对于类似的知识点,高中数学教师可以引导学生通过类比分析的方法得到,如在讲"函数奇偶性"时,教师可以带领学生一块探讨偶函数的定义和性质,而对于奇函数的定义和性质,可让学生类比偶函数的探索过程,自主总结,这样的教学安排不仅可以让学生亲历定义性质的探索过程, 同时还可以让学生体验类比的数学思想方法。

第四,由于知识掌握总是需要经历多次遗忘和唤醒的过程,所以教师应带领学生对所学的知识进行及时回顾并进行归纳总结,帮助学生形成一个知识网络,完善知识结构。特别是在高三总复习时,教师应不局限于某个模板的复习,应根据学生遇见的实际问题,及时对所涉及的知识进行回顾总结。

（二）着重传授数学思想方法

教师在数学教学中除了要向学生传授最基本的数学知识以外，更关键的是要向学生渗透蕴含在其中的思想方法，通过分析"高中生数学思想方法掌握情况"调查结果可以发现，学生数学思想方法掌握不佳很大程度上还是由教师在平常的教学中没有注重数学思想方法的渗透引起的。因此，在今后的教学中，教师应加强数学思想方法的渗透，从而提高学生的数学意识，增强解题能力。

首先，教师应该深入分析教材，挖掘其中的数学思想方法。数学思想方法是蕴含在数学知识内部的隐性知识，由于在教材中并没有明显的体现，学生很难通过阅读教材来获取。因此，教师应站在一定的高度去深入分析教材，挖掘出隐藏在背后的数学思想方法，化隐性为显性，使之变得明朗。

其次，加强渗透意识。虽然数学知识中蕴含了许多思想方法，但若不能将其渗透于课堂教学中并反复强调，学生依旧难以掌握，因此教师应有意识地将数学思想方法的渗透确定为教学目标，通过精心设计教学内容和教学活动，向学生呈现出数学思想，并让学生在参与活动的过程中感受并领悟这些思想方法。然而，由于高中阶段学生们的认知水平以及接受能力有限，教师应在综合考虑学生各方面因素的前提下，由浅入深地向学生渗透数学思想方法。

最后，落实措施，反复应用。由于数学思想方法的学习较其他数学知识的学习对于学生来说难度更大，学生必须经历感受、领悟、发展三个过程才能真正地掌握相关的数学思想，因此教师在教学中应循序渐进、反复应用。具体可以从以下三个方面入手：其一，在数学知识的形成过程中渗透思想方法。数学知识的形成过程体现了数学家们长期研究的思维发展过程，其实质是数学思想方法的形成过程，因此教师在讲授数学知识时，应向学生展开其形成的思维过程，从而渗透隐藏在其中的思想方法。比如，在人教版高中数学必修 5 "等差数列"一课的教学中，为了得出判断一个数列是否为等差数列的方法，教材中通过一个例题给出了通项公式 $a_n = pn + q$，说明若某个数列的通项公式是关于正整数 n 的一次函数，那么这个数列一定是等差数列。与此同时,此例题后面还设计了一个探究题:观察分析等差数列 $a_n=pn+q$ 的图像与一次函数 $y=px+q$ 的图像的关系。教材如此设计的目的是让等差数列与函数联系起来,实质上是让教师在讲解这个知识点时向学生渗透函数的思想,教会学生用函数的观点去理解 $a_n=pn+q$。当学生体会到函数的思想以后,在接下来学习等差数列前 n 项和时,可以借助此思想,通过联系函数的最大最小值去判断一个数列使 S_n 最大或最小时的项。同时,对理解和掌握等比数列及前 n 项和都有非常大的帮助。其二,在数学解题过程中,揭示数学思想方法。现阶段,多数教师在解题教学中仍只强调解题策略和解题技巧的训练,导致学生一直处于机械式模仿的水平上,遇见稍加变形的题目则无从下手,这实际上也是由于教师在解题教学中只是就题论题,没有揭示其中蕴涵的数学思想方法。因此,教师在未来的教学中,应通过问题解决的探究过程让学生真正领悟到其中的数学思想方法,并通过反复的应用练习,让学生将其吸收成为自己解题的工具,从而有效地指导解题时的思维。其三,在数学知识总结过程中归纳数学思想方法。数学思想方法贯穿于整个高中数学知识体系中,要想使学生更好地掌握并将其灵活应用于具体的问题解决中,教师就应该在对数学知识进行总结的同时,有计划地、恰到好处地提炼出蕴含在其中的数学思想方法,同时引导学生共同参与,让学生在归纳概括的过程中加深对知识的理解,并提高应用数学思想方法独立解决问题的能力。比如,三角函数总共有六个诱导公式,学生容易混淆并对其符号判断错误。为了便于学生理解记忆,教师应引导学生及时对其进行归纳总结,并提炼出其中的数学思想方法。

(三)激发高中生学习动机

由于数学问题解决的学习是围绕学生开展的,学生对数学学习兴趣的有无、动机的大小等都对问题能否成功解决有着重要影响。因此,教师要不断关注学生的学习兴趣,激发学生的学习动机,从而达到提高学生数学问题解决能力的最终目的。

在数学课堂教学中,教师要将问题与真实的情境相结合,从现实世界中发现数学再回归到课堂,使问题与学生的现实生活更加贴切。因此,教师对问题的呈现可以模拟现实生活中的实际例子,以学生的身心发展为根本,运用课件展示、互动游戏等方式不断从生活中引入相关的事物或情境,课件展示可以使教学内容更加有趣形象、教学内容更贴合学生的周边生活,同时使问题情境更加开拓有内涵,进而提高学生对问题解决的兴趣。对于那些对数学有消极态度的学生,教师也要耐心引导,不能轻易放弃,课堂上要经常向这类学生提问,让他们做一些较为容易的问题,提高他们对数学的兴趣,以及对数学问题解决的信心。针对学生们的爱好,高中数学教师还可以适当地对他们采取奖励措施,如根据良好解题表现奖励文具、体育器材、书籍材料、绘画用品等,激发他们对数学的学习动机,益于数学问题解决能力的逐步提升。对于那些对数学有积极态度的学生,教师也不要忽视,要密切注意他们的情绪变化和学习动态,主动与他们沟通,了解他们对数学问题的理解。当面对某些较为复杂的数学问题时,教师要对学生们的完美解答进行赞美,以增强他们的学习内驱力。

另外,根据学生的不同基础,数学教师还可以将学生分为不同的学习小组,将对数学兴趣较高的学生与对数学兴趣较低的学生组合在一起,经过一段时间的学习以后进行评比,学生们在相互学习、共同努力的氛围下,对数学的兴趣和动机也会有更大的提高。在此基础之上,高中数学教师还应在教学中培养学生对自身学习兴趣和动机的正确认识,让学生意识到不管知识基础优或差、相关能力高或低,学习都是伴随一生的事情,也是将来自己走向社会长久生存的基础。在 21 世纪的当今世界,全球化发展不断加速,科学水平不断进步,在此环境下,高中数学教师就更要让学生认识到数学的重要作用,要使学生正视自己的数学态度,提高自己对问题解决的兴趣,端正自己的数学学习动机,将现实世界与数学结合在一起,使学生能够将自己所学到的数学知识灵活地运用于生活数学问题的解决中。

(四)基于思维定式培养学生的质疑能力

心理学家鲁宾斯曾经说过:"各种思维无论它是抽象的还是具体的,都是由认真观察、分析相关信息得出的。"因此,在数学课堂教学中,当问题出现时,教师应告诚学生不要过于追求问题解决的速度,而应认真观察问题、分析相关信息,养成良好的思维方式,从而对问题进行准确解决。由于思维定式具有两面性,所以在数学课堂教学中,教师要帮助学生避免消极思维定式的产生,而创设合理的问题情境,促进学生对旧知识的有效利用,培养学生的发散思维,使学生能从不同角度、各个层次方向去思考同一个问题,同时认真观察对比当前问题与曾经遇到的相似问题,把握问题的内在性质,发掘两者的相同点和不同点,并思考是否能用相同的思路或方法去解决,尽量做到全面考虑问题,从而克服思维定式的消极影响。学习的根源在于思考,思考的根源在于提出疑问。然而,学生的判断能力、独立思考能力、钻研能力、思维能力并不是十分扎实,因此教师应尽可能地放飞学生思维,使学生思维不受牵制,让学生自觉地进行独立思考、自主探索问题的来龙去脉,并且引导学生多层次、多角度地对问题进行解决,从而提出不同的解决对策。

另外,还要鼓励学生主动质疑问题、大胆提出问题,同时根据学生的生活实际与现有的知识框架创设合理的问题情境,培养学生仔细观察、认真思考的能力。对学生对相关问题的大胆猜测表示赞许,解答学生对问题的质疑或不解。当教师与学生的观点产生分歧时,教师应与学生面对面交流并共同探讨,对每个人提出的不同观点进行详细分析,做到相互学习,共同进步。教师要对相似的数学问题进行系统整理,和学生共同分析这些问题解决的对策是否一致,如若不一致的话,还需进一步引导学生探讨科学有效的处理解决方法,并时刻关注学生的思维定式特点。当问题出现时,教师要帮助学生对问题进行各个角度的探究,尽量考虑全面,指导学生得出正确的解决对策,进而针对学生们的思维定式特点采取有效措施,完善学生对问题解决过程的认识,以消除思维定式对问题解决的负面作用。

二、高中生数学问题解决思维能力培养教学实施

(一)高中数学问题解决教学目标

"问题解决"教学一直是普通高中的教学目标之一,而高中数学课程中几乎有

一半的内容都主要用于培养学生的问题解决能力。足见,我国对培养学生"问题解决"能力的重视。具体而言,数学问题解决能力培养的目标可以细化为以下六个方面:会审题,能对提出的问题情境进行分析和综合;会建模,能将遇到的生活实际问题进行数学化,然后建立数学模型;会转化,能将陌生的数学问题变换为熟悉的数学问题;会归类,能对各种数学思想和数学方法进行总结和整理;会编题,能根据学到的知识编制练习题和应用题;会反思,能对最后的数学结果进行检验、评价和推广。

(二)高中数学问题解决教学的模式

为了更好地研究我国高中数学问题解决教学的一些情况,我们有必要详细了解一下我国目前都有哪些高中数学问题解决教学模式。虽然对于教学模式的概念,不同国家、学者都有着自己不同的见解,但大多都具有开放性、操作性、优效性的特点,我国高中问题解决教学的模式同样如此。基于教学模式的三个特点,我国学者提出了许多数学问题解决教学模式,其中新课程理念下的数学问题解决教学模式更是引起了人们的极大关注。

1. 创设情境、提出问题

数学情境是产生数学概念、发现数学问题、提出数学问题和解决数学问题的背景、前提、基础和条件。希尔伯特曾说过:"只要一门学科分支能提出大量的问题,它就充满了生命力;而问题的缺乏则预示着独立发展的衰亡或中止。"所以,数学问题解决教学的第一步骤是创设情境、提出问题。在问题情境创设这个阶段,教师充当导演,学生充当演员的身份,充分反映了学生主体性中的选择性和自主性特征。在问题情境的创设中,学生对学习活动进行自我支配、调节、监控,学生的元认知水平得以最大限度地提高。

创设数学问题情境、提出问题有以下四种方法:一是巧设悬念并提出问题。悬念是一种心理现象,它能激发人们的兴趣,唤起人们的注意,使人产生焦虑牵挂的情感和强烈迫切的求知欲望。悬念作为一种情感方面的内驱力,对于学生的学习具有不可低估的积极作用，所以讲授新课前教师只需根据所讲教材内容精心设计悬念，就可以在一开始把学生的注意力牢牢抓住，使他们始终处于积极的学习状态。比如，在教授空间几何体的三视图和直视图相关数学知识时，高中数学教师可以提出：北京的鸟巢非常漂亮，它是由工程师先画出图纸，然后建筑师建造完成的，那么工程师是如何制作工程设计图纸的呢？只要引发学生相互之间的讨论，同学就会对本节课留下深刻的印象。二是联系实际并提出问题。任何知识都源于生活，数学知识也不例外，将数学知识与实际生活联系在一起时，学生会比较容易接受数学，并且会容易记住所学的数学知识。同时，能激发学生学习数学的兴趣。举例说明，在讲解"概率的意义"这节课的内容时，高中数学教师就可以将生活中的实际事例融入课堂教学之中，如现在各大商场、超市都在进行抽奖活动，许多人也都簇拥着进行抽奖，今天咱们班也举办一次抽奖活动，具体规则如下：咱班的是免费抽奖，并且每次都能中奖。现在，这有一个摸奖箱，箱里有 20 个球，其中 10 个标着数字 10，10 个标着数字 5，每个人随意摸出 10 个球，然后将小球上的数字相加，总分为 100 者奖励一支钢笔，总分为 50 者奖励一本笔记本，只要总分为 95、90、85、70、65、55 等都有奖品，只不过都是纪念奖。但是如果摸奖者摸中小球的积分为 75 或 80，他就必须擦一学期的黑板。这样的抽奖活动，你们参加吗？这个问题就会激发学生想一探究竟的兴趣，也不会让他们觉得学习数学是件枯燥的事。三是自主探究并提出问题。自主探究不仅能培养学生自己动手的能力，而且更能激发学生的学习兴趣。四是复习旧知并提出问题。复习旧知这种创设问题情境的方式，既能激活学生对上节课知识的记忆，又能为学生学习新知做好铺垫，一举两得。例如，在教授直线的方程相关数学知识时，高中数学教师首先可以带领学生复习旧知：直线的点斜式方程、直线的斜截式方程、直线方程的两点式和直线方程截距式的一些相关知识。然后提问：平面内的任一条直线，一定可以用以上四种形式之一来表示吗？是否存在某种形式的直线方程，它能表示平面内的任何一条直线等。

2. 数学问题解决

数学问题解决的过程就是教学，在进行数学问题解决的过程中应该注意：教师要加强教学过程的调控;在学生解题结束后,教师要组织学生进行讨论;明确结论,充分表达解题后学生获得的主要成果。

3. 反馈评价

反馈评价无论对于学生还是教师来说,都是非常重要的。对于教师来说,教师可以通过反馈评价了解学生对知识的掌握程度, 及时根据了解到的情况对教学方式进行适当改动,以逐步提升自己的教学效率。对于学生来说,他们可以通过反馈评价巩固对知识的理解,还可以清楚地知道自己有哪些不足的方面,进而提高自己解决问题的能力。

4. 变式拓展、应用

在数学教育教学过程中,我们一直强调"举一反三",这一思想的运用不但可以提高学生的学习效率,而且能提高学生的探究能力和自主性,所以最后的变式拓展是十分有必要的,它能使学生对知识拥有更广的认识,而数学中的应用则能让学生对知识拥有更深刻的认识。除此之外,变式拓展、应用有利于学生在已学的知识中创设新的问题情境,发现新的问题。

5. 总结反思

总结反思可以通过教师提问、学生课内小结、课堂书面练习或单元测验、单元小结及课外作业等形式进行,也可以在每章或每节课学完之后,由教师或学生自己总结和反思这一章或节学到的知识。

(三)高中数学问题解决教学的注意事项

1. 加强对提出问题能力的培养

教师在讲课过程中有时会忽略提出问题的重要性,只注重解题过程;有时教师鼓励学生提出问题,但是由于对学生认知程度认识不清,教师往往会给予不利于学生发展与进步的鼓励。我国一直是解题大国,学生从一开始就没有接受过提出问题能力的训练,所以他们往往会避免自己提出问题,甚至教师鼓励学生提出问题,学生也不会给予相应的回应。因此,在高中问题解决教学中,应该注意着重培养学生提出问题的能力。

2. 加强一题多解和多题一解的培养

进入高中之后,学生最重要的任务是锻炼自己的灵活应用能力,而不是一味地做难题,因此学生如果能够用多种方法很熟练地解出一道典型题目,或者用一种解题技巧做出多道题目,则往往远胜于做出了好多道难题。但有些教师在问题解决课堂中会忽略这一点,他们往往会就一个题的具体步骤讲解得很完整,但这种讲解往往不如一题多解和多题一解的讲解方式。所以,教师更应该注重培养学生一题多解和多题一解的能力。

(四)解题教学设计案例

高中数学解题教学的内容不单局限于解决教材、练习册上的数学问题,也包括基本数学概念原理、典型例子的教学。根据邓克尔提出的影响问题解决的功能固着因素可知,这个阶段的教学对学生形成合理的思维方式影响是深远而强烈的,因此不能孤立地在解决具体问题上认识解题误区,而要从概念原理教学的初始阶段就思考如何减少学生未来的思维障碍。下面,以"余弦定理"的教学为例,说明教学实践中如何开展教学工作。

余弦定理教学设计(2课时)

一、教学目标

1. 通过对正弦定理的学习启发学生思考三角形的元素是否存在余弦关系（猜想与探索提出问题）。

2. 在寻找结论过程中找到不同的证明余弦定理的方法。（解决问题）

3. 初步学会使用余弦定理解三角形。（初级应用）

4. 知道余弦定理与勾股定理的关系。（一般与特殊）

5. 初步学习解决既用正弦定理又用余弦定理的问题。（中级应用）

二、学习感悟

1. 教师在教学过程中要感悟如何自然恰当地与学生探索用向量、解析、三角的方法证明余弦定理是否还有其他方法，如果学生与教师都没想出其他方法，那还有什么途径可以查询其他方法，如网络查询等。

2. 学生要感悟什么情形适合用正弦定理，什么情形适合用余弦定理，什么情形适合运用定理的变形及综合运用，让学生在解决问题的过程中归纳总结其中的规律要点，以及蕴含的思想方法。

三、教学过程

第 1 课时　余弦定理的证明及简单应用

1. 在正弦定理结论探究过程中，是否有学生质疑为什么没有类似的余弦定理呢？（因为直角的余弦为零，分母没有意义），是否有其他结构关系的余弦定理呢？引入问题：如何建立边角的余弦关系。

2. 余弦定理的证明：启发或引导学生从不同角度找到证明定理的方法。

3. 比较余弦定理与勾股定理的结构特点，发现两者之间的联系。

4. 举例说明如何运用余弦定理解决简单问题，然后学生练习，教师观察学生完成练习的情况，及时反馈学生学习情况的信息，以便于调整课堂及课后对学生学习的指导工作。

第 2 课时　余弦定理简单应用的变式训练

1. 鼓励学生思考一个等式可以如何变化，培养学生的发散思维：一种是基于"型"的变化；另一种是积累多了、熟练了，学生能发现基于"神"的变化。

2. 举例说明，学生练习、教师观察学生解题完成情况，并及时反馈。

3. 通过教师讲解与学生练习，共同总结解三角形不同类型的问题的解法差异。

4. 如果教学时间富裕，对解题过程出现的有些问题可以探究一般性的结论。

四、教学情景设计

第 1 课时　余弦定理的证明及简单应用

问题 1：在正弦定理学习过程中，我们从特殊的直角三角形入手发现 $\dfrac{a}{\sin A} = \dfrac{b}{\sin B} = \dfrac{c}{\sin C}$，同样有 $\dfrac{a}{\cos A} = \dfrac{b}{\cos B} \neq \dfrac{c}{\cos C}$，因 C 为直角，$\cos C \neq 0$，故不存在类似正弦定理的余弦定理。由正弦定理的向量证明法是否能得到启示，利用向量的运算能否得到一个边与角的余弦关系呢？

设计意图：让学生通过类比质疑提出问题。

师生活动：向量的什么运算能与余弦联系起来呢？哪些向量进行相应的运算呢？

问题 2：以任意两边对应向量点乘可以得到角的余弦，但向量点乘如何用三角形的边表示呢？如果不能轻易实现三角形三边对应向量表示向量点乘，思考的方向如何调整？

设计意图：期望学生在不断失误的过程中找到解决问题的方法。

问题 3：除了上述证明余弦定理的方法以外，是否还有其他途径？联想正弦定理证明中用到了三角形的高，能否利用这一点解决问题呢？

设计意图：期望学生从不同的方面（如三角方法、坐标方法）探索到余弦定理的证明。

问题 4：从余弦定理形式上观察它与以前学过的什么定理有相似之处呢？

设计意图：让学生学会触类旁通，如能进行余弦定理与勾股定理的比较、联系讨论。

师生活动：探究总结出三角形内角为锐角、直角、钝角时，余弦定理与勾股定理的联系。

第2课时　余弦定理简单应用的变式训练

问题1:余弦定理建立了三角形两边一夹角余弦间的关系等式,它能说明已知其中哪些量可以求其他什么量呢?

设计意图:变形可以看成定理的推论,变形训练可以拓宽学生认识定理意义的视野,提高解决问题的灵活性和层次性。

师生活动:数学关系式的变形是多样的,一种是"型"的变化,另一种是"神"的变化,只有经过基本多样的"型"变化,才能悟出貌似无关的"神"变化。本节可重点引导学生学会已知三角形三边长如何求一角的余弦问题。

问题2:正弦定理、余弦定理均可用来解三角形,有些解三角形的问题两者都可使用,那么如何判断什么条件更适合用哪个定理呢?

设计意图:让学生初步建立综合运用知识的意识,在运用定理解决问题的过程中比较两者的差异,确定使用哪个定理与正弦函数、余弦函数在$(0,\pi)$上的单调性有关,依据具体问题做出选择。

师生活动:用余弦定理可以根据函数值的正负判断所求角是锐角还是钝角,用正弦定理则不易准确直接地判断出所求角的范围。

问题3:已知什么条件才能用正弦定理和余弦定理解三角形问题?

设计意图:让学生在解决问题的过程中学会分析、归纳和总结。

师生活动:可以共同总结出以下三种类型的问题。

1.已知三角形两边及一边所对的角,或两角及一角所对的边,适合正弦定理。

2.已知三角形两边和它们的夹角或已知三边适合余弦定理。

3.先用余弦定理求出一边或一角,转化为用正弦定理。此外,还有其他解题规律需要学生们在解决问题过程中感悟、总结。

问题4:课堂练习及反馈,课后作业及反馈。

问题5:教学课后反思,条件具备写成文字材料。

第八章 高中生数学阅读思维能力的培养

自学能力是每一个人社会生存必备的能力,在面向未来的教育教学活动中,高中任课教师不仅需要帮助学生获得丰富的基础知识,同时还需要教给学生自学的方法与技能,使他们拥有独立学习的本领,以便于在离开校园以后仍然能进行科学而有效的学习。与此同时,阅读能力是作为自学能力的一个重要组成部分而存在,其不仅可以帮助学生提高自我修养,还可以促使学生获得知识、集聚知识,逐步提升自身的综合能力。近年来,全国各地的高考数学试卷中经常会出现数学阅读题目,这就说明数学阅读能力正在广泛地引起人们的重视,显而易见,相关的教学研究也将随之增加。

第一节　阅读思维能力概述及理论基础

古今中外的学者历来重视阅读，然而把它当作一门学问来研究还是近些年来的事情。学科阅读研究一般以语文及英语阅读为主，数学阅读的研究尚处于初级阶段。然而，我国在数学阅读方面也积累了不少宝贵经验，其中需要明确的一点是，学生需要了解阅读思维能力的概念分析及理论基础等基本理论，从而为深一步探索研究奠定良好基础。

一、阅读及数学阅读定义

(一)阅读定义

《中国大百科全书》教育卷对"阅读"做了定义性的界定："阅读是一种从印的或写的语言符号中取得意义的心理过程。阅读也是一种基本的智力技能，这种技能是取得学业成功的先决条件，它是由一系列的过程和行为构成的总和。"《阅读学原理》认为，"阅读是读者从写的或印刷的书面材料中提取意义和感情信息的过程"。《教育大词典》卷一则提出，"阅读是从书面语言获取文化科学知识的方法信息交流的桥梁和手段"。

以上的阐述各有侧重，前两者着眼于阅读的心理和行为，后者更多地是从社会、文化方面论述阅读本质。根据以上的研究成果，我们可以认为阅读是阅读主体通过视觉器官——眼睛将书面信息文字符号转化为心理表征的过程，是外部语言的内化。此外，根据前人的研究成果，我们还可以认为阅读是学生独立自主获取知识的一种学习过程，它不仅包含"读"，还将"动口、动手、动脑"有机结合和统一协调融入其中,这就导致阅读同样的材料会因为阅读者本身的思路、思维方式、生活阅历及感受等差异而得到不同的结果。

(二)数学阅读定义

阅读作为人类日常生活中必不可少的一项重要活动, 历来是教育学和心理学研究的重点内容。尤其在进入现代社会以来,人们更愿意通过阅读来获取知识,阅读也逐步成为教育学者争相研究的对象。数学阅读,顾名思义,是指在数学学科内进行的,包括对数学材料所进行的认知活动和对整个认知过程的监控活动。因此,作为阅读活动中的一种特殊形式,数学阅读便与其他阅读一样不仅是一种智力技能,同时还是一种元认知技能。到目前为止,与数学阅读概念相关的研究还不够完善,对数学阅读的标准定义也还没有达成共识,在此可通过以下三种观点进行简单了解。

第一,斯托利亚尔曾说过,"数学教学也就是数学语言的教学",而数学语言的学习与数学阅读的关系密不可分。由此可知,数学的学习离不开数学阅读,这便是数学阅读的出处,数学阅读的对象是数学教育活动中的数学材料,包括数学课本、数学试卷、数学名人传记、课外阅读材料等,也包括用几何画板等软件编辑的动态数学活动课件、数学教学过程视频等。

第二,从心理学的角度看,数学阅读就是将材料中的数学语言转化为心理活动的表现,它不仅包括感知和理解能力,而且包含几乎所有的心理活动,使一个人的感觉、知觉、言语、记忆等都处在积极的活动状态之中。据相关研究资料表明,人的五官感受知识的比例是不同的,其中视觉占 83%,听觉占 11%,嗅觉占 3.5%,触觉占 1.5%,味觉占 1%,如果视、听、触等多感官共同作用感受知识则会高达 95.5%,这说明在获取外界信息时,阅读是一个重要途径。

第三,杨红萍在论文《数学阅读及其教学研究》中以心理学为基础提出了数学阅读的定义,即"数学阅读就是从数学阅读材料中汲取数学知识经验的一种积极心理活动",强调阅读中要能正确编码材料字符、熟练完成三种数学语言转换、能对文本进行整体认知，同时将其看作数学阅读理解的三个水平层次。黄生英在《与"数学阅读"对话》中通过对数学解题过程的反思和总结，认为"数学阅读是在数学思维基础上，针对数学问题展开深入系统的研究，并从中获取数学知识的一种学习活动，同时也是通过数学思维来感受数学文化的一种心理过程"。焦建玲在《数学阅读技能及其培养》中从阅读有效性方面入手，强调数学阅读绝对不是简单机械地认知数学语言的过程，而是通过对数学阅读材料的仔细筛选获得最有效解决问题策略的技能。

通过以上三种观点可知，数学阅读就是结合数学思维和内容的特殊性，在一般阅读经验的基础上，对数学问题进行分析、转化、推理等，是获得数学智慧、提高数学能力的一个重要方法。数学学科逻辑性强、推理严谨、语言抽象等特点决定了数学阅读绝不等同于语文、英语的阅读，它在具备一般阅读所有特征的同时，也具有自己的阅读特性：(1)要有严谨的逻辑思维能力。数学阅读材料往往会融入很多逻辑推理思维，学生在阅读时不仅要多思考、勤动手，更要多体会、多总结。(2)要认真仔细阅读。数学阅读材料结构严谨、语言简洁抽象，在阅读中一般要求精读，且不可像一般阅读那样遇到意义不大之处便自动跳过。(3)需要读、写、思相结合。缘于数学学科自身的特点，数学阅读离不开计算、推理、证明、画图等活动。一方面，数学中有很多公式、定理需要记忆，通过书写可以加强记忆，提高记忆速度；另一方面，一些定理证明的推导过程非常简洁，阅读中为了更好地理解，学生需要自己动手一步一步进行推理。除此之外，在阅读中学生常常需要对内容进行一定的总结，以便理清知识间的联系。(4)注意三种语言的转换。数学阅读材料都是由三种数学语言交融而成的，阅读中应根据语意实现语言思维的灵活转换，但数学语言又具有准确和简单明了的特点，这就在无形之中为学生掌握数学语言、促进数学阅读提供了方便。(5)要具备较强的元认知能力。数学学科内容往往比较枯燥、语言难懂，阅读时需要学生具备较强的意志力和长时间的注意力，显然这就对高中生的元认知能力提出了一定要求。

二、数学阅读的特点及分类

(一)数学阅读的特点分析

数学阅读过程同一般阅读过程一样,是一个完整的心理活动过程,包含对语言符号文字、数学符号、术语、公式、图表等元素的感知和认读,对新概念的同化和顺应,对阅读材料的理解和记忆等各种心理活动因素。与此同时,数学阅读也是一个不断假设、证明、想象、推理的积极能动的认知过程。而其中的数学语言则可分为文字语言、符号语言、图形语言等几种类型,同一数学内容可以用不同的语言表述,即三种语言可以相互转化,数学方法中常用的"数形结合"就是数学语言转化中的典型特例。作为一种独特的科学语言,数学语言有着专门的词汇和语法规则,有着独具的抽象性、简约性、精确性和严密性等特点,这些都使得数学阅读与一般阅读相区别,并拥有了自己的独特性。

第一,数学阅读要求细致精读。大部分阅读都包括简单浏览、快速阅读和精读等具体方式,在进行语文和英语学科阅读时,我们常常只通过浏览和快速阅读就可以获得一段文字或一整篇文章的中心思想和关键信息,但精确性却是数学语言区别于其他语言的最大特点,数学语言要求每个词、每个概念、每个符号、每个图表都要严格精确,不能模糊不清、思维混乱。因此,在阅读数学课本中的某一节内容时,学生就必须了解每个数学术语和每个数学符号的精确含义,没有含蓄、猜测和推测的余地;当一个学生试图理解一个定理或者书写某一证明过程时,也不能忽视或省略他所不理解的所有词汇。在具体数学阅读过程中,高中生们应当仔细地阅读每个词和每个句子,积极就材料中的图、表格和例子进行详细思考学习,而且在思考一个练习题或者问题时仔细阅读题目材料的每一部分,直到充分理解为止。另外,高中生还有必要用铅笔和纸算出课本例题和实例中省略的部分,并且当题目材料未介绍清楚时,学生还应当把未解之处记录下来,要求教师给以解释及澄清。

第二,数学阅读要循序渐渐。宋朝理学家朱熹强调读书"须知缓急""须有次序”，要做到“循序渐进”，数学阅读尤其如此。数学理论具有严密的逻辑性，各知识环环相扣，相互之间具有很强的逻辑关系，自上而下不能断裂，否则就不能顺利进行之后的运算及运用。数学阅读中经常会出现这样一种现象，即虽然我们认识材料中的每一个字、每一个符号、每一个公式、每一个概念，但却不能正确地理解其中的推理、证明、计算过程和蕴含的数学意义，更无法体会到其中深藏的数学思想方法。数学语言形式的表述与内容之间这一矛盾决定了在阅读数学内容时学生们必须勤于思考、善于动脑、细细揣摩、反复思量，而且必须循序渐进，一步一个脚印展开阅读，不能因急于求成而忽略某个部分进行跳跃性阅读。

第三，数学阅读需要手脑并用。只要在阅读过程中手脑并用，学生才能获得更好的阅读效果。其一，书写可以帮助学生更加高效地记忆数学阅读材料中的重要内容，特别是一些比较复杂的公式，在理解其推导过程之后，动手手写几遍，学生就能很快将之印于脑海中。其二，由于篇幅有限，教材编写多数追求简约，公式、定理推导的原因常被省略，运算、证明过程也常简略。在数学阅读时，如果感觉上下两步之间的跨度较大，理解起来比较困难，那么学生就需要自己动笔作图、计算、推理，将省略的地方补充回来，在内容的上下文之间“架桥铺路”，以便顺利阅读。其三，在进行数学阅读时，学生常需要在空白处记录下从教材中概括归纳出的解题格式和步骤，证明所用到的数学思想、知识结构框图或一些有助于加深理解和记忆的反例、变式。而考试重点复习这些东西，学生将会取得事半功倍的效果。

第四，数学阅读要求思维灵活。数学材料是文字语言、符号语言和图形语言三种语言的交替和融合。数学阅读常常需要进行“内部言语的转化”，即把阅读材料的内容转化为易于被人接受的语言形式。当然，不同的思想内容，其易于被人接受的语言形式也有所不同。例如，在解决实际应用类题目时，我们往往需要将烦琐的文字语言逐句转译成简单直观的符号语言，题目的条件及要解决的问题也就清楚明了。又如，在解决立体几何的证明题时，我们通常先将文字语言转化为直观明了的图形语言，再对图像进行分析，从而得出证明过程的符号语言，充分体现了三种语言间的频繁转化。再如，“已知 $x+2y=5$，求 x^2+y^2 的最小值”，该题显然使用了简约的符号语言,粗略一看并不容易解决,但如果将其转译为"求直线 $x+2y=5$ 上的点到原点距离的最小值",进一步再转换为"求原点到直线 $x+2y=5$ 的距离"这样的文字语言,问题就变得简单易求了。总之,数学阅读常要求大脑建立起灵活的语言转化机制,而这正是数学阅读与一般阅读最主要的区别。

第五,数学阅读需要较强的逻辑思维能力。因为数学语言具有高度抽象性与严密逻辑性,数学内容多数都是以概念、公式、定理、法则为基础展开,以严密的逻辑推理为线索,所以要求学生在进行数学阅读时,要跟着阅读内容的思维发展脚步,努力打开自己的思维,最终才能理解材料所要表达的意思,否则即使读了好几遍也没有任何效果。学生拥有较强的逻辑思维能力,对于形成自己的知识网络体系有着积极的意义,因为知识网络体系的建立对于学生阅读数学材料,利用材料中的数学术语、定理、法则以及符号并找寻他们之间的内在逻辑关系有着重要的作用。所以,基于数学语言的简洁性,培养学生的逻辑思维能力就显得特别重要。

(二)数学阅读的具体分类

每个学生都是一个独立的个体,各自的知识基础、思维方式、阅读方法、能力水平各有不同,因此不可能根据各自的阅读特点进行分类,只能够根据阅读后所产生的效果对他们进行分类,大体可分为以下四类。

第一,机械接受式阅读:运用此方式开展阅读时,学生们一般都进行浅显的理解,追求感知的刺激,对课本中出现的重要结论和解题过程较为重视,并且被动地接受、记忆结论和整体步骤。

第二,直接理解式阅读:学生们直接阅读课本告知的材料,简单地联系原有知识,对出现的概念、定理、方法等只进行简单理解,缺少深层次的主动探索和思考。

第三,意义指导发现式阅读:在教师的指导下,学生们能够深入思考问题、探索问题,并得到新的方法、结论和数学规律等,使之能够延伸探索出新的问题。

第四,意义独立发现式阅读:不需要教师的指导,学生们自己根据课本知识,结合自己原有的知识基础,独立探索得到新结论、新规律,并进一步继续深入地探索新知。

通过对现实情况进行观察分析可知，大部分学生还只是停留在前两种阅读方式上，被动学习、被动接受没有体现学生学习的主动性。从学生阅读主动性的参与程度来说，笔者将机械接受式阅读和意义接受式阅读归结为被动式阅读。与此相对，将意义指导发现式阅读和意义独立发现式阅读归结为主动式阅读。

被动式阅读首先通过大脑视觉神经搜索信息、接收信息，然后通过思维活动对信息进行加工处理，最终达到理解、接收信息这一目的的一种阅读。换言之，就是学生阅读书本后获取书本中表述的重要结论信息，然后通过自己思考、揣摩进而理解该结论信息，最后能够运用该结论信息解决问题的阅读，常被称为"语文式阅读"。该阅读主要借助于求同思维，且思维的方向和过程有明显的确定性和方向性，这就使得它具有回忆搜索多而思维探索少的特点。在整个阅读过程中，大脑都在不停地寻找和搜索知识，将新旧知识对照比较以接收新知识，而非通过思维活动获取知识，是收敛思维而非发散思维。处于被动式阅读过程中的人们大多规规矩矩地沿着书本思维方向和呈现顺序进行阅读。在这期间，几乎没有想过对阅读内容进行猜测或验证，更没有时间对它进行质疑、评判、反思和再创造，缺乏主动探索知识的精神和创造精神，培养的也仅仅是学生自己的理解能力。虽然这也是学习数学的一种方法，但它易导致学生"读死书""死读书"，读书效果只停留在表面上，不能上升到精神层面，学生思维也会变得局限、呆板，不会动脑思考，独立探索、大胆质疑的学习精神也会随之丧失。

主动式阅读就是在阅读课本过程中，阅读者对数学的逻辑性和教材编写的结构特点进行充分利用，并且运用由具体到抽象的思维方式和个别到整体的合情推理方法，以及由一般到特殊的演绎推理方法等，在课本上文适当的地方做出预知、猜想和假设，同时结合自己所拥有的知识推测出下文将要给出的结论，再与课本中的结论相对照，加以修正，从而获取知识的阅读。它不是通过直接阅读课本不加思考地获取现成结论，而是通过自己主动思考、探究和加工，完成一系列思维活动，获得知识。另外，主动式阅读有一个好处，即当学生在某些地方能发现并给出与课文下文相同或相似的结论时，学生就能体会到一种阅读成功的愉悦感，阅读动机就可以得到强化，而且能真正体现学生的主体性，符合当代主体教育思想。

总之，被动式阅读和主动式阅读这两种阅读方法其实是相辅相成、相得益彰的，两种方法的发展只不过顺序不同，一先一后，所有的阅读都是从被动慢慢发展到主动的，我们所要做的就是缩短这种转化的时间，培养学生主动学习的能力。

三、数学阅读能力界定

数学阅读能力是对数学阅读起调节作用的个性心理特征，是指顺利完成数学阅读任务的、复杂的心理特征的总和。包括对已学的数学定义、问题、符号、方法和证明在阅读新情境中的重现；对新情境中的数学语句进行分解和组合；对新学数学定义、问题、符号、方法和证明的理解和记忆；用原有的知识结构对新学的知识加以组合。具体表现为：对图形、符号、字母的检索；对部分和整体的感知和意识；对数学定义、图形、问题的表述；对数学对象关系、运算的概括；对数学材料的兴趣；数学阅读方法、策略的选用。

数学阅读能力不是独立存在的，它与数学材料的编排和数学知识的逻辑性紧密相连，因此我们可以根据数学语言本身的特点将其分为语言转化能力、逻辑思维能力和元阅读能力三个方面。其一，语言转化能力。数学是区别于普通语言科目的读物，它由文字、符号、图形三种语言形式共同表征而成，对它的阅读首先要建立在对三种语言形式的转化上，这种能力就是语言转化能力。其二，逻辑思维能力。数学语言本身就是一种高度概括化的科学语言，其基本单位是概念，以命题作为逻辑环节的中介，在数学阅读过程中，逻辑思维能力起着突出的作用。其三，元阅读能力。数学材料的表达方式具有严密的逻辑性，学生在阅读的过程中需要有意识地进行自我监控，而这些都属于元阅读的范畴，元阅读是阅读过程中的元认知。元阅读能力，即学生对数学阅读过程的自我意识、自我监控能力。

数学阅读能力是指完成数学阅读任务的复杂心理特征的总和。根据翁昌来等教育学者多年的研究可知，根据数学学科特点和教学实际，数学阅读能力可以被划分为六级水平，具体如下：

第一，认读水平。初步认识数学概念和定理、公式、法则、图形的含义，简称认读水平，其表述词为认识、识读。

第二，概述水平。能用自己的语言叙述数学概念或定理、公式、法则、图形等内容，能大致地说出例题的解题方法与步骤，简称概述水平，其表述词为能讲、能概述。

第三，辨析水平。辨析字句的含义能找出书中关于数学概念或定理、公式、法则、图形语言描述中的关键字词或符号，能指出知识结构中的疑点、难点、重点，以及解题中的关键步骤，简称辨析水平，其表述词为能辨析、会分析。

第四，串联水平。联系新旧知识，组合各类概念和不同的解题方法，对数学概念或定理、法则、图形进行深刻的理解与认识，能知道它们的来龙去脉，搞清因果关系，通过对数学例题的动手仿做逐渐在零星知识的基础上形成新的知识板块，建立起新的知识网络，简称串联水平，其表述词为会联系、能串联。

第五，领悟水平。通过数学问题解决，掌握数学知识结构、领悟数学思想方法、对数学例题进行变式尝试，逐步把标准情境下的机械模仿变为变式情境下的尝试探究，进一步领悟概念或定理、公式法则、图形在解决问题中的作用和使用方法，简称领悟水平，其表述词为能说理、讲原因。

第六，研究水平。研究知识体系的发展，研究数学思维发生过程，研究书本编者意图。在解决数学问题中研究变式情境中条件与结论的关系，揭示数学规律，简称研究水平，其表述词为揭示规律、独创和发现。

这里的认读、概述水平属于字面理解水平，都是获得阅读材料的字面意义的理解，概述水平又比认读水平更进一个层次。辨析、串联水平属于解释性阅读水平，都是对数学材料的基本元素，如数学符号、图形、字母和数学内容、数学思想等方面进行解释性的理解。辨析水平着重每部分的理解，串联水平着重部分与部分间的理解，串联水平比辨析水平稍后一层次。而领悟水平属于评判性阅读水平，即在真正阅读理解的基础上对课文所表达的观点、思想、内容等各方面加以评判，对阅读材料做出个人反应。研究水平属创造性阅读水平，以获得超出阅读材料本身的新思想、新发现和新探索为标准。

四、培养数学阅读能力的理论基础

(一)认知主义基本理论

认知主义心理学源于格式塔学派,产生了如布鲁纳、奥苏贝尔等一大批认知心理学家,并在诸如理学和教育学工作中取得了大量的创造性成果,使相关研究成为继行为主义之后的另一个辉煌。在知识观上,认知主义认为知识是客观存在于学习者之外的,它的意义和本质是自事物产生便已存在,而且不会随学习者的意志而改变,因此它对于学习效果几乎不会产生影响。在学习观上,认知主义学习理论认为学习是一个远比刺激与反应联结更为复杂的过程,是面对客观问题情境时学习者在头脑中积极主动组织并建立起新的认知结构的过程,特别强调对内部信息的自主性加工,把个体的加工活动看作影响学习效果的重要因素。在教学观上,认知主义强调教师的教学过程应最大限度地调动学生的学习主动性,让学生根据自己的兴趣自由地进行观察和探索,能独立思考并自己掌握学习方法。

(二)元认知理论

从心理学上解释,元认知又称反省认知、监控认知等,是对自己认知的再认识。也就是说,人们可以通过元认知来调节自己的认知过程。

根据美国心理学家弗拉维尔的观点,元认知由两个部分组成:第一,元认知知识,即对有效完成任务所需因素有较强的意识,知道要做什么;第二,元认知控制,即运用各种自我监控机制来确保任务能顺利完成,知道何时、如何去做什么。

进行数学阅读需要的元认知内容主要有:对选取阅读策略必要性的认识;对阅读任务的意识;对阅读材料包含不同特点的意识;对自己学习特征的意识;对阅读活动进行自我调节的意识。

(三)信息加工学习理论

信息加工学习理论主要受计算机科学的启发,用计算机来类比人,将人脑中有关信息的加工过程比喻成计算机对信息的处理过程，描述人类如何对有关信息进行感知、辨识、转换和记忆等，并将其吸收与应用的过程，即用信息加工的语言来描述人的认知过程的一种理论。

1974 年，美国心理学家加涅以现代心理信息加工理论为依据提出了一个学习的信息加工模式，用来描绘学习活动的内部规律。该模式主要包括以下四个环节：首先，学习者的感受器感受到来自外界环境中的刺激，刺激进入感受神经系统并在此进行登记；其次，信息在感觉登记器中进行记忆编码，以映像的形式保存其中；再次，进入工作记忆再次被编码，以语义的形式存储下来；最后，经过一系列的认知加工程序，信息被转移到长时记忆中进行永久存储，以备日后的查询和使用。通过察觉、注意、识辨、转换和记忆这一过程就成功地完成了一次学习活动。信息加工理论把信息加工过程分为注意、编码、存储和提取这四个阶段，故从这个角度看，可以将数学阅读分成信息的输入、处理、存储和输出四个步骤。数学阅读开始于学生感知阅读信息，经过对信息所进行的各种形式转换及加工，最终学生对知识形成自己的表征并加以存储和应用。

(四)建构主义基本理论

建构主义于 20 世纪末期兴起以来，对当代的教育教学改革产生了十分重大的影响，被誉为当今教育心理学界的"一场革命"。

在知识观上，建构主义完全颠覆了行为主义和认知主义的观点，认为知识所蕴含的意义并不是客观地独立于我们而存在的。当不同的个体学习知识时，会因为原有知识水平和学习经验的不同而对知识的理解产生或多或少的差异。也就是说，面对相同的知识，不同的人会因为自身的原因而对其产生不同的理解。

在学习观上，建构主义认为学习必须是个体主动建构的过程，是学习者在头脑中对新旧知识进行重组并有条不紊地将新知识融入已有认知经验中的过程。在学习中，学生不是简单地接收并记忆知识，而是需要主动对知识的意义进行自我建构，这也就体现了学习活动的不可替代性。

在教学观上,建构主义非常肯定学习情境的重要性,认为知识是不能脱离情境而存在的。因而,教学也并不是教师简单直接地把知识经验告诉学生的过程,而是需要为学生创设理想的情境化活动,并引导学生从原有的知识经验出发,让学习内容在其头脑中产生意义生长的过程。

第二节　培养高中生数学阅读思维能力的必要性和可行性

正如人们所言,当今社会越来越趋于数学化,那么到底什么是社会数学化呢?简言之,社会数学化就是把数学世界引入真实的生活中,将非数学的事物数学化。如今,可以看到关于数学的应用不仅日渐广泛,而且正在以各种方式进入人们日常生活的点滴之处,数学显然已不能仅被视为一种辅助工具,它的符号系统正悄然成为人类认识世界的一种必不可少的语言。为了使学生能够紧跟未来世界信息化和社会数学化发展的步调, 高中数学教师就需要投身于数学阅读问题的理论建构和实践探索,以为高效率培养学生的数学阅读思维能力奠定坚实基础。

一、培养高中生数学阅读思维能力的必要性

(一)高中生不良阅读习惯成因分析

根据现实情况研究,同时结合教育心理学相关理论,我们可以总结出学生形成不良阅读习惯的三方面原因,以下笔者将进行具体分析。

1. 数学语言能力弱

数学语言包括文字语言、符号语言和图形语言。数学语言是数学阅读内容的载体,因此要进行数学阅读,首要任务就是能识别、理解、弄清楚阅读内容中的语言表

达。高中生数学语言能力相对弱一些,主要表现在不能识别或理解数学语言、不能灵活转换数学语言、不会分析数学句子结构和数学材料结构。

（1）不能识别或理解数学语言

一些学生在阅读数学时不能识别或理解数学符号,不能将数学信息组块,也很难理解信息块之间的联系。例如,对数函数 $y=\log_a x(a>0,$ 且 $a\neq1)$,函数的形式简洁明了,符号比较抽象,因此学生比较难理解,在做题时看到对数符号就有畏惧心理。然而,阅读中出现这一困难的原因可能是学生没有真正理解基本的数学概念、公式等,头脑中没有建立相关信息结构或者是学生推理能力不足。比如,两向量共线(或平行)的概念是通过直线平行或共线来定义的,学生首先应知道向量基线的概念,其次知道直线平行的概念,这样才能更准确地理解向量共线(或平行)的概念。

（2）不能灵活转换数学语言

高中生在文字语言、符号语言和图形语言的相互转换上会出现困难。比如,求集合之间的交集、补集和并集时,题目一般是用符号描述的。为了解决问题,往往需要学生把题目描述成图形语言。又如,在等差数列求和时,让学生求第 5 项至第 8 项的和,有些学生就会写成 S_4,他们的理由是这是求四项的和,但 S_n 的定义是求数列前 n 项的和, 即 $S_4=a_1+a_2+a_3+a_4$。在圆锥曲线中的一些题目都是用文字语言叙述的,学生要想解决问题,必须先画出图像,标出已知,才能找到解题思路。

另外,高中生还会在某一种语言内部的转换上出现困难。也就是说,有一些命题是等价的,学生却不能识别。例如,在同一个平面上,"三条直线两两相交"与"三条直线每两条均相交"是同样的意思。数学教材中函数单调递增的定义是定义域内某个区间上的任意两个自变量的值 x_1,x_2,当 $x_1<x_2$ 时,都有 $f(x_1)<f(x_2)$,这其实和式子 $(x_1-x_2)(f(x_1)-f(x_2))<0$ 是等价的;而式子 $x^2+y^2=0$ 与 $x=0$ 且 $y=0$ 等价。识别这些等价关系,有利于学生从不同的角度理解问题、解决问题,有利于学生看清楚事物的本质,体会数学思想。

数学阅读最终是将所阅读到的知识加工成为自己的知识,为了达到这个目的,学生应该将难以理解的数学语言转换为自己熟知的语言, 而很多学生觉得很难做到这一点。事实上,我们只要在理解的基础上用自己的话"翻译"一下数学语言,从而记住数学公式、解决数学问题即可。比如,数学教材中三角函数的诱导公式,数量多变化也多,学生如果死记硬背,必定效率不高,但高中生可以把所有诱导公式总结为一句话,即"奇变偶不变,符号看象限"等,这样我们使用起来既快速又准确。再如,通过向量平行的定义,学生可以告诉自己向量平行和向量共线是一模一样的,并且向量平行和直线平行是有区别的,这样无论学生遇到什么题目都不会搞混这些概念。另外,将数学题目的条件结论"翻译"成自己的话,也有利于高中生做题时联想到其他类似的题目。

(3)不会分析数学句子结构和数学材料结构

在语文阅读过程中,学生会分析每句话的意思,对阅读材料进行分层、分段,然后总结层意、概括段意,进而理解材料的整体内容及中心思想。同样地,阅读数学材料也可以有这些过程。在学生理解数学语言书写的句子时,需要抓住句子的主要数学概念、数学运算,删减次要词语,找出句子的结构。阅读数学题目及其解答步骤、数学定理及其证明等时,学生则可以边读边划分层次结构,弄清楚每个层次证明了什么,各个层次又是如何构建起来的,这样高中生才可以真正读懂数学语言书写的阅读材料。

2. 学生元认知能力不足

元认知是指一个人对于他自己的思维或学习活动的认识和控制。元认知活动主要包括两个组成部分,即对认知的知识和对认知的调节或监控。具体而言,阅读过程中的元认知活动有:明确阅读目的、计划阅读步骤、分配阅读时间、监控阅读效果、调节阅读过程、评价阅读结果等。在现实情况中,大多学生只是被动地一句话一句话地阅读,而没有意识到要监控自己的阅读活动,也不管自己是否读懂、读了多长时间、自己阅读的方法好不好、如何调整自己的阅读策略等。如果学生不能监控评价自己的阅读过程,进行数学学习也只是一味做题,而不去总结经验、吸取教训,长此以往,高中生的数学阅读行为就会变得更加被动。

3. 数学阅读心理状况不佳

数学阅读是一种从书面数学语言中获得意义的心理过程，是一种有多种心理因素参与的认知活动，包括感知、记忆、思维、想象、动机、兴趣、情感、意志等多种内容的阅读。阅读心理对数学阅读的维持、调节和强化都起到了决定作用。如果高中生阅读心理状况不佳，必然会对学生的阅读习惯产生影响，具体分析以下三点。

（1）数学阅读动机不佳

一般认为动机是推动和指引人们从事各种活动的内部原因，同样地，阅读动机就是推动学生进行阅读活动的内部原因。其不仅会对学生基础数学知识的掌握产生深刻影响，而且会影响到学生具体数学知识的表达。一般而言，阅读动机强的学生，在数学阅读过程中总是会集中注意力进行思考；而阅读动机弱的学生，在阅读过程中很可能只是大概浏览一遍书本内容而不加深入思考。在现实教育教学过程中，很多高中生都认为听教师讲解比自己进行阅读更加省时而具有成效，因此他们在具体阅读过程中通常很少关注数学思想的领悟，只是单纯以考试成绩为指引进行机械记忆与练习，反而更注重数学阅读所带来的外在价值。长此以往，学生对数学学科的学习兴趣就会慢慢削弱，甚至对其产生厌恶感。

（2）数学阅读厌烦心理

在平时的数学学习过程中，一般很少有学生会认真阅读数学、深入探究数学，大部分学生都可能因为数学知识的抽象、枯燥特点而很难将精力集中于数学阅读当中，甚至会对数学阅读学习产生极大的厌烦心理。在此心理情绪的支配下，高中生们自然而然就难以专注于数学阅读了，更别提通过数学阅读来获得一定的数学知识，以提升自己的数学综合能力。

（3）数学阅读依赖教师

由于数学阅读所具有的特殊性，很多学生在自己阅读时都会遇到一定的困难，但是如果他们积极运用正确的方法积极努力地去解决这些问题的话，其结果很可能是好的。然而，高中生们却很少自己阅读教材，只有教师带领时才阅读，缺乏自主阅读的习惯和能力。与此同时，学生感觉有许多题目教师一讲就明白，自己读题却想不到,数学知识需要教师帮着梳理,否则即使知识在头脑中一团乱,也硬着头皮做题。由于数学阅读过分依赖教师的督促,就很难养成良好的阅读习惯,因此教师要认识到学生培养良好数学阅读习惯过程中需要克服的困难,教授学生阅读方法,但不能一味地帮助学生,要相信学生能循序渐进地取得进步。

(二)提高高中生数学阅读能力的需求

1. 社会和时代发展的要求

从 20 世纪 60 年代开始,世界进入知识爆炸的时代,现代科技在社会生产中发挥着越来越大的作用,这就给教育的发展提出了许多新的课题和新的要求。"教育的功能不再局限于按照某些预定的组织规划、需要和见解去训练未来社会的领袖,或想一劳永逸地培养一定规格的青年,而是要面向整个社会成员。受教育的时间也不再局限于某一特定年龄,而是向着个人终身的方向发展。"教育已经冲破了传统、封闭的学校教育理念,变为开放的、多层面的、贯穿人的一生的活动。而在终身学习过程中,自学能力是极其重要的,可以毫不夸张地说,自学能力是一个人得以终身学习的基础和保障。有研究表明,"阅读是自学的主要形式,自学能力的核心是阅读能力"。在数学阅读中,学生要不断地同化、顺应新的数学概念、术语和符号,不断地进行假设、预测、检验、推理、想象,不断地观察、分析、综合、抽象和概括,而且往往会遇到富有挑战性的、全新的问题,还有的学生会不满足现成的答案和结果,会尝试着提出问题、分析问题和解决问题,这些都极大地锻炼了学生自主学习的能力。

当今社会越来越趋于数学化,那么到底什么是社会数学化呢?社会数学化就是用数学方法把社会中的实际材料组织起来,简言之,就是把数学世界引入真实的生活中,将非数学的事物数学化。现如今,数学知识在各个领域的具体应用正日渐广泛,而且正以潜移默化的方式进入人们日常生活的方方面面,悄然成为人类认识世界必不可少的一种语言。

首先,随着科学技术的迅猛发展,特别是以计算机为标志的信息时代的到来,使社会对人才的数学素养提出了更高的要求。因为现代高科技越来越表现为一种数学技术,智能机器人、办公自动化及计算机储蓄、售货和个人电脑等电子信息产业高速发展,所以未来大多数职业必将要求从业人员具有收集、分析和处理资料、信息的能力。

其次,数学语言正在生活化,或者说生活对数学语言的需求越来越大。在各种统计图表中,比例、分数、小数、百分数符号随处可见;生产产量、股市行情、升学人数等迥然不同的领域都在用几乎相同的数学手段向公众传递大量的信息;理解购房价格中的起价、均价、最高价需要平均数的知识;理解工资分配需要用到加权的思想;投资必须懂得复利的概念;至于与经济相关的买与卖、存款与保险、股票与债券等活动,更是不可避免地会遇到比和比例、统计与概率、运筹与优化以及系统分析与决策等数学知识。

总之,数学正以前所未有的方式向社会的一切领域渗透,而数学阅读既可以开阔学生的知识面,又可以指引学生在不熟悉的领域场所进行数学分析,应该说,它是一种帮助学生更好更快适应社会的工具和手段。

2. 响应数学教育改革的要求

目前,我国普通高中数学课程改革正在不断推进中,《普通高中数学课程标准》强调"学生不仅要能通过接受、记忆、模仿和练习等传统方式来学习数学,更应该顺应时代对人才的要求,采用积极探索、亲身践行、相互合作及阅读自学等各种方式展开学习活动"。新课标期望通过不断丰富的学习方式来充分调动学生的学习积极性,增强学生的自主学习能力,进而把学习活动变成在教师指导下的意义建构过程。而阅读又是进行自主学习的主要途径,所以学生要学会自主学习就必须从学会阅读开始。此外,由于新课改对学生评价内容和方式的改革,近几年来高考加强了对学生数学阅读能力的考查,数学阅读理解题目出现的频率越来越高。因此,无论是教师或是学生,都应该重视自身数学阅读能力的培养,而数学教师要培养学生数学阅读能力的前提条件是其自身要对数学阅读形成正确的认识,并掌握一定的数学阅读技能。

3. 学好数学学科的要求

数学是研究世界空间形式和数量关系的一门学科，它是人类文化的重要组成部分之一。数学不仅是研究其他学科以及人们参加社会生产和生活必不可少的工具，还具有极高的审美价值，它也是高中生将来参加社会生产、从事科学研究创新的基础。数学在学生形成理性思维、发展智力等过程中都发挥着极为重要的作用。随着时代的发展和教育改革的深入，其更是显示出在中学教育中的重要地位和科学与文化价值。而加强数学阅读能力的培养，则是高中生学好数学的关键所在。

（1）积累和丰富数学知识的需要

建构主义认为，学习是学习者主动建构内部心理表征的过程，学习者不是被动地接受外来信息，而是主动地进行选择加工。学习者要建构关于事物及其过程的表征，需要通过已有的认知结构对新信息进行加工，所以学习过程并不是简单的信息输入、存储和提取，它同时包含由于新旧经验冲突而引发的观念改变和结构重组，是新旧经验之间的双向作用过程。数学素养好的学生通常是数学知识丰富的学生，他们在拥有了较多数学知识且形成立体知识体系网络以后，就更容易将新知识与旧知识联系在一起，从而使自己不仅能更容易接受知识，而且更容易提取知识，在解决问题的时候也更容易联想到知识。因此，数学阅读可以提供给学生丰富鲜活的资料，引导学生思考，给学生以启发，激发他们的求知欲，从而促使学生在不知不觉中积累和丰富自己的数学知识，形成立体的知识结构网络。

（2）理解数学语言的需要

数学语言作为一种科学语言，是数学学科的载体，通用、简捷和准确的数学语言是人类共同交流的工具之一，数学知识中的各种定义、定理、公式、法则和性质等无不是通过数学语言来表述的。数学知识是数学语言的内涵，学生对数学知识的理解、掌握实质上是对数学语言的理解、掌握。而数学阅读是一种有效的数学交流形式，它能使学生通过与课本标准语言的交流来规范自己的数学语言，增强自己的数学语言理解力，提高自己的数学语言表达能力，从而有效地促进学生数学语言水平的发展，提高学生合乎逻辑、准确地阐述自己数学思想和观点的能力。同时，也就避免不能正确有序、合乎逻辑地书写解题过程等学习困难的出现。通过数学阅读训练,学生可以提高数学语言的发展水平,增加对数学语言信息的敏感度,加快思维转换,增强数学理解能力,进而能够自己解决在学习中遇到的大多数常规问题。

(3)培养数学思维和数学视角的需要

形成理性思维是促使学生拥有社会责任感、学会批判性思考的基本环节和要素,数学思维能力在其中起着独特的作用。数学教学是"数学思维的教学"的观点已得到教育界的普遍认同,数学的真理观有助于"不迷信权威、不感情用事、不含糊马虎"科学态度的形成。数学阅读的过程,实际上是学生不断经历的直观感知、观察发现、归纳类比、空间想象、抽象概括等思维过程,这些过程是数学思维方法的具体体现,有助于学生对客观事物中蕴涵的数学模式进行思考并做出判断。从本质上说,阅读过程是一个思维过程,而数学阅读从形式上大致可分为两种:一种是吸收式阅读,即像普通阅读一样,通过阅读数学课本领会数学理论内容、获取结论的思考过程;另一种就是探究式阅读,是指在数学阅读的过程中充分利用数学阅读的逻辑性和材料编写特点,运用由一般到特殊的推理方法,由具体上升抽象的思维方法和由个别到普遍的概括方法,不断在数学材料的适当地方根据材料的上下文做出猜想、估计和印证,它不是通过直接阅读课本的结论而接受结论,而是主动思考材料给出的知识、方法并与自己的"旧知"相比较、联系,进而通过分析、综合、比较、类比、联想等活动重组"旧知",根据实际情况采取同化和顺应的方式发展"新知"。不管运用哪一种方式,学生的数学思维都可以得到进一步训练,从而不断趋于完善。

4. 学生个体发展的要求

随着"社会数学化"时代的到来,终身学习的理念已经深入人心,而一般人的在校学习生涯大都只能止步于青年时期,那么该如何贯彻这一理念呢?越来越多的人选择通过阅读提升自己,阅读是自学的主要形式,阅读水平的高低直接制约着一个人获取新知识和认识世界的能力。著名教育家苏霍姆林斯基曾经说过:"要学会学习,首先应该知道如何阅读,只有会阅读了才能够快速地从文字中获取自己需要的新知识。"因此,学生要想学会自学,就必须先学会阅读,掌握一定的阅读技能,形成一定的阅读能力。与此同时,教育的本质是育人,即通过教育使人得到全面发展、提高整体素养,而不是陷于功利性和片面发展。对于高中生来说,他们正处在人生发展的黄金时期,他们有着多方面的发展需求,这些需求也呼唤着数学阅读。新课标理念为了发掘每位学生的无限潜能,促进学生个性多方面的发展,锻炼学生的独立自主性人格,特别强调教师应竭力营造能充分调动学生积极性、发挥学生个性的教学氛围,而学生在学习过程中必不可少的数学课程更应该肩负起促使学生全面、个性发展的重任。

具体而言,数学阅读可以提升高中生的思维品质。在阅读中善于联想,将代数知识与几何知识、新知识与旧知识、课内知识与课外知识很好地联系在一起,表现出思维的广阔性,能够深刻理解概念的内涵和外延,准确地把握问题的实质、定理的核心及知识的内在联系;表现出思维的深刻性,可以快速准确地理解所阅读的内容,掌握所学的知识,可以触类旁通;表现出思维的敏捷性和灵活性,可以不对阅读内容盲目被动地全盘接受,而根据自己已有的知识和经验,做出正确性的判断,表现出思维的批判性。数学阅读可以提高高中生自主学习及元认知能力。数学阅读的重点是学生在阅读过程中的思维参与程度,相对于简约化的课堂知识学习,它更强调学习过程的深刻性,充实的、探究的经历和共享的个性品质,以及对丰富而完整的数学学习过程的体验。比如,学生会不断调节自己的任务所带来的挑战;能自如地控制自己的学习计划、分配资源、寻求帮助、自我评价等;能很好地与他人合作;能充分利用学习资源,寻求教师和同学的帮助。对于绝大多数高中生而言,阅读的重点并不在于获得多少知识,而在于培养自己的自主性发展能力,即学生学习的主体性、自主性、自觉性和主动性。另外,数学阅读还可以发展高中生的情意素质。阅读作为一种学习方法,不仅是一个知识的摄入过程,也是一个包含态度和情感的综合体验过程。在阅读过程中,学生表现出来的是智慧、能力、情感、态度等的全程参与,因此它是一种以丰富的情意体验和深入的认识参与为核心的学习方式。

二、培养高中生数学阅读思维能力的可行性

基于高中数学学习特点和高中生心理发展特征等现实条件可知，培养高中生数学阅读能力是可行的，也是可操作的。

（一）高中数学学习的特点

进入高中阶段以后，不少同学因为不能适应数学学习而影响到学习的积极性，甚至成绩一落千丈。这主要是由于学生不了解高中数学学习特点、不能自主进行数学阅读等因素造成的。如果要让学生学会学习并善于学习，教师就需要求学生明确学习目的、增强学习动机、激发学习积极性、善于在学习中克服困难，并做到持之以恒，但这些在一定程度上又依赖于学生对高中数学学习特点的深入探索和认识，以及数学阅读方法的获得和自学能力的提升。因此，教师要给予这些方面足够的重视。具体而言，高中数学学习的特点包括以下三个方面。

（1）思维方法向理性层次跃迁

高中数学思维方法与初中阶段大不相同。初中阶段，很多教师为各种题型建立了统一的思维模式，如解分式方程分几步、因式分解先看什么再看什么，确定了常见的思维套路。因此，初中生在数学学习中习惯于机械的、便于操作的定式方式。而高中数学在思维形式上有了很大的变化，数学语言的抽象化对思维能力提出了更高的要求，只要培养高中生的数学阅读能力，使高中生能努力摆脱初中阶段的思维定式，就能帮助学生加快从经验型抽象思维向理论型抽象思维的过渡，同时还需要使学生初步形成辩证型思维。

（2）数学语言在抽象程度上突变

高中与初中阶段的数学语言有着显著的区别。初中数学主要是以形象、通俗的语言方式进行表达，而高中数学一下子就触及抽象的集合符号语言、逻辑运算语言、函数语言、图形语言等。由于高中数学知识所蕴含的思维梯度太大，学生难以理解集合、映射、函数等概念，那么在具体教学过程中，教师就需要多应用理论联系实

际的方式降低思维难度,并循序渐进地促使学生实现形象、通俗的文字语言、符号语言和图形语言之间的互相转化,培养高中生的数学阅读能力,从而提升高中生的语言"悟"性。

(3)知识内容的整体数量剧增

相比于初中数学,高中数学知识内容的"量"急剧增加,单位时间内接受知识信息的量与初中相比增加了许多,但辅助练习、消化的课时却相应地减少了,这就使高中生需要在课余时间通过自行理解来掌握知识内容。然而,他们的数学阅读能力和数学语言水平却没有达到相应的要求,在阅读和理解数学材料方面显得有心无力,在听讲时不能很好地接收信息,最终也就难以获得理想的学习效果。因此,培养学生数学阅读能力的教育教学活动可同时解决好以上问题,从而促使学生不再感到数学难学,每个高中生都能达到基本要求,使数学素质教育目标得以落实。

(二)高中生心理发展的特征

根据高中生的心理发展特征,加强数学阅读理解能力的培养力度,可以使高中生学习数学学科知识的自信心逐步增强。

(1)自主性增强

高中生正处在心理上逐渐脱离父母的时期,美国心理学家霍林温斯把它称为"心理上的断乳期"。随着身体的迅速发育,学生的自我意识明显加强,独立思考和处理事情的能力迅速发展,高中生在心理和行为上表现出强烈的自主性,他们也慢慢具有了很强的自信心和自尊心,热衷于展现自己的力量和才能。不论是在个人生活的安排上,还是在对人生与社会的看法上,高中生都开始有了自己的见解与主张。他们已不满足于父母、教师的讲解或书本上的现成结论,对成年人的意见也不再轻信、不轻易盲从,要求有事实的证明和逻辑的说服力,对许多事物都开始敢于发表个人意见,并为坚持自己的观点而争论不休。而这就为通过阅读数学知识,应用自己的理解来掌握数学知识内涵奠定了良好的基础。

（2）自控能力增强

相对于初中生来说,高中生明辨是非的能力有所提高,能够用自己的大脑考虑该做哪些事情,同时他们在生活、学习中的自控力也开始增强,而阅读向来被认为是获取知识的重要手段,数学阅读有助于高中生更好地掌握数学知识。因此,加强数学阅读训练可以使高中生迅速掌握科学的数学阅读方法和技能,并帮助他们养成良好的阅读习惯,这样学生就好比掌握了独立获取数学知识的金钥匙,以便于更好地、更主动地去阅读、理解和掌握数学知识。

（3）具备一定的前瞻性

青年是连接过去与将来的中介环节,是从过去通向未来的过渡阶段。处于青年初期的高中生有着最广阔的未来前景,他们对发展与未来充满了憧憬和向往。这种面对未来的前瞻性使高中生特别富于理想,它促使高中生迫切地追求自我实现。

（4）进取性增强

生理及心理的迅速发育成熟,使高中生精力充沛、血气方刚、反应敏捷、上进心强、不安于现状、富于进取,颇具"初生牛犊不怕虎"的劲头。如果说老年人容易满足于已得到的利益,趋于保持现状、不思进取,那么青年则是事事正在有待解决之中,常常满怀希望、乐于开拓。因此,培养高中生的数学阅读能力,有助于个别化学习质量的提升,使每个高中生能通过自身的努力达到各自可能达到的水平。数学课程标准指出,"义务教育阶段的数学课程应促使人人都能获得必需的数学,不同的人在数学上得到不同的发展,每个高中生能变得更加自信进取"。

第三节　发展高中生数学阅读思维能力的策略

能力只存在于具体活动中，读者只有在阅读实践中表现出良好的内潜或外显阅读行为与技能时，阅读能力才具有现实性。因此，高中数学教师应有意识地培养学生良好的数学阅读习惯，并将科学的阅读方法传授给他们，促使高中生拥有高水平的数学阅读技能，并助益于自身数学综合能力的逐步提升。

一、培养学生数学阅读能力的一般策略

(一)激发学生数学阅读兴趣

"兴趣是最好的老师"，人类的任何行为都离不开兴趣的支撑，每一件事情的完满结束也都得益于其兴致所在，所以在学生的学习过程中兴趣扮演了不可替代的角色，受到广大教育工作者的广泛关注。因此，要想提高学生的数学阅读能力，教师就需要让学生自己愿意阅读，而不是为了满足教师的要求去阅读。如果学生对阅读课本材料毫无兴趣，即使他们确实完成了阅读课本的作业，他们也会做得非常表面化，对数学知识一知半解。

鉴于以上情况，要想激发学生的数学阅读兴趣，数学教师首先需要挖掘教材的丰富内容，并向学生提供一些有趣的阅读材料。比如，在讲解高一数学"函数概念"这一部分教学内容时，教师需带领学生对照初中函数的定义讨论为什么高中还要学习函数，函数概念为什么用集合来定义，那么其就可以向学生提供一些建立集合的历史材料，让学生通过阅读来找出答案。在"多面体欧拉定理的发现"知识的教学中，由瑞士数学家欧拉引入课题，教师可以让学生收集和阅读一些相关文章，使学

生了解欧拉孜孜不倦的治学精神和顽强毅力，这样教师就可以带领学生沿着欧拉的足迹，怀着崇敬的心情和欣赏的态度探索这个公式。总之，教师作为一个有心人，平常应多向学生提供一些有趣的数学材料，鼓励学生自动地去阅读，慢慢就会帮助他们增强自身的阅读能力和数学学习兴趣，进而当其为学生布置阅读课本的作业时，就会有更多的学生愿意去尝试，因为他们阅读数学教材活动不再生疏了。另外，教师还要重视教材中每一章引言的阅读，引言是编者花了很大的心思，用尽量简洁的语言对整章知识所做的概括，其明确指出学生为什么要学习本章知识，有时还会提一些问题，只有读完整章之后才能解答。因此，认真阅读引言，学生可以做到心中有数，而且还会激发自身对数学课本知识的好奇心，从而带着问题去阅读这一章节的内容，以更好地理解材料。此外，高中数学教师还要正确处理教材中的"阅读材料"，它主要介绍了与教材有关的数学知识、数学史及数学知识在实际生活中的应用，它与教材相互联系、相互补充并融为一体，有助于进一步深化重点内容的"阅读材料"，可在重点内容教学后指导学生进行课内阅读，在课内"点一点""提一提"就可以突出重点，又不会疏漏要点，还可以拓宽学生的视野、提高学生的阅读兴趣。最后，在指导学生阅读教材的过程中，教师不可求胜心太切，而应以鼓励、表扬为主。对于学生在阅读教材过程中出现的点滴进步，高中数学教师都应加以肯定，予以鼓励；对于学生提出的问题，不论质量高低，高中数学教师都应回以热情的态度，表扬其大胆发言的精神，要让学生感觉到他们在学习数学方面之所以成功，是由于他们进行了阅读。"气可鼓，不可泄"，只有把学生阅读教材的积极性调动起来，使班级中充满浓厚的学习气氛，指导学生阅读教材教学活动才可能取得成功。

其次，在常规教学过程中，教师应时常建立数学知识与日常生活之间的联系，让学生明白数学并非想象中那样抽象和晦涩，而是与现实生活息息相关且被广泛应用的。同时，随着社会的飞速发展，它在我们生活中的作用也变得越来越突出。在数学学科教学过程中，高中数学教师需帮助学生深刻理解数学语言、数学内容及数学思维，并促使他们体验到数学中的美，感受到数学作为人类文明的一部分，其成果是多么的辉煌。另外，教师要把握好中学生的心理特征，让学生在学习中经历从艰难到平坦的过程,以增强其对于成功的强烈期盼,感受成功的不易,但更享受成功带来的乐趣。因此,教师可以创设一些稍有难度的问题情境,让学生带着好奇心去探索,使之经过努力获得成功的喜悦。

(二)指导学生掌握科学有效的数学阅读方法

"授人以鱼,不如授人以渔"。在数学阅读教学过程中,教师要教授学生科学有效的方法,帮助他们克服遇到的困难和障碍。

1. 教授学生"粗读、复读、精读"的数学阅读方法

任何学科的阅读教学都离不开这三种阅读方法,即粗读、复读、精读。

粗读是指阅读书本的目录、引言、前言、绪论或者编者的话等,了解本书各章节大意,大致了解书本中概念、定理的含义,并知道如何对它们进行简单的运算和证明。而对于书中的重要知识点、不理解的地方、已被遗忘的旧知识或者与本节知识联系不大的部分,学生需要采取"做记号,绕道走"的方法。"做记号"就是对重要知识点、不理解的内容标注记号。记号形式可根据学生个人习惯爱好各自选择或创造。例如,用符号"※"标明重要的内容;用三角形"△"标明容易混淆的部分;疑点、难点的内容可用问号"?"标明等。记号的使用一方面可以培养学生发散思维,吸引学生的注意力;另一方面,也利于把复杂问题简单化,达到把书"读薄"的目的。"绕道走"就是在数学阅读中碰到理解起来比较困难的内容时,如比较抽象而难于理解的概念,难证明的定理、例题,学生可以暂时跳读等获取更多本章节信息后再回过头来梳理,一切就变得简单清晰了。

复读就是再次阅读数学材料以弄清它的结构,了解知识系统的来源和背景,掌握材料中蕴含的数学思想、精神和方法。这一阶段需要在粗读的基础上加深对数学阅读材料的领会理解,扫清带有疑问的地方和理解困难的内容,比较适合的对策是"追、疑、补、记、注"。"追"是指重点追读和思索数学材料中的关键地方和比较重要的知识点,深度思考基本概念、公式、定理的意义,以便于加强对重难点问题的计算和证明练习,从而了解有关公式、定理的数学思想及其运用范围。"疑"是指提出质

疑,就是在数学阅读过程中,学生要学会自己提问并自己独立寻找答案。如果阅读数学材料的内容却提不出一个问题,说明你还处在数学的大门外。陆九渊老夫子说过:"为学患无疑,疑则有进。"说明在数学阅读中,要敢于提出质疑。"补"是指补上学习中缺失的部分。学生在学习新的知识前,不可能事先把任何需要用到的基础知识都铭记于心、熟练掌握,因此他们在阅读中遇到不懂、不明白的地方时,就需要积极查阅资料,及时把它补充完整,以免对接下来的知识认知造成困扰。"记"是指做笔记。读书要做到眼到、口到、心到、手到,"手到"就是读书记笔记。在数学阅读过程中,写读书笔记有助于学生深入理解和牢固掌握所学到的数学知识,也有助于知识的积累和记忆。"注"是指阅读时在书空白处做批注,可以是对重难点问题的见解和领会,可以是空白知识的补充、比较容易混淆的内容,也可以是对书中某些内容的质疑或个人创造性的见解。"尽信书,则不如无书",读书批注是学生数学学习走向深层次的表现,可以帮助学生破除对书本的迷信,提高学生的批判性思维,激发学生创新能力。

精读的目的是深入思索所读内容,激发出学生自己的创造性见解。学生应该对数学资料的结构和知识体系有清楚的认识和理解,但是数学资料中仍然会有很多值得推敲、玩味的地方,尚需进一步深入思索和升华。精读时,可考虑以下一些问题:教材的中公式、命题是否还有其他推导方法,证明过程采用了哪些数学思想,结论能否推广,若将例题的条件变式又该采用什么样的方法等。通过对这一系列问题的推敲、思索,学生不仅能对书本进行更深刻的了解,更重要的在于能激发自身的创造性思维和批判性思维,极大地发展学生自己的独立思考能力。

2. 拟好阅读提纲,让学生带着问题去读

教师在上数学课之前,可主要以阅读思考题的形式编写阅读提纲,让学生带着问题去阅读并回答与材料相关的问题。采用这种方法,可以避免学生盲目阅读,使阅读更有针对性和方向性,同时因为这种方法的呈现形式比较简单,而且目的性较强,其也就更容易激发学生阅读的积极性。由于学生的基础知识、认知水平及阅读能力不同,教师要有的放矢地加强对数学基础差的学生的指导,对成绩优良的学生进行有效引导,从而将学生之间的相互影响及帮助作用充分挖掘出来。

3. 教师要做好示范作用

亚里士多德说过:"一切学习都是从模仿开始的。"要培养学生良好的数学阅读能力,教师首先要做好阅读示范,即选择书中比较具有代表性的内容,带领学生逐字逐句进行阅读,并解读每个关键词的含义,分析内容展开的思维脉络,厘清各板块知识之间的内在逻辑关系,通过教师示范阅读教会学生看数学书。特别要选择那些看起来"平淡无奇",读起来"简单易懂",但要深度挖掘才能揭示其含义的部分做阅读示范,这样才能吸引学生的注意力,提高他们的数学阅读能力。

4. 创造机会,训练阅读

数学教师应该是学生阅读数学的指导者、咨询者和协调者,帮助学生成为学习的发现者,达到从"扶读"到"引读"最终到"放读"的目标。教师的范读、导读最终目的是让学生掌握数学阅读的方法,学会独立阅读。然而调查发现,高中生不管是在课堂上还是课外都很少有时间进行数学阅读,针对这种情况,教师需要改变"满堂灌"的教学方法,留下充足的时间为学生创造更多的阅读机会,让学生将学习到的阅读方法运用到数学阅读实践中去,做到学以致用。这不仅可以使学生的数学阅读能力得到锻炼,还可以提高数学课堂的效率和质量,进而提高学生的数学成绩。例如,对于一些相对简单的内容,教师可以让学生阅读自学,然后与教师和其他同学交流自己的阅读收获;对于重要的概念、定理、法则、公式,在学生理解后,教师最好也让学生多阅读几遍来规范自己的数学语言表达,丰富自己的语言系统,进而巩固学习;在进行习题教学时,也不要题目一出现就急着进行读题分析,要留有充足的时间让学生自己阅读分析,督促他们独立思考完成。此外,课后教师要给学生布置下节课课前预习的阅读任务,要求他们严格执行,并在上课前对阅读的情况进行评价考核。总之,教师要努力创造机会,让学生独立进行数学阅读。只有这样,才能提高他们的数学阅读能力水平。

二、培养学生数学阅读能力的具体策略

中学教材大体上是按欧几里得公理系统展开的，其逻辑结构一般是概念的提出—得出结论(公式、定理、性质)—结论应用(例题、习题)。数学教师应该通过指导学生循序渐进地阅读数学课本，更多地成为学习的咨询者和协调者，使学生成为学习的发现者，达到从"扶读"到"引读"最终到"放读"的目标。其基本方法有：读出概要；读明细节。数学教科书编写的逻辑严谨性及数学"言必有据"的特点，决定了数学阅读往往需要学生付出艰苦的努力，因此数学阅读必须做到逐字逐句、反复推敲的细读，同时推理性理解与理解的确认也是学生阅读数学课文所必须的。通过讲解中和讲解后的分析性阅读，教师在重点、难点及思想方法上进行巧妙点拨，对概念、定理进行细致剖析，可以使学生吃透教材，真正地理解、领会相关的数学语言，厘清它们之间的逻辑关系。数学阅读要求突破，即数学阅读不能只停在认读的阶段，学生需要运用联想来理解和鉴赏数学定理的和谐美、数学推理的严谨美、数学语言的简洁美、数学构思的创新美。因此，数学课本是培养联想和鉴赏力的好教材，教师可以帮助学生通过归纳小结将抽象、概括、图表表述的数学问题转化为学生自己更清楚的语言来阐述数学问题，领会其中蕴含的丰富数学思想，进而从阅读的内容中触发创造欲望，最终超越教材本身。

(一)在定义概念教学中培养学生的阅读能力

教材中先提出一些看得见、摸得着的事实或学生已熟悉的知识作为引入新概念的直观素材，对这些素材进行概括、抽象，找出它们所具有的本质特点，然后下定义，这样就给出了一个新的数学概念。概念是数学中的重要基础知识，是判断的准绳及推理论证的依据，是学生一定要掌握的内容。在教学生阅读课本中的概念时，应把握下面四点。

第一，体会概念形成的问题情境，促进学生认读和概述水平的发展。数学概念中的许多命题并不是孤立地存在于数学问题背景之下，也不是存在于抽象之上的

抽象,而是与我们日常命名的含义有密切联系的,许多概念的命名本身就隐含概念产生的条件、关键特征、运算方式等。例如,交集的交有相交的含义,并集的并即把几部分事物并起来,等差数列的等差即可以理解成差相等,等比数列的等比即可以理解成比值相等、互斥事件、独立事件、独立重复实验等,前者的命名隐含了此概念的运算方法,后者则隐含了判断问题的关键特征,有的概念叙述过程表明了概念应用时应遵循的一种操作程序,如单调函数、复合函数等概念。因此,学生在阅读时可以利用已有的日常经验易懂性和通俗性的特点使日常概念转变成科学的数学概念。

第二,在理解的基础上正确地叙述概念,准确理解数学概念的内涵,促进学生阅读概述水平和辨析水平的发展。在阅读概念时,教师务必使学生对概念所指这类对象的本质有一个清楚的认识和正确的表达,通过交流、探讨,学生可以对定义中的关键词进行透彻理解,对概念的名称和符号拥有清楚的认识。例如,在"等差数列"概念的阅读中,教师要充分提示本质属性的理解掌握,具体需提示三个要点:其一,从"第2项起"。为了使每一项与前一项都确实存在,而且必须从第2项起,否则第3项(或第4项……)起作差,会遗漏前面的若干项;其二,"每一项与前一项的差"。这是一种运算要求,它强调作差的顺序,而且这两项必须相邻;其三,"同一个常数"。这五个字体现了等差数列的基本特征,即每一项与前面一项的差是常数,而且是同一个常数。此外,还可以通过符号语言进一步理解这一概念,它表示为 $a_{n+1}-a_n=d$(d 为常数,$n \in \mathbf{N}_+$)或 $a_n-a_n-1=d$(d 为常数,$\mathbf{N} \in \mathbf{N}_+$,且 $n \geqslant 2$)。再如,对"函数单调性"这一概念的理解,先通过图形观察,然后做出定性的描述,最后进行定量刻画,即抽象出概念的本质,定义中 x_1、x_2 有三个特征:其一,同属于一个单调区间;其二,具有任意性,不能以两个特殊值替换;其三,规定有大小关系,即体现了一种变化。以上三者缺一不可,这样通过对概念中关键词语的细致剖析,可以使学生在阅读时加深对概念本质的理解。

第三,要把新概念和已知一些有关概念进行比较,并将所学概念系统化、整体化,促进学生串联水平的发展。在整个高中教学中,指数与对数、指数函数与对数函数、余切函数与正切函数、平面向量和空间向量、线线间的距离与线面距离等概念，都应被看作有特殊关系的并列概念。在学生阅读时，教师应引导学生借助这些概念之间的关系，利用已知概念来实现对相应概念的形成和理解。在学生扎实掌握被类比概念的含义、性质时，其又可以反过来加深对被类比概念的理解。根据心理学规律，学生要牢固掌握所学概念，且必须及时地、经常地对所学概念进行归纳小结。因为任何数学概念都不是孤立存在的，前后概念之间彼此联系密切，在某一类概念教学达到一定阶段时，特别是进入章节复习、期末复习、毕业总复习时期时，教师就需要重视对所学概念的整理和系统复习，要引导学生对每一类概念进行总结，并逐步建立各类概念的网络体系。在对所学概念进行系统化的过程中，要着重以概念间的关系，如从属、合成、对应、对偶等为基础构建相应的概念系统。例如，依据从属关系，我们可以构建关于"四棱柱"概念的一条概念链：四棱柱→平行六面体→直平行六面体→长方体→正四棱柱→正方体；借助合成关系，我们可以构建"距离""角"概念的概念链：两点间的距离点→到直线的距离→两条平行线间的距离→异面直线间的距离→点到平面的距离→直线到平面的距离，两直线所成的角→直线与平面所成的角→二面角（可与平面角概念进行类比）。这样通过"角"和"距离"的有关概念可以使学生形成一个良好的认知结构，进而认识到"空间角""空间距离"都是在"平面角""平面距离"概念的基础上发展和推广的。反过来，空间角和距离的转化都要在平面中进行，并通过平面角、平面距离来体现，这也让学生体会到"转化与化归"的重要思想方法。除了概念链，教师还可以建立起概念网络，其整体性远远大于前者，如通过有关定理、例题、习题可以把立体几何中与线面有关的概念组成一个概念网络，通过建立概念链或概念网络，使学生深入理解数学概念的本质，从而使所学的概念类化。

第四，通过解决实际问题，灵活运用所学概念，使学生的阅读能力向领悟水平递进。很多数学概念都具有实际背景，它们的产生必然离不开现实世界，离不开生活实际；反过来，在概念形成后学会在实际问题中运用所学概念也是深入理解概念本质的有效途径。在教学中，除了及时布置一些练习和习题，如选择一些由概念指导的运算、推理、证明题等来巩固概念外,教师还要让学生在解决问题的过程中灵活运用概念,具体可以选配一些实际问题或物理、化学、生物中的问题让学生解决,以提高学生运用概念的灵活性。例如,在掌握导数的概念后,可解决物理上很多瞬时变化率问题,如速度就是位移对时间的导数,电动势就是磁通量对时间的导数等;在学习"等比数列"概念之后,可解决生活中有关分期付款的问题,利用立体几何中的有关概念认识化学中分子的结构类型等问题;利用统计中的"方差"概念,通过对几组数据的分析,判断某事件如射击、成绩、机器性能的稳定性等,通过解决这些实际问题,学生能够极大地提高自己运用概念的灵活性,并对概念的本质有更深入的理解。

(二)在例题教学习题解答中培养学生的阅读能力

数学课本的阅读是有模仿作用的,包括对数学问题思考方法、解决方法、解题格式等多方面的模仿,重视课本例题的剖析,可以培养和提高学生解决问题的能力。教材中的例题都是很典型的,经过精心筛选而具有一定的代表性,中学数学例题拥有相当重要的地位,是数学教学中不可忽视的一个环节。

在阅读例题时,要搞好对例题的研究,特别是搞好对课本例题的剖析,这样不仅能加深学生对概念、法则、定理等基础知识的理解、掌握,而且可以培养、提升学生的阅读理解水平,促使学生的智力得以最大限度地开发。同时,在不断的学习、实践过程中,使高中生们解决问题的能力等得到有效的锻炼。比如,已知函数 $f(x)$ 是奇函数,而且在 $(0,+\infty)$ 上是增函数,问 $f(x)$ 在 $(-\infty,0)$ 上是增函数还是减函数?本例题涉及的知识点有区间的概念、不等式性质、函数的奇偶数、单调性,本例题重点在于比较大小,难点是区间转化和变量代换。在阅读时,要剖析奇函数的条件 $f(-x)=-f(x)$,增函数的概念:$x_1<x_2\in(0,+\infty)$,有 $f(x_1)<f(x_2)$ 区间转换 $-x_1>-x_2<(-\infty,0)$,不等式性质 $f(x_1)=-f(x_1)>-f(x_2)$,从而 $f(x)$ 在 $(-\infty,0)$ 上也是增函数,所以阅读时学生需要看懂每一个要点,真正领悟,则必将慢慢提高学生自身的解题能力。

阅读过例题或做了习题之后,学生应反过来再思考一下,想想这些题应用了哪些已知结论,体现了怎样的数学思想方法。同时,还应思考能否把它与以前熟悉的问题联系起来,能否想出一个更容易着手的相关问题,一个更一般的问题,一个更特殊的问题,一个类似的问题,促进学生阅读能力向领悟水平的发展。

在看懂、理解例题习题的基础上,适当改变例题的条件或结论,模仿例题自编习题并进行解答,力求找出解题规律,促进阅读能力向研究水平发展。

还有的例题体现综合应用, 它们把以前的知识和新学习的知识都运用到了题目中。这类题目要求培养学生灵活运用基础知识和基本技能的能力,在阅读时学生需要思考在综合应用中如何把应解决的问题分解为一些有一定排列顺序的基本问题,进而利用基础知识和基本技能去解决问题。解综合题的能力如何集中表现在这种"分解"能力上,应使学生在这方面多进行思考。要使学生懂得任何复杂的问题都是由一些基本问题组成的,都可以分解为一些基本问题,思路就是分解、沟通,并按一定顺序把这些基本问题排列起来, 懂得这个道理也就进一步懂得了学好学活基础知识和基本技能的重要性。

三、培养学生数学阅读能力的教学反思

数学教学中阅读能力的培养是一项长期艰巨的工作, 它不可能通过一朝一夕的努力就获得成功,但坚持实践必有效。为此,笔者认为教师们需要就以下三个问题进行深入反思和探究。

(一)阅读教学离不开专业基本能力

专业知识是阅读能力的本源,阅读可以扩大知识面和提高学术水平,学术水平的提高又促进了阅读能力的提高,两者相辅相成、不可替代。但数学科学的纯理论特性决定了其具体教学必须以课堂讲解为主导形式, 因此必须正确确定阅读教学在数学教学活动过程中的位置,即阅读教学活动应以课堂教学为核心而展开,是课堂教学的延伸。事实上,如果没有广博扎实的专业知识,阅读也很难进行下去。阅读教学的目的是巩固课堂教学成果,促使学生深入理解知识内容,掌握相应知识的基

本阅读方法,了解相关知识领域最前沿的学术动态,以培养学生思索兴趣,启迪其创新能力。

(二)数学教师要转变观念

数学是一门纯理论学科,阅读是学生获取知识和选择创新突破口的基本手段,是学术知识赖以持续发展的唯一途径。近年来,高考数学卷增加了阅读能力题的比重,其数量和难度有逐年增大的趋势,目的是为学生将来进高校学习奠定坚实素质基础,这同时也表明在数学教学活动过程中阅读能力培养的重要性和紧迫性。高中阶段,数学知识的学习以课堂教学为主,实践证明采用阅读教学方法可提高课堂教学质量,阅读教学可挖掘学生理解和创新两个方面的心智潜能,因此阅读教学是数学课堂教学的重要组成部分。但是,在目前实际教学过程中,部分教师过分注重课堂"填鸭式"教学而忽视了阅读教学,教学手段单一而畸形,教学经验简单而贫乏,这些都导致学生素质能力"先天不足",而且束缚了教师的教学能力,阻碍了教学方法及实践的研究和发展。可见,破束缚、创新法是摆在教育工作者面前的一项紧迫任务。

(三)数学教师在阅读教学中应注重条件设置

条件设置是始终贯穿阅读教学活动过程的主线,阅读教学的一切活动都围绕着设置的条件而展开,因此条件设置即是阅读教学成败的关键所在。条件设置过程与课堂教学的备课过程具有相同的意义,教师作为教学活动的主导者,应特别重视条件的设置。其实设置过程就是一个备课过程,而且对教师的能力具有较高的要求。条件可以在活动过程中不断修正和改进,有时甚至可以重置,因此反馈也应是及时的、连续的,不像课堂教学那样依赖于一个班或一个群体的统一练习和考试。条件的细化可以纠正课堂教学的反馈偏差,使反馈能够以小组甚至个体为单位进行。教师是活动的组织者,是条件设置、活动进程及结果反馈的主导,学生则是学习活动的主体,在学习活动过程中,主导和主体间是通过条件和反馈两个环节联系和交流的,这也是条件和反馈在学习活动过程中所具有的极其重要意义之所在。

培养高中生数学思维能力的教学实践

高中是学生发展的重要阶段,在高中数学教学中,要提高学生的数学能力、改善学生的数学思维品质,教师所起的重要作用是不容忽视的。鉴于此,在平时数学教学过程中,高中阶段的任课教师就需要在高效率教学目标的指引下不断进行课堂反思,从而在明确自己优势特点的同时深刻认识到自己在教学中的不足之处,以进行有针对性的教学策略研究,最终借助科学性教学方法完成高中生数学思维能力培养任务。

第一节　在新授课中培养高中生的数学思维能力

数学知识和方法是多结构、多层次的,理解和掌握数学概念等新知识方法应遵循由具体到抽象、由简单到复杂的认知规律。因此,一个知识方法的建立和形成,应该通过学生的亲身体验、主动构建,通过分析、比较、归纳等方式,揭示出数学的本质属性,从而形成完整的知识链。如果学生能提高分析问题、解决问题的能力,对知识逐渐拥有深刻的认识,就能相应形成良好的数学思维品质。

一、基于概念教学培养学生数学思维能力

新授课主要指传授新知识、新技能的课,高一、高二新授课是以概念、定理公式等教学为主,新授课教学在整个高中数学中起着非常重要的作用,它是数学大厦的基石。如果学生对新知识的理解仅仅处于机械模仿的阶段,那就脱离了素质教育,违背了教学改革的理念,所以高一、高二新授课可以分别从新知识的引入、生成、辨析和巩固四方面入手,进而在不断地综合性教学反思与探索中帮助学生塑造深刻性的数学思维品质。

(一)概念的引入

数学情境是数学教学活动的环境,是产生数学行为的条件,创设有效问题情境,有助于集中学生的注意力、引起学生的参与热情、激发学生的参与兴趣和学习动机,有助于消除学生的恐惧畏缩心理,同时可以培养学生主动发现问题、提出问题和解决问题的问题意识,益于数学思维品质的养成。

1. 利用故事事例创设思维情境

在高中数学教学中,任课教师应根据高中数学教学资源,针对学生年龄特点和认知规律,联系身边的事物将数学问题融于一些学生喜闻乐见的情境之中,提高学生的学习兴趣,调动学生学习的积极性和主动性,以培养学生的数学思维。例如,在人教版高一数学必修 5"等比数列"相关内容教学过程中,教师可以采用如下故事:在古印度,国王欲奖励国际象棋发明者,称可以答应其任何要求,发明者做出要求如下:以一粒粒麦粒填充棋盘,要求第一格放一粒麦粒,第二格放两粒麦粒,第三格放四粒麦粒,以此类推,后面的每个格中放置的麦粒数量都为前一格的两倍,看似要求是填满棋盘的麦粒,国王轻易答应了发明者的要求,经过计算,却需要付出全国几十年的小麦产量。此故事可以引出,发明者所要麦粒的总量 $S=1+2^1+2^2+\cdots2^{63}$,从而激发学生的学习兴趣。

2. 利用实际应用创设思维情境

将数学知识与实际应用相结合,设置连环相扣的问题,引导学生积极地进入问题情境,主动解决问题,可以使学生在实践过程中体验学以致用的成功,促进学生深入思考,培养数学思维。例如,在人教版高一必修 1"函数"的教学过程中,教师可以设置如表 9-1 所示的问题。

表 9-1　某地区不同身高男性体重平均值

身高（cm）	60	70	80	90	100	110	120	130	150	160	170
体重（kg）	6.14	7.91	9.97	12.14	15.03	17.50	20.90	25.84	38.83	47.23	55.10

问题 1:为近似反映出该地区男性平均体重与身高之间的关系,能否根据上表中的数据建立适当的函数模型,试写出该函数模型解析式。

问题 2:若体重低于相同身高男性平均体重值的 0.8 倍为偏瘦,高于相同身高男性平均体重值的 1.2 倍为偏胖,那么该地区一名身高 180cm,体重 80kg 的男性,其体重是否在正常范围内。

对于该问题,教师可以用活动式教学方式,使学生在计算该未成年男性的体重是否正常后,用同样的方法测验本班同学的体重,这样不仅可以激发学生的学习兴趣,还能使学生真正实现自主思考,益于培养学生的数学思维品质。

3. 利用虚拟现实创设思维情境

数学源于生活,又应用于生活。学生学习知识都要学以致用,教师需通过虚拟生活中的常见问题情境给予学生机会,以有效调动学生的积极性。例如,在人教版高一必修 5"基本不等式"的教学过程中,为了使学生能自主发现均值不等式的定理及相关推论,教师可以贴近生活实际,设计如下问题:

某商场为回馈新老顾客,欲在店庆日举行商品降价打折活动,拟分为两次打折,其中有 3 种打折方案可选:方案一是第一次打 a 折销售,第二次打 b 折销售;方案二是第一次打 b 折销售,第二次打 a 折销售;方案三:两次均打 $\frac{1}{2}(a+b)$ 折销售。

问题：哪种方案较优惠？学生通过分析和讨论，大多可以总结出比较 ab 与 $\left(\dfrac{a+b}{2}\right)^2$ 之间的大小问题，进而用特殊值法得出 $ab \le \left(\dfrac{a+b}{2}\right)^2$，即得出 $\dfrac{1}{2}\left(\dfrac{a+b}{2}\right)^2 \ge \sqrt{ab}$；还可以得出 $a^2+b^2 \ge 2ab$。这只是一个经济生活中的常见问题，将其融入教学情境中，学生不仅解决了实际问题，还通过自己亲自证明而掌握了两个基本不等式定理。

4. 利用猜想法创设思维情境

猜想法是培养学生数学思维能力的主要方式，在高中数学教学中，教师应充分利用可以想象的空间，挖掘发展想象力的因素，引导学生由单一思维向多向思维发展。设置想象性问题情境，要求学生根据问题的已知条件，对所研究问题的可能结果进行大胆的猜想，再进行论证，能训练学生突破空间进行思维的能力，使学生真实感受自己所经历的完整发现创新过程，使自己的数学思维更加灵活。

例如，在人教版高二数学"二项式定理"的教学中，教师可以不直接给予学生结论，而让学生观察 $(a+b)$，$(a+b)^2$，$(a+b)^3$ 及 $(a+b)^4$ 的展开式，探索 $(a+b)^n$ 展开式的规律，大胆猜测并尝试发现，再进行严格逻辑论证。如果在教学中教师直接给出结论，学生往往只能达到记忆的目的。两种方法看似一样，效果大有不同，高中数学教师应该通过要求学生自己发现规律并加以证明，引导学生经历由直觉发现到逻辑证明的过程。

再如，数列 $\{a_n\}$ 是由正数组成的数列，该数列前 n 项和为 S_n，对所有的自然数 n，S_n 与 2 的等比中项等于 a_n 与 2 的等差中项，试求该数列的通项 a_n。在教学中，可根据已知条件引导学生求出数列 $\{a_n\}$ 的前三项分别是 2，6，10，由此猜想数列 $\{a_n\}$ 为一个等差数列，其通项为 $a_n=4_n-2$，继而采用数学归纳法证明该猜想。

又如，在讲授"棱柱"这个概念时，教师可以让学生观看图片，指出常见的图形，再引导他们观察现实生活中的这些图形，接着学生很快就可以列举出一些柱体模型，如粉笔盒、粉笔、牛奶盒等，从而让学生切实感受到棱柱应用的广泛性，并拥有较形象的记忆，然后要求学生自己画图去探索棱柱的性质等。在课堂上，学生通过自主探索学习,一方面可以活跃课堂气氛,另一方面可以进行知识活学活用的实践锻炼。

5. 用类比法引入概念

类比不仅是一种重要形式,而且是引入新概念的重要方法。当面对一个概念时,学生如果没有直接相关的知识,就可以通过类比的方法把不直接相关的知识经验运用到当前的问题中,因此类比是引入新概念的一种重要方法。例如,立体几何问题往往有赖于平面几何的类比,空间向量往往有赖于平面向量的类比,通过类比教学和训练,学生对概念的认识能够实现升华。

(二)概念的生成

每个数学概念的形成都蕴含着丰富的数学思想方法,这些数学思想方法有时比概念本身更为重要。在日常教学中,我们需注意让学生参与概念的生成过程,同时鼓励学生尝试与自己已有的知识相联系,以形成系统的知识结构。

1. 注重概念的本源

每个概念在产生时都需要一定的知识作为铺垫,因此教师在教学中就不能单纯教授概念的内容而忽视概念的本源。教师应当鼓励学生主动去思考问题,让学生根据已经掌握的知识做出自己的判断及推测猜想,在猜想过程中理解数学的本源,形成数学学习的感觉和思维,从而逐渐形成创造性思维。例如,在学习人教版高一数学必修2"异面直线的知识概念"时,数学教师首先应当为学生提供异面直线概念存在的范围,给学生提供简单的图形,让学生自行在图形中找出两条不是平行线但也不相交的直线。在学生找出符合这一条件的直线后,学生就会对异面直线有一个简单的了解,甚至可以进行自主判断,在此基础上让学生反思异面直线的概念,并通过共同探讨研究得出正确的、严谨的概念定义。

2. 注重概念的实际背景

数学概念具备严谨深刻等特点,但数学可用于解决生活中的难题,所以教师教学应当做到"从生活中来,到生活中去",将数学概念充分融合于生活素材使其精华得以体现。对于数学的概念生成,教师应以实际为准,提出有关概念的相关问题让学生在问题中研究概念并产生初步的理性认知,同时为学生提供大量的题材,接着教师提出问题引导学生发现隐藏在其中的概念,最后让学生通过相互探讨研究对概念进行准确的定义,这既是学生学习概念的综合过程,也是学生理解教师所讲概念的一个体验过程。例如,为了达到更好的教学效果,教师应为学生提供利于理解的教学辅助工具,教学辅助工具可以对难以理解的知识点及概念进行简化,使学生理解时感觉更加清晰。

(三)概念的辨识

概念教学的一般要求是:使学生了解概念的产生,掌握概念的内涵和外延,熟悉其表达方式,了解有关概念之间的区别与联系,并能正确灵活运用概念,以在辨识概念时掌握概念的本质。

1. 全面理解概念的含义

数学概念的定义是用精练的数学语言概括表达出来的,在教学中抽象概括出概念后,还要注意分析概念的定义,帮助学生理解概念的含义。例如,在人教版高一数学必修1"函数"的学习中,为了使学生能更好地掌握函数概念,教师必须揭示其本质特征,并进行逐层剖析。关于定义的内涵教师要阐明三点:(1)x、y 的对应变化关系。例如,在"函数的表示方法"的教学中,教师要讲明并强调每位学生的"成绩"与"测试时间"之间形成函数关系,使学生明白并非所有的函数都有解析式,由此加深学生对函数的"对应法则"的认识。(2)实质上,每一个 x 值对应唯一的 y 值,可列举函数讲解:$y=2x$,$y=x^2$,$y=2$ 都是函数,但 x,y 的对应关系不同,分别是一对一、二对一、多对一,从而加深学生对函数本质的认识。接着,可再通过图像显示,使学生明白并非随便一个图形都是函数的图像,从而掌握函数图像的特征。(3)定义域、值域、对应法则构成函数的三要素,缺一不可,但要特别强调定义域的重要性。由于学生学习解析式较早,对其比较熟悉,他们往往可能因为只关注解析式而忽略定义域,造成错误的产生。为此,教师可让学生比较函数 $y=2x(x>0)$,$y=x^2(x\in[-1,0])$,

$y=2(x \in \mathbf{N})$的不同并分别求值域,然后结合图像分析可知三者大相径庭。强调解析式相同但定义域不同的函数绝不是相同的函数,再结合分段函数和有实际意义的函数,引起学生对实际问题的关注和思考。

2. 促进概念深化

揭示概念内涵的教学行为不仅借由概念的定义完成,还常常由定义所推出的一些性质、定理、公式进行进一步揭示。例如,在三角函数定义教学中,同角三角函数关系式、诱导公式、三角函数值的符号规律、两角和与差的三角函数、三角函数的图像和性质都是由定义推导出来的,可使学生清楚地看到概念是学习其他知识的依据;反过来,三角函数定义的内涵得到深刻揭示又会加深学生对概念的理解,增强学生运用概念进行推理判断的思维能力。教师在具体教学中应有意识地启发学生提高认识,引导学生从概念出发,逐步深入展开对它所反映的数学模式的深入探究,以求帮助学生更深刻地认识客观规律。

第一,通过正例及反例深化概念理解。通过"典例"深化概念认识是必须而有效的教学手段。其实,数学思维中概念和例子常常是相伴相随的,提起某一概念,头脑中的第一反应往往是它的一个"正例"。例如,提起"函数",学生头脑中可能立即浮现一次函数、二次函数、指数函数、对数函数等具体解析式及其图像。概念的反例提供了最有利于辨别的信息,对概念认识的深化具有非常重要的作用。而反例的运用不但可使学生更加精确地理解概念,而且可以排除无关特征的干扰。例如,对于人教版高一数学必修 2 中"异面直线"的概念,教师要通过概念的正例和反例让学生认识到:异面直线是怎么也找不到一个平面将它们纳入其中的两条直线,而不是在"两个不同平面上的直线"。

第二,利用对比明晰概念,有比较才有鉴别。对同类概念进行对比,可概括共同属性;对具有不同属性关系的概念进行类比,可突出被定义概念的特有属性;对容易混淆的概念进行对比,可澄清模糊认识,减少直观理解的错误。例如,人教版高二数学选修 1、2 系列中"排列"和"组合"的概念,通过对比可以避免混淆;"最值"和"极值"的概念,通过对比可认识它们的差异,即前者有整体性而后者仅有局部性,

315

"最值"一定能取到，"极值"未必能取到。

第三，注意概念的多元表征。数学概念往往有多种表征方式，如利用现实情境中的实物、模型、图像或图画进行的形象表征，利用口语或数学符号进行的符号表征等。不同的表征需运用不同的思维方式，概念多元表征可以促进学生的多角度理解，并使他们在不同表征系统之间进行转换训练，即要将概念的文字语言转化为形象的图形语言或严谨的数学符号语言，没有实现将陈述性文字概念数学符号化通常是学生不能应用概念的主要原因之一。总的来说，掌握好概念是学好数学的基础和关键，每个教师都要重视概念的辨识，综合运用各种教学方法和手段，力求学生能正确地理解和运用概念。

(四)概念的巩固

学生在学习完数学概念内容后，为了帮助他们巩固知识，教师可以适当举例让学生能够实际运用概念来解决一系列问题，这也是数学概念用于学习的重要环节，教师必须重视这一环节，帮助学生学会解题并形成独立思考问题的能力。学生思考问题的过程同时也是理解概念的过程，在对知识的渴求中，学生会逐渐激起自己学习的热情和积极性，从而愿意主动投入以上学习过程中。另外，教师在教学中也可以通过错误例题的讲解让学生能够对知识进行准确定义，并排除自身的理解误区。在数学概念教学中，数学教师应当挖掘更多的教材内容，将概念课程的讲解内容进行丰富拓展，让学生愿意投入其中，学生只有自己亲自去体验和感受，才能让学习质量得到根本提高，从而理性深刻地认识到概念的本质意义。总之，在概念教学中，教师需要做到概念教学的具体要求、创造性地使用教材、优化概念教学设计、把握概念教学过程、激发学生的思维，从而帮助他们塑造良好的思维品质。

二、高中生数学思维障碍克服教学分析

(一)克服技能型思维障碍

首先，在教学中，教师要有目的、有针对性地加强学生的技能训练。其一，强化

基础知识,加强学生基础练习。其二,技能训练要到位,即要达到事先设计的训练标准。只有明确训练要求才能有计划、有目的地完成训练任务,使学生逐步形成较好技能, 所以技能训练达到熟练和自动化的程度是学好数学的最基本要求。与此同时,在技能训练中,教师还需要注意技能训练的方法和途径。一般来说,技能的形成主要通过练习来实现,因此数学教师还需帮助学生加强基础知识训练,以使各种基础知识与基本技能烂熟于胸,最终成为随时呼之欲出、信手拈来之物,这样他们在具体运用时才能实现左右逢源。

其次,在教学中,教师要有意识地培养学生良好的解题习惯,如认真审题的习惯,细致地计算、有条不紊地进行推理的习惯,验算和认真检查的习惯,良好的书写习惯,通过连贯性的、有根有据的思考抓住问题思路再开始解题的习惯等。可见,良好的解题习惯是形成技能的保证。

(二)克服迁移型思维障碍

首先,在教学中教师要根据学生的心理特征研究教法、学法,努力削弱和消除产生负迁移的条件,尽可能地预防和克服学生思维中的负迁移。(1)加强概念的辨析对比,理解概念的本质。学生在学习概念的过程中,由于年龄特征和心理特征的限制,往往容易理解有关概念的共同或相似因素,而不容易感知、理解它们的本质区别,以致容易造成负迁移。所以,对于教学中遇到的相似、相近、易混概念,教师需要通过辨析对比、讲清内涵、讲明外延等来揭示概念的本质特征,让学生理解概念的实质,这样才能有效地预防和克服知识的负迁移。例如,幂函数 $y=x^n$ 和指数函数 $y=a^x(x>0)$ 在形式上有相似之处,教师可启发学生从自变量位置、函数的定义域和值域、函数的图像、函数的单调性、函数的奇偶性、函数的应用等方面来进行对比。(2)精心选择习题,适时充分练习。对于易产生负迁移的知识,教师要根据教材前后内容的内在联系,精心选择练习题目,要求学生循序渐进地反复练习,同时在练习时还要对学生的错误及时纠正,适时强化相关重点知识。(3)及时对基础知识进行小结巩固,定期综合复习。在数学学习中,有些知识是学习新知识的基础,学生对这些知识的不够熟悉甚至部分遗忘也容易造成负迁移。因此,防止知识的遗忘就显得很有必要。根据遗忘具有先快后慢的规律,以及易受学习方法影响的特点,教师在教学中应该注意及时对基础知识进行小结巩固,定期综合复习。关于及时小结巩固,教师要注意做好当堂小结巩固,并注意在下一课时结合新课再巩固;关于定期复习,教师要注意配合期末总复习,有计划地安排单元复习、阶段复习。在复习巩固时,要注意对基础知识进行综合概括,使之条理化、系统化,这样既能帮助提高学生的知识概括水平,也便于学生识记这些知识。

其次,在传授新知识和例题、习题教学中,教师可通过温故知新、启发联想、类比、归纳概括等手段,把学生的思维引到正确的方向上来,促使其正迁移顺利实现。(1)温故知新。在教学的适当阶段,教师要根据需要有目的地复习旧知识,这样学生就会"触景生情",诱发正迁移。例如,在讲授新课的过程中复习与新知识有关的旧知识,在例题、习题教学中复习类似题目和类似的解法等,均能收到较好的效果。(2)启发联想。联想是直觉思维的一个重要方式,通过联想可以使旧问题的解法重现,以在解决旧问题所用方法的启发下寻求解决新问题的方法。在教学过程中,教师要注意根据具体问题启发学生以引发他们的各种联想,进而促进知识和方法的迁移。(3)教会类比。类比是一种间接推理的方法,也是一种科学的研究方法,它以比较为基础,首先对两个不同对象的某些属性进行比较,找出它们的相似点或近似程度,然后再进行联想或预见。在解决数学问题的过程中,为了寻找解题的线索,学生往往需要借助类比方法。而知识之间有相同因素是迁移的必要条件,在教学中,教师要善于引导学生运用类比,找出不同问题之间的类似之处,并从类比中发现正确的求解问题的途径,从而促进方法和能力的迁移。(4)归纳概括。抽象概括是数学学科的重要特征之一,心理学认为,"迁移就是概括"。从这个意义上说,任何学习的迁移都是通过归纳概括思维活动来实现的。因此,教师在教学中就要适时地进行归纳、概括,如带领学生学完一个单元后,要引导学生归纳这一单元的知识系统,概括总结所学的数学思想方法。久而久之,学生就可以实现对知识的系统掌握,进而提高自身的思维能力。(5)演变拓展。学生进行学习是为了掌握知识,而掌握知识的最终目的在于运用,知识的运用是知识的再迁移,所以教师要充分运用迁移规律,提高学生运用知识解决问题的能力。因此,在具体教学中,教师要善于对问题进行演变拓展,选择典型例题、习题,改变条件,引导学生进行探索,或将结论进行延伸,最终达到高层次的迁移。

(三)克服情感型思维障碍

首先,在教学中要克服情感型思维障碍,教师就要对每个学习对象的学习动因、学业基础、学业态度、学习要求等有个通盘深入的了解。然后,通过调整和优化学习心理,使学生能自觉地调整和控制自己的数学学习行为,并建立起喜爱数学、迷恋数学的学习情感。具体而言,学生学习数学是一种有意识的行动,需要在他人的激励、推动下产生积极学习的内部动力,并借以达到最终学习目的,这种激励、推动学生进行学习的内部动力,就是学习动机。学生总是在一定情感状态下接受学习任务,从事学习活动。而情感作为驱动学生积极进行学习活动的动力系统,直接影响着学生的学习。因此,教师应注意调动学生的积极情感,使其保持良好的心境,并通过情绪情感的渲染性和可迁移性将积极健康的情绪、情感转移到学习中去,发挥其动力作用。然而,调动学生情绪、情感的方式方法很多。在具体教学过程中,教师需要做到情绪饱满,表情热烈而丰富,给予学生充分的情感关注,相信他们、亲近他们、帮助他们,这样学生的情绪状态也会受到感染和激发。因此,轻松、友好、平等、互助的集体气氛可以给予学生安全感,生动有趣而丰富多彩的教学内容可以使学生从中体验到理智感。

其次,教师要发挥教学艺术、教学魅力及人格力量,以对学生良好学习心理的形成产生强大的感染力。在教学中,教师的教态和蔼可亲、语言生动有趣、知识渊博精深等,都可使学生产生轻松愉快的情感,并使学生从喜欢教师上升到喜欢数学课,从喜欢数学课上升到喜欢学习整个数学学科知识,从而产生积极的数学学习行为。在教学中,教师还要针对学习情况,不失时机地对学生进行激励,使学生产生强烈的自我需要,并调动他们学习数学的积极性。

最后，教师要善于利用一切时机与学生交流、沟通情感，真诚地帮助他们解决学习及生活中的困难，以扫除心理障碍。只要教师真诚热爱学生并且愿意帮助和信任他们，就能使学生产生强烈而积极的内心体验和责任感，从而调动他们学习上进的积极性。

第二节　在习题课中培养高中生的数学思维能力

近年来，国际上掀起的中学数学教育现代化运动的显著特点是不断改进数学教学原则与教学方法，将培养学生的能力放在比学习记忆现有数学知识更为重要的位置上。当前，我国正进行的基础教育改革是从"应试教育"向以创新精神和实践能力为核心的"素质教育"转轨，目的之一是培养学生的能力。因此，培养高中生数学能力的相关研究就成为我国当前数学教育改革的大趋势，尤其是习题课中的数学思维能力培养探究值得人们关注。

一、习题课教学现状及要求

（一）习题对于培养学生数学思维品质的作用

一般而言，很多习题都潜藏着进一步扩展数学功能和教育功能的可行性，在很好解决一些数学题目的基础上进一步拓展性地提出其他相似类型的数学题。同时，运用所学知识及先前积累的经验去解决这些问题的过程，显然促使学生的问题解决能力等得到一定的成长。在此过程中，许多学生的类比和概括能力也会逐渐形成并提升，而辩证思维的独立性及创造思维性素质更是会得到有效的培养与锻炼，这助益于自身数学综合能力的大幅度提升。

　　数学教材不仅是传播知识的工具,而且是训练和培养学生思维的最好素材。例题、习题作为教材的有机组成部分,是教学中不可忽视的一项重要内容,例题既是知识的应用,又是知识与能力的再生。所以,例题教学不仅益于学生解决问题能力的锻炼,还益于学生智力的不断提升。"例题"也是学生获取数学知识,掌握解题技能技巧的主要渠道。在"例题"教学中,如何发挥其阐明概念、运用法则或性质、规范解题格式等作用,以培养学生良好的思维品质,是大幅度提高教学质量的关键所在。课本中的例题、习题是传授知识、巩固知识,提高思维水平,培养学生研究、创新意识,积淀素养的载体。它们都是经过筛选的题目之精华,具有一定的典型性和代表性,其中许多例、习题不仅蕴涵着丰富的内涵和背景,而且还蕴涵着许多数学思想方法及解题技巧,涵盖了很多人文科学知识和社会历史文化背景等。仅从表面上看,它们似乎较简单,实际上它们却是数学中的"精品",具有很强的典型性和示范性。课本中有些例题、习题本身是很有用的公式和定理,如果我们能注意用这些结论去解决课外参考书中的一些综合题,则不但解法别开生面,过程简单明了,而且能训练学生解题的灵活性和敏捷性,使学生学会通过处理一个问题就能解决一串问题的本领。只要教师认真钻研教材,对课本中的习题做进一步挖掘、引申和探索,就能在提高学生数学解题能力、发展智力等方面达到事半功倍的效果。同时,对学生改进学习方法、减轻学生学习负担都是大有裨益的。在用好课本的同时,教师还需要求学生做完原型题后,在练习课上教师的引导下进行"旧"题"新"做、原题引申、综合题组的训练,并巧妙地对习题进行演变、延伸和拓展,使学生对所变习题既有熟悉感又有新鲜感,能诱发学生的解题欲望、激发其求知欲、调动其积极性,而且还能训练学生的思维能力、培养学生的思维品质,为培养学生的探究和创新意识架梯搭桥,从而促进学生的思维水平有层次、有步骤地向着优化的方向发展,以进一步提高课堂教学质量。

　　(二)习题讲解的基本要求

　　数学课的选题应以符合教学大纲、教材要求及学生实际情况为原则,选择有利于巩固基础知识、培养学生分析问题和解决问题能力的题目作为讲练内容。课本中的例题、习题都是经编者再三思考精心挑选的,在一定知识范围内紧密配合知识点的学习,例题的解法都很合情理,恰到好处,因此讲解范例成了每位教师讲课内容的重要组成部分。

为了更好地巩固新知,熟悉和掌握数学知识,必要的练习必不可少。在教学中,教师应根据实际情况合理安排每一堂课的例题、习题教学活动,使各层次的学生都能有所收获。教师在对课本上的例题、习题进行评讲的同时,应鼓励学生在解题后进行积极反思,目的就是给学生以发现、探索、总结、发展的空间,这就要求教师在课堂教学中创设问题情境,让学生大胆地发现问题,培养学生的反思习惯,即元认知的意识。在数学课堂上进行习题教学时,教师需要注意以下四点:第一,内容的编排一定要紧扣课题中心,以达到更好地让学生掌握该课题知识内容的目的;第二,习题的编排一定要有一个难度层次,使学生由浅入深逐步巩固新授内容;第三,可以根据学生的实际情况,要求学生分组开展习题练习,使扶差拔尖工作从新课教学开始;第四,在设计习题时,教师应注意题型要新颖、角度要常变,也就是要多一些"活题"。教师要经常在深入研究的情况下对课本上的某些例题、习题进行适当改编,并通过这些改编题训练学生的解题能力,这对培养学生的思维能力、探索能力和分析解决问题的能力会有很大帮助。因此,在数学复习课中,对精选例题、习题的要求更高,所选的例题、习题要辅助学生达到以点带面、举一反三的复习效果。

总之,教师在例、习题的教学中,如果不是就题论题,浅尝辄止,而是充分发挥其潜在的功能,给学生插上想象的翅膀,让其在广阔的数学天地里尽情地翱翔,那将使学生充分领略到数学学习的乐趣,思维品质也将得到显著的提高,对提高学生的学习素质将起到举足轻重的作用。

(三)培养数学思维品质的基本措施

现代数学教学要求教师帮助学生从"学会"发展为"会学",即掌握数学思维方法,发展思维品质,形成思维能力。要会学,最根本的一条就是教师要在传授知识的过程中充分展示过程,使数学教学成为数学活动的教学,从而培养学生的数学思维品质。

1. 深刻性

深化抓概括、鼓励学生大胆质疑、追根求源;经常创设问题,促使学生去探索,使学生在认识问题的过程中掌握问题的实质;利用习题表象的迷惑性,培养学生思维的深刻性;例题引申、反思题目特征、改变习题形式;解题时,挖掘隐含的条件;讲授新课的过程中善于思维诱导。

2. 灵活性

(1)一题多解、一题多变,训练思维具有灵活性。此时,需要学生有坚实的双基能力,能从多方面、多角度去思考问题、解决问题,打破思维定式,不拘泥于一举之得,使学生在多维思索中学会灵活处理问题的思想方法。(2)排除思维障碍。例题讲解要尽可能揭示方法的思路和选择过程,从而使学生多方面思考问题。

3. 批判性

思维的批判性表现在善于从事物的现象看到它的本质,引导学生进行对照比较,是培养思维批判性的重要途径。数学概念多,而且教学内容因相似、相近,或者是形式相似、相近,易造成混淆。教学中,若教师能恰当地运用判断正误以及辨析对比,要求学生指出正确的依据和错误的原因,就能促使学生在错综复杂的事物中发现问题的实质,并学会客观地评价事物,提高辨别是非的能力,即引导学生寻找问题中的谬误,培养思维的批判性。

4. 创造性

选编习题要力戒陈题,不落俗套;定理法则的教学要揭示规律的发现过程、证明的探索过程及其应用的过程;引导学生独辟解题捷径;思考题目中,隐蔽条件的进一步发掘;引导发现、留因探果;利用题型的新颖性培养学生思维的独创性;反思题目结论。

5. 发散性

探讨"例题"的多种解法,可以让学生从同一信息源的不同角度、不同方位思考问题,并找出不同的解答方法,从而拓宽学生思路并培养学生的思维发散性。在例题的教学中,教师如果能抓住题目的特征进行适当的变形,不仅能沟通知识间的内在联系,使学生的思维活动始终处于一种由浅入深、由表及里、由此题到彼题的动态进程之中,而且能充分调动学生学习的积极性和主动性,激发他们探求知识的欲望,培养他们思维的发散性。

6. 广阔性

从不同角度寻求问题的解答方法,教师在教学中应注意一题多变,以开拓学生的解题思路;教师需要有目的地把数学各分支的知识联系起来使它们互相渗透,开阔学生的视野,拓广思路、变形助兴、纵横渗透。

7. 严密性

充分利用习题条件的隐蔽性;明辨是非;经常进行辨析、变式练习;判断解题过程正误。

8. 敏捷性

引导学生寻找解题捷径、联想变通;充分利用选择题本身蕴含着的解题信息;重视归纳总结、重视概括;教师在教导叙述解题时,需运用联想以数想形,以形想数,既有利于训练学生敏锐的观察力和应急变通的能力,又有利于培养学生思维的敏捷性;在例题的教学中,注意挖掘、提炼例题中蕴含的思想,并归纳总结上升到思想方法的高度,从更高层次上发挥一道例题的功能作用。

二、数学题目编写要求

课本上的习题不仅蕴涵着许多数学思想方法、解题技巧,还涵盖了很多人文科学知识、社会历史文化背景等。学生在解题的过程中既能够学到数学知识和消化数学知识,也能了解社会、陶冶情操。

(一)习题的针对性

在实际教学中,绝大部分习题往往是不区分学习能力及学习成绩的,大家都做同样的习题,缺乏习题的针对性。因此,课本习题在编排上就要注意改变这种现状,应精选习题。具体而言,习题在数量上要有弹性,不搞"一刀切",须给学生一个自主选择、协调发展的空间,让每个层次的同学都获得成功的体验。在内容上,习题要具有针对性,即一要针对本节内容;二要针对不同层次的学生,可以适当在习题后面附带能力要求高的思考题,以满足一些"吃不饱"学生的要求;三要针对学生的知识储备,不能将习题演变成智力题。

(二)习题的精简性

要学好数学,无疑必须做一定数量的习题,但也并非盲目地多做。习题是传授知识、巩固知识、提高思维水平、培养学生研究、创新意识、积淀素养的载体。仅从表面上看,它们似乎较简单;而实际上,中学课本中的习题都是经过认真筛选的,都是数学中的"精品",具有很强的典型性和代表性。因此,课本中有些习题本身是很有用的公式和定理,它们是教材正文内容的补充和延续。

(三)习题的典型性、示范性与代表性

在教学过程中,无论是对基本概念的理解,基本理论、方法的运用,乃至解题的格式步骤,习题都起着重要的示范作用。习题也是学习新知识、巩固课堂所学知识必不可少的重要内容,是检查课本知识掌握好坏的良好尺度。因此,课本中习题的编选及其解法的选择都需要注重典型性、代表性和示范性,以达到举一反三的教学目的。

(四)习题的教育功能

"练习"是最基本的活动形式,无论是学生数学概念的形成、数学命题的掌握、数学方法与技能的获得,还是学生智力和创新意识的培养,乃至辩证唯物主义世界观的获得,都必须通过"练习",而"练习"的表现形式就是习题。课本中的习题应与课堂教学紧密配合,不断促进学生思维、智力、兴趣、意志等方面的健康发展,同时也能查漏补缺。此外,对于培养学生自主学习能力及创新能力,发展学生智力同样

意义匮浅。课本习题的低起点能消除学生对数学练习的厌恶感与恐惧感,让他们真正喜欢数学,喜欢做数学习题。

（五）习题应该体现应用性

学生的学习活动是一个以学生已有知识和经验为基础的主动建构过程。新课程中强调,"使学生有更多的机会从周围熟悉的事物中学习数学和理解数学,使他们体会到数学就在身边,感受到数学与现实生活的密切联系,提高学生解决简单实际问题的能力"。而源于生活实践中的数学习题则是一个很好的,让学生感受到数学就在身边、数学无处不在的桥梁,特别能激起学生完成习题的兴趣。因此,课本中的习题编写要贴近学生生活,能让他们用自己的知识储备和生活经验来解决,而不会将数学变为"算学"和空洞的"智力游戏"。

（六）习题的多样性与灵活性

为了适应中学数学教学从单纯地传授知识或以传授知识为主转变为既传授知识又培养能力的要求,课本习题注意了多样性和灵活性,打破了传统的格局和固定的模式,注意了在课本中编选好题、活题和新颖题,注重利用它们去培养学生发现问题、解决问题的能力的可行性。因此,为了培养学生的思维品质,课本需要更倾向于出现很多能力要求较高的客观型题、探索型题、非常规型题、趣味题、动手实验题、学生自编题和开放题。

三、习题教学培养学生数学思维品质策略分析

第一,全面思考、一题多变、自由联想、进行选择题和多项填空题的训练,以及在思维受阻时的转换能力等对学生数学思维品质的灵活性和敏捷性的影响。思维的灵活性和敏捷性在于衡量学生的解题思维转换水平与解题方法的提取速度等。从某种程度上来讲,这两个思维品质方面与学生解决难题的能力相关。

灵活性和敏捷性强的学生,能够在学习中进行全面思考,能从不同的角度去认识每个问题,能够注意在试误中掌握知识。在思维遇阻时,他们能够不气馁,表现出

极强的非智力因素,并通过多次的探索而形成坚强的意志和毅力。他们注重多渠道解决问题,努力挖掘每个条件的潜在功能,同时也不满足于孤立地看待问题,会展开自由联想的翅膀,发挥自己的想象力,创造出属于自己的结论。这些学生很注重对选择题和多项填空题的训练,他们认为这两类题的优点在于可以在多个方法间进行选择,能够彰显他们的能力。

灵活性和敏捷性差的学生,不习惯在学习中进行全面思考,他们喜欢孤立地对待某个单一问题,他们很少在思维受阻时坚持下去,往往会半途而废,即使他们能够找到思路,也会嫌解题过程麻烦而只满足于对方法的了解。当然,也有些学生会固守错误的解法不放,一味地坚持下去,这从本质上来说与前者几乎没有区别。这类学生不注重对题目的变形,即使是变形题,他们也会当作毫不相干的题来对待。他们喜欢机械的模仿,因为此时不需要他们的联想,因此这些学生的"武器库"往往相当狭窄。他们也乐于做选择题,但不愿意做多项填空题。通过了解发现,他们喜欢选择题的原因是答案唯一,而且这类题不需要过程,即使不会做还可以猜一个答案。

第二,学生主动寻找多渠道解决试题的方法、反思解题思路、探索题目间的联系而建立题目组等对数学思维品质广阔性的影响。数学思维的广阔性表现在学生对知识掌握的广度和深度、对数学解题方法的拥有情况等方面。

通过了解发现,思维广阔性低的学生往往会单一地、孤立地看待问题,他们只注重看表象的东西,对深层次的知识间联系较少,平时学到的只是一些支离破碎的知识点,学到的方法也杂乱无章,他们通常不对知识进行梳理和归并。因为学生将各章节间的知识看作独立的部分,所以他们很难就某个条件而对跨章节的知识进行关联性思考,而且平时学到的方法都是针对某个具体的问题,不能对问题进行分类与整理。因此,在解题时就难以进行迅速、有效的提取,不能在代数和几何方法间进行抉择,解题思维比较僵化,难以驾驭非常规试题,在头脑中找不到合适的图式来解决问题。对于数学上特殊的数与式,这些学生总是就事论事,不知道转换。当面临非数学问题时,将非数学问题数学化的能力有待提高。例如,即使学生已经学习了积分，但他们往往还是会通过物理的方法解决路程问题，对于本质相同的题目，即便练习得再多，下次遇到时仍然会将它们作为不同的题来训练，这样虽然浪费了时间但学生却乐此不疲。

思维广阔性高的学生在平时的学习中习惯于用普遍联系的眼光审视数学试题的条件，他们会透过表象而抓住条件的本质，从而揣摩出题者的意图，甚至能思考到本题考察的知识点这个层面。不仅能真正认识数学作为有机整体存在的各部分之间的亲缘关系，而且在学习每一分支时都能注意横向联系，把亲缘关系结成一张网，更好地融会贯通，以进一步巩固所学知识。在解题方法上，这些学生能加强沟通。例如，在遇到二维问题时，他们能联想到复数方法、向量方法、解析法等。这些学生的数学学习特点还在于他们的主体性、参与性和主动性，他们往往不会满足于单一解题方法，而是会极力寻找多渠道、多方位的问题解决方法，同时注意解题前、解题中和解题后的反思。

第三，加强数学严密性教育、对典型错误分析、学生自编选择题、寻找反例和鼓励学生不盲从教师和教材等对学生数学思维品质的批判性和创造性的影响。数学思维品质的批判性和创造性是密不可分的，没有较强的批判精神就难以形成好的创造能力，离开了批判性，学生很难看到问题的本质和隐含在数学数字和符号背后的东西。

批判性和创造性水平很好的学生在日常的数学学习中非常注重解题严密性、规范性，他们的逻辑思维能力往往也很强，在解决每道试题时都力求步步有据。这些学生大多都有自己的错题集，错题集上记录了他们的思维痕迹，留下了对典型错误的再认识和重新理解，他们会在错误的基础上进行引申、拓展，甚至在错题集上反映他们当时的思维中断过程、记录、思维的形成性。一些教师经常让学生自己编写选择题，让他们自己配备选择题，此时这些学生就表现出极大的热情，在相似、相近选项的斟酌中培养其批判性和创造性。对于假命题的论证，这类学生往往通过寻找反例来证明，在思考反例中强化了知识，提升了能力。这些学生在平时的学习中很注重表达自己的观点，提出自己的见解，他们不会盲从于教师和教材，能在甄别中接受,并在批判中扬弃。

另外,批判性和创造性水平低的学生在日常的数学学习中不注重解题的规范性和严谨性,他们甚至将题目条件稍加改变,然后毫无根据地推导出要证明的结论,或者在证明过程中丢失某个或某些重要的环节。他们在日常学习中对犯的错误往往是漠然处之,得过且过,不能理解"好记性不如烂笔头"的含义,这样就形成了恶性循环。这些学生还喜欢做选择题,但不喜欢自己制作选择题,因为他们难以设置和知晓他人容易犯的错误。他们的思维往往习惯于正向思维,对于反例的寻找几乎是无从下手,也辨别不了条件和结论间的联系,而造成这些结果的原因归根结底在于他们平时学习数学时不注重辨析、比较,只图迅速而囫囵吞枣地学习。这些学生通常非常信任教师和教材,对他们唯命是从,久而久之,他们的批判性和创造性都在这种盲从中消失了。

第四,学生自己阅读数学题目、注意概念、法则等知识的生成过程和理解,以及注重对数学题目的适当引申等对数学思维品质深刻性的影响。培养学生数学思维品质深刻性的一种途径就是培养他们的概括能力,促使学生经常从思维方法的高度去概括变化多端的解题思路,所以进行数学思维方法教育是培养高度概括能力的有效手段之一。据现实调查可知,很多学生的普遍问题在于对数学条件中的数字和符号等难以概括、消化和吸收,他们不善于对题目条件进行分析、联想而将它们构成一张网络,甚至有时他们都难以读懂题意。究其原因,是因为学生习惯了教师替他们对题目条件进行分解、剖析而找到有用的信息,然后学生按照某个机械程序去解决问题。体现思维深刻性的试题主要是考察或涉及数学概念的题目,有些学生说他们宁可做技巧性强的试题,也不愿意做一些概念性的判断和选择性试题,这似乎违背了常理,但是这种现象在现实高中阶段比比皆是。在日常的教学时,教师们可以发现学生对于涉及概念的题做对率很低,通过了解可知,无论是教师还是学生,他们中的一部分人始终认为考试又不考察基本概念,所以忽视了对概念、法则来龙去脉的传授,即使是刚刚做过的数学试题,他们都能短时间内忘得一干二净,这样学生思维的深刻性自然会降低。

深刻性较高的学生更喜欢在面对一个新知识点时想方设法地掌握它的本质，在了解了成因以后，他们很容易在头脑中对这个概念留下很深的印迹。水平层次高与低的学生在解决完试题后的思维差异也较大。思维水平高的学生会在解决问题过程中学会拓展和引申，他们会自己改编试题，重新组织条件而创造新的试题，而水平低的学生只是满足于解决问题本身，他们对自己的要求是只要能攻克下这道题目即可，因此他们很难记住典型试题和方法，久而久之，就在思维的深刻性上产生了差距。

第五，对课本例题、习题的充分利用和讲解对学生学习数学的兴趣、态度、学习负担和数学成绩的影响。"兴趣是最好的老师"，学生对数学的兴趣往往源于对数学教师的信任和喜欢。如今的高中生学习负担较重，而要学生对教师所教学科感兴趣的途径就是教师在日常的教学中从基础的东西抓起，在看似平淡却意韵非凡的知识教学之中培养学生的思维品质。充分利用课本的例题、习题，不仅可以强化基础，而且可以减轻学生的学习负担，学生参与的劲头也会相应地提高，兴趣的产生也就顺理成章了。然而，拼命地补充课外习题，不仅可能忽视基础，而且会让学生学得很累，并失去对数学知识的学习兴趣。虽然后者能在短期内比前者更容易产生效益，但学生的精力毕竟有限，在后续的学习中学生必然会对后者产生厌恶之感，那么前者的学业成绩较高就是自然而然的事情了。所以，在教学中充分挖掘课本例题、习题功效，对于培养学生数学思维品质有其现实意义。

第三节 在复习课中培养高中生的数学思维能力

复习课作为数学教学的重要课型之一,影响着学生知识的系统性、对知识的梳理能力及应用能力。而要想把这样的课型处理好,数学教师就需要对教学内容进行科学定位,对学情进行准确把握,从而帮助学生真正实现知识的螺旋式上升,使他们最终形成系统知识,提升自己的数学思维能力。

一、高中数学复习课实效性教学策略

复习是查漏补缺的过程,它能沟通知识之间的联系,有利于学生把知识迁移到新的情境,积累数学活动经验,领会数学思想,从而形成良好的学习习惯,以及较强的数学思维能力。而如何上好复习课,则是一个仁者见仁、智者见智的问题。

(一)借灵活教学模式提高复习课教学实效性

宾浩斯遗忘曲线告诉我们,遗忘是有规律的,学习之后遗忘就开始,遗忘的进程并不均匀,最初遗忘速度很快,以后逐渐缓慢,最后几乎不再遗忘,所以只要经过不断的反复,遗忘的记忆也可以恢复和保留。根据遗忘规律,教师在复习课的教学中有计划地对所复习的知识在一定的时间间隔、以不同的形式再现,就能保证学生对知识记忆的持久性。

1. 一日一练

学生在课堂上复习新内容之后,课后应自主完成教师为过去已学基本知识、基本方法设置的数学题。具体可让学生通过高考真题的训练,熟悉知识点在高考中的可能考法并熟练应用,以提高学生面对高考的心理素质。这种训练要注意时间上的安排,要讲究复习时间的层次性,不能过早,否则起不到帮助学生恢复知识点的作用;不能过晚,防止学生因知识点遗忘过多而对新题训练产生厌恶的心理情绪。也就是说,要根据学生的实际情况而定。总而言之,题目设置要能体现滚动复习的目的,体现"循环上升,积极前进"的精神,在前进中巩固知识,在循环中提高,从而让学生更好地掌握数学知识,提高思维能力。

2. 滚动式考试

教育心理学十分重视课堂教学的教学评价与反馈,认为教学评价能给予学生一种成功的体验或紧迫感,从而强化或激励学生好好学习,及时反馈和调控也可以帮助改进学习方法。滚动式考试一方面让学生接触各种新题,了解新的信息,通过时间上的交叉滚动考试,可以使学生旧知识得到及时巩固,提升解题和应变能力;另一方面,通过训练让学生熟悉知识在高考中的可能考法,提高学生面对高考的心理素质。

(1)课堂检测

每节课先抽出五到十分钟对学生前一天的学习内容进行检测,题目的选取可以是课堂上讲解的例题,也可以是学生易错题,让学生对前一天的复习结果进行检测、评价与反馈。复习完成时,还可选取少许题目进行当堂检测。对于课堂检测题目的处理,教师可以鼓励学生采用"一赔三"的形式达到对知识的巩固和落实,即针对做错的题目分析具体出错的原因,即是知识漏洞还是运算出错,抑或是审题不清,再根据自己的实际情况自己选取三道类似的题目进行改错,通过"一赔三"进一步加强知识的落实。

(2)阶段性检测

子曰:"温故而知新。"教师可根据学生课堂表现及课后作业情况反思教学过程,对知识进行梳理、整合,使重要内容、重要数学思想方法及重要解题策略不断重复出现,形成一份考卷以进行测试,从而落实学生所复习的知识。在滚动式考试中,应注意题目的选取。教师设置题目之前,应首先研究课程标准和历年高考试题,对已复习内容进行整体分析,分析各部分内容在高考中的地位、难度情况及学生掌握情况,保障复习的重点内容、重点方法适时滚动出现,以达到滚动复习的目的。

总而言之,利用滚动法开展复习教学,教师可以用不同的方式、方法唤醒学生的记忆,使他们的旧知识得到及时巩固,以弥补学生因时间不充分、复习不主动等造成的不足,切实提高学生分析问题、解决问题的能力,进而提高高中数学复习课教学的实效性。

(二)加强学法指导以提高复习课教学实效性

很多时候,高中数学教师都以为自己对所教学生是非常了解的,其实不然。比如,在平时的数学教育教学过程中,许多高中任课教师设计的学科教案都更聚焦于教学方法的运用, 即自己应该运用什么样的科学教学策略来高效地实现既定的教学目标,但是却很少考虑学生是怎样学习的,以及学生是如何思考的,复习课的课堂教学亦是如此。鉴于此种情况,在平时的数学教学过程中,高中数学教师就需要在复习课的课堂教学中加强对学生学法的指导,从而提高复习课教学的实效性,助益于学生数学思维能力的提升。

1. 引导学生自主学习

新课程要求,"教师应尊重学生的人格,关注个体差异,满足不同学生的学习需要",倡导"自主、合作、探究的学习方式"。自主学习作为教学过程中实现学生学习方式转变的重要一环,是构建新型课堂迈出的坚实的一步。传统的复习课教学一般是"填鸭式"的教学,由于教学内容量大,时间紧张,教师在教学中往往只是一味地给学生灌输知识,从而忽视了学生的主体地位。事实上,复习课并不意味着简单地重复旧知识,而是学生通过复习学习实现能力综合提升的有效途径。因此,在平时的复习教学过程,数学教师需要充分发挥学生的主体性作用,让学生在复习基础上自主地实现新知识的创新。比如,在"平面向量的概念和线性运算"高三一轮复习中,教师就可以设计以下四个问题,引导学生进行自主学习。

问题1:你对零向量是如何理解的? 请说出它的几个特征。

问题2：你对单位向量是如何理解的？请说出它的几个特征。

问题3：向量的线性运算是指哪几种运算？请说出它们与实数运算的区别。

问题4：你对共线向量是如何理解的？请说出它的几个特征。

而在具体引导学生进行自主学习的过程中，教师应从以下三个方面培养学生的自主学习意识和能力，益于提高复习课教学的实效性。

第一，观察、引导学生的自主学习过程。在指导学生自主学习的过程中，教师要有强烈的观察意向和科学的观察态度，要以一种开放的心态了解学生在学习中真实的自我表现，解读和理解学生的学习行为。教师应该深入学生的自主学习中去，了解学生学习任务的完成情况，分析他们的解法，并及时发现他们的失误，以便给学生提供必要的提示，及时回答学生所提出的问题。对于个别学生提出的独到见解，教师要及时给予鼓励和支持。在学生自主学习的整个过程中，教师都应该采取一种友好的态度和行为，既不能过多地干预学生思考的过程和结果，又不能对学生在学习中遇到的困难和疑问袖手旁观。当学生因为问题难度大而陷入一筹莫展的僵局时，教师要给予适当的点拨，使其茅塞顿开；当学生学习浅尝辄止而未能深入或出现明显破绽时，教师要给予及时的提示和纠正。

第二，为学生自主学习创设民主、和谐、自由、安全的教学环境。首先，新课程理念下的课堂教学的"共性"是流畅、和谐、默契、尊重、信任的学习环境。教师应该给学生创设一个宽松、自由发展的心理环境。学生不再是知识的被动接受者，教师也不再是一个高高在上的知识传授者，教师和学生是一种伙伴关系，相互理解、鼓励、包容。其次，教师要打破常规，注重自主学习的实质。在学生自主学习时，要使学生拥有充足的探索与发现的时间和空间，让各种不同程度的学生的智慧都得到尽情发挥。再次，自主并不排斥合作，自主学习更需要合作的介入，教师要努力营造热情的帮助环境，所以一个人的能力总是有限的，与其一个人在黑暗中摸索，不如发挥群体的力量。最后，教师要构造一个真诚的激励环境。适时适当地运用激励策略，复习教学可以收到事半功倍的效果。教师应掌握并运用好这个课堂杠杆，营造一种可以充分发挥学生个性、自主探究的学习氛围。

第三,提升学生的学习经验。学习经验是自主学习过程的直接结果,是学生不断进步的重要因素。因此,教师要指导学生共同完成对所复习知识和方法的总结、提炼与运用,以上升为学生自身的学习经验;教师应该仔细聆听学生的汇报,及时回答学生提出的问题,概括和提炼学生已经发现的结论,为学生提供运用知识的情境,并给出促进学生发展的评价意见。

2. 引导学生合作学习

目前,数学复习课的课堂教学过于强调接受学习、死记硬背、机械训练,从而限制了学生主体性、能动性和独立性的发挥,扼杀了学生的创新精神和实践能力。因此,新课程通过推进合作学习的教学方式来改变传统教学的种种弊端,以能力为导向实施教学,体现了"以人为本"的教育思想。合作学习是基于发展学生个性,强调教育的社会化、终身化而提出的一种新的教学模式。它是指在班级课堂教学中,通过小组、组际、师生间的合作讨论各抒己见、互相交流信息、集思广益、取长补短以共同解决新问题而掌握新知识的一种教学形式。

开展合作学习有利于学生知道个人与集体之间的关系,促进学生的社会化进程,从而培养学生主动参与、与人合作、与人竞争、与人沟通等现代意识,形成良好的心理素质,最终达到主动、全面发展。合作学习不是课堂上简单的师生之间的一问一答,也不是课堂上学生几个人围在一起的讨论,合作学习与探究在许多情况下不能局限在一堂课中或者必须要在一堂课中完成。一般而言,教师在合作学习中的地位是举足轻重的。因此,如何有效地对学生进行指导,取决于教师对课程的了解程度,取决于教师驾驭课堂的能力,取决于师生的共同参与度。假如我们只是追求表面形式的合作,势必会带来一系列负面影响,那么学生的合作学习就没有实效性了。

在合作教学过程中,高中数学教师应该筛选出有代表性的问题,启迪学生的思维;教师应该及时协调好学生之间的合作关系,使学生学会尊重他人,特别是在同学意见相左或自身利益受到损害时,要让他们认识到妥协的必要性,提高学生处理复杂问题的能力;教师应该为学生独立思考、不盲目跟风、树立质疑意识、提高综合归纳能力创造良好和宽松的环境。课堂上的合作学习由于受到时间、空间的局限,不可能面面俱到,这就需要教师灵活把握,根据教学需要进行必要的策划准备。

合作学习在内容的选择上应该突出重点与难点,着力于问题的解决,启发并激活学生的思维,培养学生分析问题和解决问题的能力。与此同时,教师还需要根据课程的内容合理分配时间,选择典型的、能够引起学生兴趣的问题,引导学生进行深入讨论。合作学习在时机的把握上应该注意火候,特别是当课堂出现一些生成性的问题时,教师要能够运用自己的教育智慧对各种问题进行有效的过滤,选择那些普遍的、有价值的、有深度的问题或能激发学生想象力、创造力的问题,及时组织学生进行讨论。在具体的组织过程中,教师应该有效地运用教学策略,恰当地进行引导,但又不能替代学生,要做到放得开又收得拢。另外,教师还要注意调动每一个学生的积极性,避免形成组内讨论的"一言堂",避免讨论没有深度而陷于一般化的走过场。

例如,在"解析几何初步复习小结"阶段性复习课中的准备阶段,教师可以提前布置任务,设计以下两个问题:构建本章的知识网络,并谈谈怎样实现从曲线到方程的转化,试举例说明;直线和圆的方程的建立,为我们用代数方法解决几何问题创造了条件,请你谈谈你对这个问题的认识(举例说明)。在课堂的进行阶段,学生需要分组展示交流自学探究、合作学习的成果,然后每组选派一名代表到课堂上展示交流成果,组内同学补充,而其他同学可针对展示交流成果提出问题,进一步加深理解。在此过程中,高中数学教师只需适时给予点评、引导、欣赏、鼓励等就可以了,不要过多参与其中。因此,通过师生、生生之间的交流培养学生的语言表达能力,激发学生的竞争意识,增进学生数学学习的兴趣。

总而言之,引导学生合作学习,需要教师花大力气来精心设计,合作学习的目的在于集思广益,在于调动学生的思维,在于培养学生的团队合作意识,在于让学生自己发现典型问题,了解学生对知识和技能的理解、掌握程度。合作学习的关键在于教师要从满足学生的发展需要出发,与学生近距离接触,关注学生在讨论中的兴趣、质疑、感悟和收获,从而建立起一种与学生学习共同体的教学运行机制,从而使学生掌握基础知识,提高应用能力,提高复习课教学的实效性,为数学思维品质的提升助力。

二、在复习课中培养学生数学思维能力的具体策略

(一)依托课标及教材巧设问题

在复习课中, 通过好的课堂提问, 教师不仅能及时了解学生对知识的掌握程度、帮助他们巩固已学过的知识,而且能激励学生积极参与课堂教学活动,启发学生的思维,促进学生对知识的整合,进而做到因材施教、有的放矢地针对学生进行复习课教学。

1. 用开放性问题引导复习

在复习"直线与圆锥曲线位置关系"时,围绕一个具体的问题设置开放性问题展开复习。比如,椭圆与直线 $y=kx+b$ 交于两点,请添加已知条件,解出直线的方程式。直线与椭圆相交是这部分知识点的典型案例,通过问题的讨论分析,学生可以知道焦点弦长、交点与原点所连接的三角形面积等问题,并引出许多有关圆锥曲线的知识点。可见,开放性习题可以有效避免传统数学习题解题方法固定单一、学生思维模式固定的弊端,不但可以更好地融合相关知识点, 也能培养学生的思维品质,培养学生逻辑思维和创新能力。

2. 从全新的角度提出问题

那么,高中数学复习课中到底如何把握好"问"的技巧,提高课堂复习课的有效性呢?笔者结合自己多年高中教学的实际情况,认为教师在复习课提问中应把握好以下三个方面。

第一,"问"出学生的知识整合。法国数学家笛卡尔说过:"最有价值的知识是方法的知识。"学习有其自身的规律,光靠"死记硬背""拼时间"是不行的。复习课也同样如此,有效的复习绝不是对知识进行再次单纯的讲解,而是通过多"问"学生这一

知识点相关的内容还有哪些,相类似的题型有哪些等,多途径调动学生,引导学生主动参与到复习中来,让学生成为课堂的主人,让他们感受到高中数学复习课并不枯燥,"问"出学生的知识整合。

第二,"问"出学生的思维过程。很多教师在复习课教学中,常常提一些"徒劳的提问",典型的如那种满堂随口而出的"是不是""对不对"之类的问题,学生也只是简单地回答"是""不是""对""不对"等,效果不佳。我们在教学中应注重培养学生分析问题和解决问题的能力,通过精心设问了解学生解题的思维过程。例如,已知实数 x,y 满足约束条件 $x \geq 1, x+y \leq 5, x-y \leq -2$,则 $\frac{2y-1}{2x-3}$ 的最大值是什么? 通过对这道题的"问"可以让学生整合出线性规划中目标函数常见的两种题型:一是截距类型,$y=kx+z$;二是距离类型。通过"问"帮助学生构建知识网络,通过"问"使学生自主地将相关知识进行内在联系,将知识点相关的内容、相关的题型进行有效整合,形成统一的思维认识。

第三,"问"出学生的融会贯通。在复习课教学中,应当充分发挥典型试题的带动作用和举一反三的功能,通过"问"学生此题是否还有其他解法、还可以进行哪些变式等多种途径培养学生思维的灵活性与深刻性。例如,已知正实数 x,y 满足 $xy=x+y$,求 $x+y$ 的最小值。本题是一常见题目,学生不难得出正确的解法。生甲:题设两边同时除以 x,y,得 $1=\frac{1}{x}+\frac{1}{y}$,故 $x+y=(x+y)(\frac{1}{x}+\frac{1}{y})=2+\frac{x}{y}+\frac{y}{x} \geq 4$。解完后,教师问学生"如果以这一题为母题,你能否改编得到一些好的题目呢?"生乙:"老师,可以直接改变系数。变式1:若正数 x,y 满足 $5xy=x+3y$,求 $3x+4y$ 的最小值。"生丙举手发言:"我觉得可以'次数'升级。变式2:设 x,y 为实数,若 $4x^2+y^2+xy=1$,求 $2x+y$ 的最大值。"

通过"问",让学生深刻领悟基本不等式中"积"与"和"能够互相转化,进一步掌握利用基本不等式求最值的解题方法。听一听学生不同的意见和思路,教师会发现学生的智慧在闪耀着光芒,同时也可以把学生学习的主动性、积极性充分地调动起来。通过"问",激发了学生的复习兴趣,可以让学生自己去完成回忆、整理、沟通、归纳和应用的过程,使学生真正成为学习的主体。总之,在高中数学复习课中,我们能够经常"善问",引导学生多思考,培养他们的良好学习习惯,不仅能有效地让学生深化理解知识、技巧,真正领悟到数学的思想方法,优化认知结构,培养思维品质,而且能极大地提高复习课的教学效率。

(二)梳理知识以构建网络

在复习课开始时,教师为了让学生更好地理解单个知识点,往往将知识结构拆分成一个个小单元。现实中,很多学生对于知识要点的掌握比较分散,不能够将知识点有效地联系起来,而复习的目的就是将新课讲解时的所有知识点连贯起来,并引导学生对相关知识点进行复习,让学生学会综合应用知识,形成知识网络。例如,关于复习三角正弦函数 $y=\sin x, x \in \mathbf{R}$。正弦函数 $y=\sin x$ 的基本性质含有函数定义域、值域、最值、单调性。解决正弦函数相关问题最直观的方法是画出函数图像,通过图像可以直观地找出函数的有关性质。

通过对正弦函数基本解析式的学习可以知道,正弦函数图像、正弦函数、余弦函数、正切函数的复习方法基本一致,复习可以与另外两种三角函数类比,通过三角函数的复习,综合复习函数单调性、最值、定义域等概念,从而总结归纳三角函数的解决方法。另外,三角函数也会常常穿插在其他函数问题中,所以充分掌握三角函数,也能帮助学生更好地掌握其他函数问题的解决方法,从而更好地达到数学复习的目的,提高数学复习课的效率。"四基"是指高中数学课程标准中的基础知识、基本技能、基本思想、基本活动经验。梳理了知识,建立了知识网络,不等于"万事俱备",教师只有在平时的教学中善于引导学生对数学知识原型展开探究,夯实四基才能落到实处,显示出价值。

(三)多策略提高学生能力

在遵循教学原则的前提下,复习课上用来启发学生思维的策略也可以灵活多变,教师要善于提高学生对数学课堂的兴趣,优选多样的教学模式,加强学法指导,在不断促进学生数学学习的过程中提升其数学思维品质。

首先,复习课是对以往的知识进行归纳和总结,教师如果不注重方式方法的选择,那么学生就会对复习学习的兴趣不高而影响课堂效率。因此,教师在复习课时应以新的逻辑思维梳理知识脉络,以全新的角度提出问题,以开放性问题引导学生进行复习,提高学生对于知识结构学习的兴趣,从而提高数学复习的效率。

其次,在复习完相关知识点后,教师不仅要强调复习知识内容,而且要在课后设计少量且有针对性的题目供学生练习。教师可按照学生的学习成绩将学生编成合作小组,合作完成练习。在选题时,不一定仅限于当天的复习课,教师可以带领学生进行滚动练习,通过这种滚动训练学生可以实现在前进中巩固知识、在循环中提高数学能力的目的。在复习完相关知识点一段时间后,对学生进行滚动式测试,可以使学生熟悉知识高考中的考法及形式,也可以使旧知识得到及时巩固,提升自己的解题和应变能力,增强解题的灵活性和敏捷性。

最后,提倡学生自主学习并不意味着放任学生自由学习。在培养学生自主学习的过程中,教师同样负有重要任务。第一,教师要鼓励和引导学生开展合作学习。教师在复习课中引导学生的合作学习,主要表现在对学生分组的设计、对学生合作探究数学题目的设计和选取,以及对学生合作探究过程的全程指导。例如,教师可以针对学生实际掌握情况设计和筛选出有代表性的问题,举一反三,启迪学生的思维;在具体的合作过程中,有效、恰当地进行引导,但又不能替代学生,要注意调动每一个学生的积极性,避免形成组内讨论的"一言堂",避免讨论没有深度。第二,教师要鼓励和引导学生自主学习。教师还要关注引导学生的自主学习过程,并加以适当的点拨,帮助学生总结和提升学习心得。复习课要给学生充足的空间,发挥思维的独创性,提升思维发展的层次。例如,在复习"平面向量的概念及其线性运算"时,笔者可以设计几个诸如"你对零向量是如何理解的? 请说出它的几个特征。""你对单位向量是怎么理解的?""你对共线向量是如何理解的? 请说出它的几个特征。"等具有典型意义难度又不大的问题交给学生讨论、思考,并适当加以点拨,从而引导学生进行自主学习,其效果明显。

参考文献

[1]靳峰娜.高中数学教学中培养数学思维能力的实践探析[J].才智,2014(08):98.

[2]李明君.浅谈高中数学教学中学生创造性思维能力的培养[J].学周刊,2016(35):195-196.

[3]张红光.浅谈高中数学教学中数学思维能力的培养[J].才智,2015(05):118.

[4]刘艳平.浅析高中数学教学中对学生数学思维能力的培养[J].中国校外教育,2015(21):130.

[5]李晓洁.高中数学教学中培养数学思维能力的实践研究[D].天津:天津师范大学,2012.

[6]席建芳.高中数学教学中培养学生思维能力的策略[J].现代农村科技,2014(23):72.

[7]杨彦钢.数学思维能力在高中数学教学中的培养[J].西部素质教育,2016,2(02):94-95.

[8]陈敏.促进高一学生数学概括能力发展的研究[D].南京:南京师范大学,2007.

[9]王耘农,赵久业.谈数学教育中抽象思维与概括思维能力的培养[J].张家口师专学报,2001(03):67-70.

[10]彭正辉.关于数学思维训练教学的探索[J].中国教育研究论丛,2007(00):476-478.

[11]吴传发.按照中学生数学思维的发展规律进行数学思维训练的探索[J].课程.教材.教法,2000(11):29-33.

[12]吴景萍.在数学课堂教学中发展推理思维[J].华夏教师,2014(12):95-96.

[13]黄德雄.几何中的合情推理研究[D].桂林:广西师范大学,2003.

[14]刘俊义.数学思维能力剖析[J].中国教育技术装备,2010(10):119.

[15]刘秀华.数学问题解决中的思维障碍及教学对策[D].济南:山东师范大学,2008.

[16]浦春华.高中数学教学中注重解题反思与优化思维品质的研究与实践[D].上海:上海师范大学,2012.

[17]林伟.培养数学问题意识和问题思维的教学实践[J].现代中小学教育,1999(02):37-40.

[18]周先凤.高中解析几何问题解决的思维策略训练的实验研究[D].重庆:西南师范大学,2001.

[19]华佳.高中生解题反思中数学思维品质的培养与研究[D].杭州:杭州师范大学,2016.

[20]庞静.高中生元认知与数学思维品质相关性研究[D].南京:南京师范大学,2014.

[21]张巨明.浅谈在数学教学中培养学生的思维能力[J].新西部(下半月),2010(04):234-235.

[22]周星健.训练数学思维的方法探讨[J].科学大众(科学教育),2017(11):11.

[23]胡香兰.培养数学思维能力的理论与实践研究[D].南昌:江西师范大学,2003.

[24]朱四海.把脉数学问题,提升思维含金量[J].华夏教师,2015(06):68.

[25]周家茂.浅谈数学教学中的思维训练[J].科协论坛(下半月),2007(04):261.

[26]黄光荣.数学思维,数学教学与问题解决[J].大学数学,2004(02):17-20.

[27]孙淑娥,罗增儒.关于数学问题解决思维结构的探析[J].陕西师范大学继续

教育学报,2000(01):91-94.

[28]任洁.数学问题解决思维过程分层优化措施[J].教学与管理,2018(03):104-106.

[29]黄亮.高中生数学思维障碍的成因与突破探究[J].教育教学论坛,2013(26):148-149.

[30]唐钟文.高中学生数学思维障碍的成因及突破[J].四川教育学院学报,2007(02):56-57+66.

[31]何连蒙.论高中数学思维障碍的成因及其突破方法[J].内蒙古师范大学学报(教育科学版),2006(S2):152-154.

[32]卢浩慧.高中数学解题思维策略研究[D].河南:河南师范大学,2015.

[33]沈海斌.论高中学生的数学思维障碍[J].河池学院学报(自然科学版),2004(04):106-108.

[34]吴燕.高三数学错位生思维障碍的研究[D].成都:四川师范大学,2017.

[35]唐丽娜.高中数学教学中培养学生创新思维的措施[J].科技资讯,2015,13(26):134-135.

[36]张丽娟.注重数学思维训练,培养良好的数学思维方式[J].安徽电子信息职业技术学院学报,2008,7(06):112-115.

[37]曹保丽.新课程标准下高中数学能力的理论与实践[D].武汉:华中师范大学,2011.

[38]吴明富.在数学教学中渗透数学思想方法的探索与实践[J].池州师专学报,2004(05):104-105.

[39]孙巍.在数学教学中渗透数学思想方法的探索与实践[D].上海:上海师范大学,2007.

[40]王洪.数学思想方法在数学课程与教学中的探索与实践[J].佳木斯教育学院学报,2012(10):192-200.

[41]宋相占.在数学教学中渗透数学思想方法的探索[J].读与写(教育教学刊),

2010,7(06):124-137.

[42]朱灿萍.例谈概念教学中学生思维能力的培养[J].曲靖师专学报,1997(06):17-19+52.

[43]许玲红.数学概念教学中学生思维能力的培养[J].才智,2010(18):8.

[44]张桂莲.例题教学培养学生创新思维的尝试[J].吉首大学学报(社会科学版),2016,37(S1):239-240.

[45]刘俊先.拓展例题教学功能,培养学生思维能力[J].衡水学院学报,2010,12(01):97-99.

[46]田明莉.谈例题教学反思对学生思维的提升作用[J].成功(教育),2009(10):46-47.

[47]王定成.变式例题教学,发散学生思维[J].教学与管理,1992(01):45-47.

[48]张雪娟.思维可视化在圆锥曲线复习教学中的实验研究[D].昆明:云南师范大学,2017.

[49]沈岳夫.注重组题设计,提升思维品质[J].教育实践与研究(B),2012(08):44-47.

结束语

▲ 当前,随着素质教育的提出与不断发展,教育领域对高中数学教学提出了更高的要求,即数学教师需将学生思维能力的培养贯穿于自己整个数学教学过程,那么以往单纯的知识传授教学法就不再适应具体的教学环境了。鉴于以上现实情况,在具体的教学过程中,数学教师就需要在学生全面发展目标的指引下给予情感教育、思维品质培养、数学思想方法提炼,以及题后的反思等足够的重视,坚持以学生为主体,以培养开发学生的思维为己任,不断致力于创新教育教学方法的探索与研究,努力摆脱机械传授及题海战术等传统教学方法的束缚,以在真正减轻学生数学学习负担的基础上,高效率地培养开发高中生的数学思维能力。

▲ 在此过程中,高中数学教师仍需明确一点,即数学教学是一个双向的互动过程,无论是教师还是学生,都需要将自己的主体作用发挥出来,以为课堂教学顺利开展贡献自己的一分力量。因此,数学教师在探究教学策略的过程中,要将学生主体因素充分考虑进去,最终借助创新而具有趣味性的教学策略将学生的自主学习兴趣和热情充分激发出来,以积极配合教师顺利完成高要求的教学任务,促使自身数学思维能力稳步提升。